朝鮮半島の和解・協力10年

金大中・盧武鉉政権の対北朝鮮政策の評価

●

徐　　　勝　編集
中戸祐夫

御茶の水書房

はしがき

徐　勝（ソスン）

　現代韓国政治史は激動のドラマの連続である。特に，2009年は，改革派の二人の前任大統領が相次いでなくなるという事態が発生し，それが現政権の政策・手法に対する問題点を浮き彫りにし，国民の政治意識にも大きな影響をもたらした。しかも，盧武鉉（ノムヒョン）前大統領は，現政権の圧迫によって自殺に追い込まれる悲劇的な結末を迎えた。金大中（キムデジュン）元大統領もニューライト・保守派の政治的包囲の中でひしひしと危機を感じて，韓国政治の現況を病床で，3大危機――民主主義の危機，庶民経済の危機，南北問題の危機――と規定し，深く憂えながら世を去って行った。

　金大中前大統領は民主化と人権，平和と和解の使徒として，韓国のみならず，全朝鮮民族，平和を愛する世界の人々に惜しまれながら，85歳の生涯を終えた。人生の後半を除いて，投獄，亡命，拉致，暗殺未遂など絶え間ない生命の危機の中で，生涯，茨の道を歩み続けた彼は，人生を終えてみると，1997年，大統領当選以来，民主主義と民族統一，平和と人権において数々の輝ける業績を残し，ノーベル平和賞など数々の栄誉に輝き，晩年はますます輝いたと言えよう。なかでも韓国の民主化と民族和解・統一への貢献が彼の最も重要な業績として挙げられている。とりわけ，「太陽政策」として，人口に膾炙されている，2000年6月，ピョンヤン訪問と6・15南北共同宣言に象徴される，南北朝鮮の統一に向けての和解・協力政策は，彼の哲学であり，理想主義と現実主義の両面を兼ね備えた政治家としての真面目を遺憾なく発揮したものであると言えよう。

　ところが，2008年に誕生した李明博（イミョンバク）政権は金大中大統領，盧武鉉大統領，両民主政府の統治を「失われた10年」と規定し，その成果を全否定して，反

共冷戦時代を彷彿させる強引な手法でその業績を消し去ることに腐心してきた。経済政策や社会政策など国内政治に関わる部分はいざしらず，前政権であろうとも，一個の政治体としての韓国が外国と結んだ条約などを一方的に破棄することはきわめて異例なことである。したがって朝鮮民主主義人民共和国（北朝鮮）と，金大中大統領が結んだ6・15共同宣言，盧武鉉大統領が結んだ10・4共同宣言を否定することは，南北関係をいちじるしく不安定にさせ，混乱させる原因となったことは否めない。また，朝鮮半島にも平和をもたらすだろうと期待されたオバマ政権の登場にもかかわらず，政権初期に対北朝鮮政策で新しいイニシアティブを発揮できずに，日本や韓国の冷戦的思考に引きずられるような無策の中で，朝鮮半島の一触即発の危機は増大する一方であった。

　しかし，金大中大統領の統一への一途な執念が「最後のプレゼント」として北朝鮮の弔問使節団を呼び寄せたともいわれているように，8月18日，金大中大統領が逝去するやいなや，北朝鮮は金己男(キムキナム)労働党秘書を団長とする弔問団を派遣し，対北強硬路線を歩んでいた李明博大統領も8月23日，弔問団との接見を受け入れ，金正日(キムジョンイル)委員長の口頭メッセージの伝達を受けた。これが最悪の南北関係の雪解けの契機を作ったと評価されるが，今後，南北対話の方向に行くのか，再び緊張への道を歩むのかは，しばし，観察が必要であろう。

　いずれにしても，本文講演でも金大中大統領が繰り返し述べているように，戦争や，戦争へとつながる制裁という選択肢がないならば，対話の方法しかないのであって，それも相互の共存・共栄をインセンティブにしたウィン・ウィン（win win）の思考によって，問題解決を図らざるを得ないのである。つまり，平和的手法で，北朝鮮に東北アジアにおける国際政治の正式のプレーヤーとしての地位を認知し，その生存権認めるとともに，非正常な関係から来る相互脅威を除去する必要があろう。すなわち戦争でも体制崩壊（regime change）でもなく，北朝鮮の生存保障を前提として，朝鮮戦争停戦の臨時措置を安定した不戦・相互不可侵条約へと転換し，朝鮮半島平和体制を構築して，相互に核先制攻撃，あるいは核脅迫の脅威を排除する東北アジア非核地帯構想の中で，北朝鮮の核廃棄を進める必要があるだろう。この

はしがき

意味で南北朝鮮の和解・協力の成否はひとり朝鮮民族の問題であるのみならず，東アジア平和，世界平和の流れを決定し，ひいては鳩山民主党政権の政策として掲げられた，東北アジア共同体の展望を占う意味でも，極めて重要であることは言を待たない。

　立命館大学コリア研究センターは，その前史をなす日韓共同研究プロジェクト・チームによって，『現代韓国の民主化と法・政治構造の転換』（日本評論社，2002年），『現代韓国の安全保障と治安法制』（法律文化社，2005年）などを刊行してきており，2005年，創設以来，現代韓国の民主主義研究と朝鮮半島・東北アジアの平和を主要な研究課題としてきた。特に，平和・安全保障問題と関わっては，その年にセンター開設記念国際シンポジウム「現代韓国と東北アジア時代」を開催し，盧武鉉政府の対北朝鮮，対東北アジア政策を綿密に検討した。2006年には，国際シンポジウム「朝鮮半島の平和と東北アジアの安全保障──多元的構想」を開催し，政府の政策とNGOの運動の両側面から，韓国政府の和解・協力政策を評価し，『北朝鮮が核を放棄する日──朝鮮半島の平和と東アジアの安全保障に向けて──』（晃洋書房，2008年）として，その成果をまとめた。2007年10月30日には金大中大統領を立命館大学に招請し講演を行い，コリア研究センターの看板上掲式まで行った。その流れを受けて，2008年5月には，国際シンポジウム「朝鮮半島の和解・協力10年──評価と展望」で，金大中，盧武鉉両政府の和解・協力政策を回顧し，総合的に評価した。その成果を，金大中大統領の逝去を機に，取りまとめたのが本書である。

　そこでは，立命館大学での講演を含む，3篇の金大中大統領の講演と2008年シンポジウムの成果を主たる内容としている。その詳しい解説は中戸裕夫の序章に譲るが，今年8月，クリントン元大統領のピョンヤン訪問は，挫折したピョンヤン訪問の10年ぶりの実現であり，10年間の朝米間の停滞と敵対の時期を経て，本来予定されていた筋道を回復しようとしている。その朝鮮半島平和への筋道を本書は指し示している。

　思えば，ブッシュ政権下の8年を含む，朝鮮半島緊張高潮の時期が，韓国における和解・協力政策の10年と対称をなしていることは，興味深くもあり，

示唆に富むものである。朝鮮半島の運命を決定する一方の大きな要因がアメリカであるとしても，ブッシュ政権の圧迫政策の中で，韓国の両政府が和解・協力政策を固守したことは，いつかは再び燃え盛る平和の種火を消さなかったという意味において，また，韓国の人々にアメリカに対しても一定，独自の声を出せるという自信を育てたという意味においても，貴重な時期であったと言えよう。もちろんそこには，戦争の勃発が全体民族の絶滅に繋がる可能性もあるという，切迫した生存の危機意識があったからだといえようが，少なくとも，政策レベルでも韓国の両民主政権が，かつての日本のような思考停止的なアメリカ追従から独り立ちへの助走を始めたことの意味は大きい。

わがセンターの一連の営みは，センターが厳密な現代韓国研究の学術研究機関であるとともに，理念として，市民に開かれたセンターとして，平和を構想し，平和を実践する日韓関係，東北アジア地域の協力を構築することを目指している。そこで，4度にわたる韓国映画フェスティバルや文化行事，センターが主管した日本平和学会の済州シンポジウム（2007年11月），光州シンポジウム（2010年5月）の開催，他機関との協力の上で東アジア平和・人権学生キャンプや市民交流などを行ってきた。これは，金大中氏の政治哲学である，「行動する良心」とも通底するものであるといえよう。

本書を編むにあたって，幾つか難関があった。まず，金大中大統領の講演や08年シンポジウムから，やや時間がたってしまったという点があるが，執筆者諸賢にはその後の状況を踏まえ，加筆・訂正の労をとっていただいたので，本書は最新の情勢を踏まえたものになったという点を付言したい。何よりも，皮肉なことに米韓の新政権が新たなる対北朝鮮政策を展開しなかったということが幸いして，本書の視点の鮮度がそのまま保たれていると言えよう。

また，読者の混乱と誤解を避けるために，筆者それぞれの立場から使われている用語を統一する必要がある。そもそも，分断国家の悲哀ではあろうが，まず，いつも朝鮮か，韓国か，という問題から異論が噴出する。本書では凡例に示したとおりに，民族的，地理的，歴史的総称としては朝鮮と朝鮮半島を，南北のそれぞれの地域をさす場合は，韓国（大韓民国），北朝鮮（朝鮮

民主主義人民共和国）を使用した。次に，英語の engagement policy は，関与政策，太陽政策，包容政策，和解・協力政策，平和・繁栄政策などとほぼ同じ意味であるが，太陽政策，包容政策は韓国からの視点というニュアンスがあり，和解・協力政策は金大中政権の対北政策を，平和・繁栄政策は，盧武鉉政権の対北政策をあらわし，厳密に言って，中立・客観的な用語はないといえよう。しかし，本書では，日韓で一般的に使われている「和解・協力政策」で統一した。3番目に，6カ国協議は，6者協議，6カ国会議，6者会議などの表現もあるが，「6カ国協議」に統一した。その他，特に執筆者のこだわりがある場合には，原著の表現を尊重したが，他は日本での標準的用法に準じた。

　最後に，本書の刊行にあたって，講演あるいは論文執筆の労をとり，加筆・訂正までしていただいた皆様に深く感謝したい。特に，シンポジウムには参加していただけなかったが，秀逸な論文を寄稿していただいた綛田先生には特別の謝辞をささげたい。次に，本書のために金大中大統領の講演原稿の掲載を快諾いただき，貴重な写真を提供していただいた金大中平和センターに深く感謝する。また，本書には，韓国語，英語論文が含まれており，翻訳の労をとっていただいた方々に感謝をするとともに，全ての翻訳論文は本書の編集に当たり，徐勝が見直したので，翻訳論文に誤りや未熟な点があるとするなら，それは，全て私の責めに帰すことを付言しておく。

　本書の編集に当たっては，主にセンター研究委員である中戸裕夫にその労をとっていただいた。この不景気の中で，躊躇無く出版を引き受けていただき，無理な出版日程を突破していただいた，御茶の水書房の橋本盛作社長に格別の敬意を表す。

　故金大中大統領の霊前に本書をささげる。

　　　　　2009. 10. 1　立命館大学コリア研究センター長　　徐　　　勝

朝鮮半島の和解・協力10年

目　次

はしがき ………………………………………………………………… 徐　勝　i
　　　　　　　　　　　　　　　　　　　　　　　　　　　　ソ　スン

序章　金大中・盧武鉉政権と和解・協力政策
　　　　――解説に代えて ……………………………………… 中戸祐夫　3

一部　金大中前大統領の講演
　　　行動する良心になろう！――6.15南北共同宣言9周年記念演説―― ……23
　　　朝鮮半島平和と韓日関係――立命館大学での講演―― ……………………29
　　　北朝鮮核と太陽政策――ソウル大統一研究所の講演―― …………………35

二部　朝鮮半島と周辺国家
　　　第1章　対北包容政策の形成と展開，そして展望 … 丁　世　炫　43
　　　　　　　　　　　　　　　　　　　　　　　　　　チョン　セ　ヒョン
　　　第2章　6.15共同宣言と10.4宣言をめぐる
　　　　　　　朝鮮半島10年史をふりかえって ………………… 徐　忠　彦　53
　　　　　　　　　　　　　　　　　　　　　　　　　　　　ソ チュン オン
　　　第3章　北朝鮮の挑戦：回顧と展望 ………… エバンス・リビア　79
　　　第4章　平和と繁栄に，対話を急げ ……………………… 岩国哲人　87
　　　第5章　中国と朝鮮半島の和解
　　　　　　　――新しい外交戦略および北朝鮮への関与を中心に
　　　　　　　…………………………………………………… 朱　建　栄　105
　　　　　　　　　　　　　　　　　　　　　　　　　　　　シュ ケン エイ

三部　和解・協力政策10年の評価
　　　第1章　相生・共栄政策と包容政策の比較・検討
　　　　　　　――関与（engagement）の観点から ………… 中戸祐夫　117
　　　第2章　「金大中，盧武鉉」和解・協力政策の再照明
　　　　　　　――歪曲を乗り越えて真実へ ……………… 文　正　仁　139
　　　　　　　　　　　　　　　　　　　　　　　　　　　　ムン ジョン イン

第 3 章　構成主義（constructivism）の視角から見た
　　　　　　　──韓国の対北朝鮮包容政策 ……………………… 木宮正史　159

　　第 4 章　日本の対北政策転換の展望と和解協力政策
　　　　　　　──和解協力政策と東アジア ………………………… 岡本　厚　177

四部　アメリカの対北朝鮮政策

　　第 1 章　朝鮮半島の平和プロセスと地域安保対話
　　　　　　　──非核化への鍵 ………………………… レオン・シーガル　197

　　第 2 章　朝鮮半島平和体制構築に対するアメリカの政策
　　　　　　　…………………………………………………… ソ・ジェジョン　205

五部　日本と朝鮮

　　第 1 章　ナショナリズムを超える南北関係と統一論試論
　　　　　　　………………………………………………… 河　信基（ハ シン ギ）　221

　　第 2 章　韓国から見た日朝関係 ……………………… 南　基正（ナム ギ ジョン）　241

　　第 3 章　アジアの問題児：属国の苦悩
　　　　　　　……………………………………………… ガバン・マコーマック　259

　　第 4 章　日本の北朝鮮政策の決定要因 ………………………… 綛田芳憲　271

〔プロフィール〕　295

凡　例

1. 各地域・国の名称については，韓国語の原文では，韓国，南韓，北韓などの用語を使用しているが，本書においては，民族的，地理的，歴史的総称は，朝鮮と朝鮮半島を使用し，南北のそれぞれの地域を指す場合には，韓国（大韓民国），北朝鮮（朝鮮民主主義人民共和国）を使用した。
2. 邦訳に際し，原著の注は，各章の末にまとめた。また，日本で通用していない用語については，便宜上日本で汎用されるものと置き換え，必要に応じて［　］カッコ内に訳注を加えた。
3. 人名・地名などについては，確認できるものは漢字にし，原則として初出にルビを振った。
4. 太陽政策という用語について，包容政策，関与政策，和解・協力政策などの多様な用語が使われているが，用語を用いる筆者の立場が異なるので，あえて統一しない。

朝鮮半島の和解・協力10年

―― 金大中・廬武鉉政権の対北朝鮮政策の評価 ――

序章　金大中・盧武鉉政権と和解・協力政策
―― 解説に代えて ――

中戸祐夫

はじめに

　金大中大統領は1998年2月25日の就任演説において「平和と和解・協力を通じて南北関係を改善し，統一志向的な平和共存を実現する」ことを対北朝鮮政策の目標として設定した。この目標を達成するための3大原則として，第1に，北朝鮮のいかなる武力挑発も許さない，第2に，韓国による北朝鮮侵略や吸収統一をしない。第3に，南北間の和解と協力をできる分野から推進していくとし，それまでの政権とは異なる対北朝鮮政策のパラダイムを提示したのである[1]。それ以降，金大中政権は安保と和解協力の並行推進，平和共存，和解協力を通して北朝鮮が自ら変化できる環境の醸成，南北間の相互理解を進展といった対北朝鮮政策を推進した。また，盧武鉉政権は金大中政権下で進展した南北の和解と協力を土台として，朝鮮半島の平和と北東アジアの繁栄を追求しながら南北関係をさらに発展させる「平和・繁栄政策」構築を通じて和解・協力政策を発展継承した。

　本書の課題はこのような金大中・盧武鉉政権の10年を振り返り，和解・協力政策の評価を行うことであるが，これは次の2点で重要な意義があると思われる。第1に，金大中大統領と盧武鉉大統領という二人の前職大統領が死去することによって，ひとつの時代の幕が閉じられたという点である。本書で扱う和解・協力政策はこの二人の大統領によって推進されたものであり，この時代を包括的に評価することは不可欠であろう。第2に，2008年2月に李明博政権が誕生し，和解協力政策とは異なるパラダイムを有する「非核・開放・3000構想」を核とした「相生・共栄の対北朝鮮政策」を推進している点と関連していよう。3年余りの任期を残す李明博政権の対北朝鮮政策に対

する最終的な評価を行うことは現段階では早急であるが，和解・協力政策10年の評価を行うことは同政権下で推進されている対北相生・共栄政策に対する数多くの含意を導き出すことも可能であると思われる。

　この和解・協力政策10年を総括するためには今後，本格的な研究が不可欠であるが，和解・協力政策10年がひとつの幕を閉じて，韓国における新しい政権の誕生と国際環境の変化のなかで過去10年を回顧し，評価することは今後の研究にも意味があろう。いずれにしても和解・協力政策の成功や失敗を評価する際には，金大中大統領や盧武鉉大統領の統一哲学や北朝鮮認識，韓国の国内政治，北朝鮮の意図や反応，周辺諸国の戦略や地域協力などのダイナミックな相互作用を考慮しなければなるまい。本書はこうした多様な要素のすべてを網羅するものではないが，そのうち[2]のいくつかを検討している。

　本書ではまず，第Ⅰ部において金大中大統領の3つのスピーチを掲載している。ここから金大中大統領の対北朝鮮政策に対する哲学や信念を読み取ることができよう。第Ⅱ部では第6回RiCKS国際シンポジウムの基調報告を中心として，南北朝鮮を含む周辺国家の朝鮮半島政策について論じている。第Ⅲ部では和解・協力政策10年の評価をしている。主として韓国の対北朝鮮和解・協力政策の理論的検討と和解・協力政策の日本への影響を顧みる。第Ⅳ部はアメリカの対北朝鮮政策および米朝関係について扱った2つの論文から構成される。ここでの主要課題は朝鮮半島における安全保障体制をいかに構築するかというものである。第Ⅴ部では朝鮮半島と日本について論じている。朝鮮半島の新たな統一試論と日本の対北朝鮮政策に対する評価がなされている。

1　周辺国家の対朝鮮半島政策

　第Ⅱ部「朝鮮半島と周辺国家」では韓国，北朝鮮，アメリカ，日本，そして中国から北朝鮮問題に対する考察が行われている。第1章において丁世炫前韓国統一部長官が韓国の対北朝鮮包容政策の核心と展開について論じている。まず，金大中政権の和解・協力政策は過去の政権が平和維持中心であっ

たのに対して、平和維持（peace keeping）と平和建設（peace building）の両方を追求し、とりわけ平和建設では北朝鮮を変化させる環境を醸成し、南北共通の利益を追求したという点で対北朝鮮包容政策の統一史的な意義があると高く評価している。こうした政策によって2000年には南北首脳会談が実現し、北朝鮮は吸収統一に対する懸念を払しょくできたこと、また、金大中大統領が米朝関係改善の支援をしたこともあり、米朝関係は改善しクリントン訪朝が準備されたが米国の国内政治状況によって反転してしまったことが論じられている。その後、ブッシュ政権がクリントン政権下の対北包容政策から強硬政策へと舵を切ったのは記憶に新しい。

こうした状況のなかで誕生した盧武鉉政権の平和・繁栄政策は金大中政権の和解・協力政策を一段階格上げしようとするものであったが、ブッシュ政権の強硬な対北朝鮮政策など国際環境が整わず、初期の目的を達成できなかったという。とくに、2006年10月の北朝鮮の核実験によって、核問題と南北協力において並行戦略から連携戦略へと揺れたりした点や核問題等によって南北首脳会談が遅れたことが惜しまれる点として挙げられている。そして、現在の李明博政権の「非核・開放・3000構想」については、北朝鮮の核問題が米朝間の問題であるという事実を看過していること、また、核問題と南北協力の連携戦略はブッシュ政権の初期の戦略と類似している点などに批判的な評価を下している。ただし、「非核・開放・3000構想」は今後、融通性を発揮する余地が残っていること、また、李大統領自身が金大中大統領を訪問した際に、「大統領と同じ考えを持っています」と述べたことが明らかにされている。結局、丁長官は結局、李明博政権においても南北関係の改善を望む場合には、包容政策しか対案がないためにその変化の余地があると展望している。

第2章では、徐忠彦在日朝鮮人総聯合会中央本部国際統一局長が6.15共同宣言と10.4合意をめぐる朝鮮半島の10年を概観している。北朝鮮にとって過去10年の歴史的展開を回顧すると、それは米国の敵視政策転換と平和共存政策への転換、「わが民族同士」の自主理念のもとに南北両政府と各界各層を網羅した民族大団結を実現する道程であったと位置付けている[3]。とり

わけ，民族大団結の実現を目指す過程においては，米国の対北朝鮮敵視政策の転換をもたらす役割を果たしたり，韓国が米国の構造的な従属から抜け出すための重要な条件を形成したりする過程であったとする。こうした過程で生み出された成果としては，クリントン政権末期における2000年10月の米朝共同コミュニケやブッシュ政権下の2005年9月19日の6ヵ国協議の共同声明とその履行のための2007年2月13日および10月3日の合意などがある。また，南北関係においては，2000年6月15日の南北共同宣言と2007年10月4日の「南北関係発展と平和・繁栄のための宣言」などがあろう。

しかしながら，李明博政権は6.15共同宣言と10.4宣言を反故にし，米韓同盟強化に動いている中で国内では米国産牛肉問題などで支持率を失っていること，また，日本は米国の政策に追随し，さらに，単独制裁など圧力一辺倒の政策を実施してきたが，ブッシュ政権の政策転換によって実質的にはしごを外された形になっていることを指摘している。いずれにしても，韓国と日本は米国の従属変数として米朝関係と6ヵ国協議の進展によって引きずられて政策転換を余儀なくされていくと展望している。と同時に，李明博政権は6.15共同宣言および10.4宣言を，日本は日朝平壌宣言を誠実に履行するならば日韓両国は独立変数になりうることを指摘している。

第3章「北朝鮮の挑戦：回顧と展望」において，エバンス・リビア，コリアソサエティ会長（前国務次官補代理）はいくつかの重要な問いを投げかけることで議論を展開している。まず，北朝鮮には核兵器の保有は北朝鮮の安全保障を強化したのかを考える必要があるという。とくに，6ヵ国協議において提示されているものは交渉の歴史のなかで北朝鮮にとってもっともよいものであり前向きに取り組まなければならないと主張する。また，日本に対しては，日朝間で拉致問題が重要な課題であるが，拉致問題に関する現在の政策アプローチは果たして適切なものか考える必要があるとしている。そして，韓国に対しては新たに発足した李明博政権の対北朝鮮政策が過去の政策の問題点に対する批判的検討によって成り立っている点に理解を示しつつも，現在，韓国と北朝鮮関係が急速に悪化していることの意味について考える必要を問うている。

最後に，アメリカに対しては，ブッシュ政権の対北朝鮮政策が強硬策から外交交渉に重点をおく政策に変わったことを評価する。しかし，それまでにアメリカが北朝鮮にとった政策によって，米朝関係が傷つけられ，北朝鮮はミサイル能力を向上，そして核実験を行うなどをもたらすなど，失われたものが大きかったことを率直に述べている。アメリカは過去の政策の反省と慎重な考察によって北朝鮮が永遠に各計画を終了するための方策を模索しなければならないと結論づけている。

　第4章では，岩國哲人前民主党衆議院議員が壮大なヴィジョンと政策構想を論じている。

　とくに，日朝関係に関しては次の2つの点に言及している。まず，核問題については，いかなる理由や事情があっても，核を持とうとする限り，北朝鮮は近隣の国から愛される国にはなり得ないという。ドイツと日本が核を持つ経済力も技術も持ちながらあえて核を持たない国として歩むのは，戦争の時代の反省として，近隣の国に愛される国としての歴史を歩む意思があるからだと論じる。次に拉致問題については，「認めろ」「帰せ」「謝まれ」の言葉だけでなく，再調査を最優先とし，北朝鮮がそれを受け容れられる環境づくりのために両国の工夫が必要ではないかと提議する。そこでひとつの例としてベトナム戦争終結後，ベトナムと米国がとった方法について言及する。つまり，ベトナムは家族を含め米軍関係者の調査を受け入れるという方式をとった例を挙げる。米国側は調査を行い，ベトナムは調査を行わせたものである。調査をしてこそ，家族の感情が整理され，事実が残っていった。これも政治だという。国交正常化へと，政府が全力を挙げ，拉致問題に1日も早い解決の日が訪れるために，政府を支援するために，日朝議員連盟が昨年6月17日に第1回の総会を超党派で開催したことを明らかにしている。

　日本は第二次大戦の悲劇を最もよく知る国の1つ，そして原爆を体験した唯一の被害国であり，日本は，「普通の国」以上に戦争の脅威と平和の大切さを声高に語れる，語らねばならない世界でたった1つの国である。そのような国だからこそ，戦争を回避するためにあらゆる外交と国際協調の先頭に立つべきであると主張している。

第5章では朱建栄が中国の朝鮮半島政策について論じている。北朝鮮の非核化においてもっとも影響力を行使できる国が中国であるとの議論がある。北朝鮮の核問題が浮上するたびに，アメリカの保守サークルでは日本の核武装論が提起されて，これをもっとも嫌がる中国を利用して北朝鮮の核廃棄を追及しようとする動きがでてくる[4]。朱論文によると，2002年秋，中国外交部が「北朝鮮の核開発を放任すると，半島の核兵器所有の事実化と東北アジアの核開発競争をもたらし，米朝間の軍事的緊張ないし武力衝突を招きかねない」との内部報告書をまとめて上層部に伝えたという。それ以降，米朝と中国の3ヵ国協議から6ヵ国協議を推進し，中国にとって朝鮮半島の非核化で重要な役割を果たしてきた。その意味では，中国は朝鮮の非核化は自らの国益に合致し，また，アメリカの思惑も機能したのかもしれない。

　冷戦期の中国の朝鮮半島政策は北朝鮮を緩衝地帯と見なして北朝鮮の「わがまま」を見逃すとともに，日米の影響をうける韓国に対して警戒を示してきたという。ただし，冷戦の崩壊，中国の改革・開放路線への転換，中国の経済発展とそれにともなう国際社会での地位向上など，外交環境の変化によって中国は新しい外交戦略を追求するとともに，朝鮮半島政策も調整されていったと論じる。中国は新しい外交戦略として経済利益の重視や「新安全保障観」などを掲げているが，北朝鮮の内部改革を支持している。中国の対北朝鮮支援は北朝鮮のソフトランディングに寄与し，中国の負担を減らすといった利点があるのと同時に，中国は北朝鮮の改革開放は後戻りがきかないとみていると判断している。核問題については，問題解決のカギは米朝間にあり，また，中国は6ヵ国協議の議長を務めつつも朝鮮半島問題の主導者になる考えはないと論じる。

　今後の展望としては，冷戦期は北朝鮮と「盟友関係」ではあったが，日米との関係改善，経済発展のための周辺環境の安定必要性などによって，緩衝地帯としての北朝鮮の地政学的重要性が変化したために核問題や脱北者問題では一線を画すが，北朝鮮とは「特殊な友好関係」を維持し，北朝鮮の内部改革と外交の打開を支持するという対北朝鮮政策をとっていくと展望している。

序章　金大中・盧武鉉政権と和解・協力政策

2　和解・協力政策の評価と影響

　第Ⅲ部では和解・協力政策の理論的かつ歴史的な考察がなされている。とくに，和解・協力政策は綿密な理論体系のもとに形成された対北朝鮮グランド・ストラテジーである。ここでは主として理論的な観点から韓国の北朝鮮政策および南北関係について論じられている。

　まず，第1章では，中戸は関与（engagement）の観点から李明博政権の対北朝鮮政策をこれまでの包容政策と比較・検討したものである。この論文は李明博政権の「相生・共栄の対北朝鮮政策」を関与（engagement）の一環として捉えるが，和解・協力政策や平和・繁栄政策と運用原則の点に顕著な相違があることを確認する。李明博政権の北朝鮮政策では核問題との連携戦略および南北協力では特定的相互主義を選好し，包容政策よりも厳しい制約条件が付されているために南北関係の進展にも制約がかかっているとする。とりわけ，包容政策では関与を通して南北関係の改善と緊張緩和や北朝鮮の変化を導くものと位置づけていたが，相生・共栄政策では非核・開放の進展に応じて提供されるインセンティブとして関与が活用されていると論じる。したがって，相生・共栄の対北朝鮮政策は非核・開放のプロセスが開始されない場合には関与それ自体が深化しえないということ，一方で，非核・開放のプロセス進展によって大規模経済支援がロードマップとして提示されているために，核問題の進展次第では南北関係が急速に進展する可能性があるという。ただし，いずれにせよ核問題の進展が米朝関係に依存しているために，南北関係の進展それ自体が米朝関係の従属変数になる可能性が高い点を指摘している。

　第2章は和解・協力政策の理論的な支柱を担った一人である文正仁延世（ムンジョンインヨンセ）大学教授による論文である。この論文は和解・協力政策に対して提起されている批判を検討するとともに，これらから今後の南北関係に与えるインプリケーションを探ろうとしている。和解・協力政策の主要な課題は平和主義，吸収統一の拒否，事実上の統一の3つであるという。まず，和解・協力政策の平和基調は平和維持（peace keeping），平和づくり（peace making），平和

9

構築（peace building）の3つから構成される。これは統一よりも朝鮮半島の平和と安全を重視している。次に、吸収統一の拒否である。金大中大統領は南北連合制、南北連邦制、完全統一という三段階統一論を提唱してきたが、漸進的な統一構想である。そして、3つ目は交流拡大と事実上の統一である。金大中政権および盧武鉉政権では軍事的緊張にもかかわらず、交流を継続し、連合から統一へと向かう基盤形成を図ってきたという。

著者は和解・協力政策に対する批判者たちはこうした課題を十分に理解しているのか疑問を呈し、和解・協力政策に対する批判的見解をひとつひとつ検討している。まず、相互主義に対する批判である。和解・協力政策は保守勢力によって一方的ポジュギ（ばらまき）や相互主義の欠如として批判を受けてきたが、和解・協力政策の相互主義は非即時性、非等価性、非同種性を基本的前提にした相互主義であるとする。また、ポジュギの数値に対しても数値的にみると疑問が残る点を挙げている。安保不感症を導いたという批判に対しては、盧武鉉政権下では国防改革を推進し、むしろ国防費を増加させている政府であるという事実を提示している。さらに、民族共助を過度に強調したために米韓同盟に亀裂が入ったという批判に対しては、南北関係と米韓関係は相反するものではなく、アメリカの朝鮮半島政策によって衝突と補完を繰り返してきた点を指摘する。

もっとも致命的な打撃を与えた批判は北朝鮮の核問題であり、これを太陽政策の帰結であると言うものである。しかし、第2次核危機や北朝鮮の核実験の主要な責任はブッシュ政権の誤った政策にあり、これを和解・協力政策の問題に転化するのは理に合わないと一蹴する。同様に、強い批判を集めているのは北朝鮮の開放・改革といった変化を導くことは出来ず、むしろ韓国が変化してしまったというものである。しかし、これは正しくなく、北朝鮮は明らかに変化しており、とりわけ韓国をみる北朝鮮の態度にその変化が顕著に見られるとする。多くの場合、和解・協力政策に対する批判は保守勢力からの政治的な意図をもった批判であり、到底納得できない主張であるとする。そして、平和優先、漸進的合意統一、交流の強化が和解・協力政策の主題であり、戦争、吸収統一、武力統一は代案にはなりえず、包容政策だけが

唯一の代案であると主張する。そして，李明博政権もそれは例外ではないとし，「非核・開放・3000構想」も包容というテーマの枠からはずれてはいないと主張する。これは第1章の丁論文の結論と同じであるといってよかろう。

第3章の木宮論文は構成主義（constructivism）の視角から韓国の対北朝鮮政策の展開を議論するとともに，その構造的制約と秩序形成の可能性について論じている。韓国の対北朝鮮政策について考える際には，韓国の置かれた国際的な条件から帰結したという側面を重視するのか，あるいは特定の政治指導者による国益に基づく政治的選択という側面を強調するのかという問いが立てられる。

木宮論文では構造的条件が同じであるにもかかわらず，複数の政治指導者が構造的条件の変化に対する異なる認識を持ち，それに基づいて対照的な政策を提示したという前者に対する反証を提示しうる点に着目する。そして，南北朝鮮の政策変化は構造的条件の変化がもたらした必然的な帰結というよりも，そうした構造的条件の変化とは無関係におこった政治指導者による選択の帰結でもなく，むしろ構造的条件の変化をそれぞれの政治指導者がどのように認識したのかという点に着目した分析枠組みの必要性を説くのである。こうした観点から金大中政権の対北朝鮮政策がどのように生まれたのかという点について，構造的条件とそれに対する金大中大統領の認識に焦点をあてて分析している。近年の構成主義アプローチを応用して，韓国の対北朝鮮和解・協力政策の変遷を明らかにした論文であり，日本ではこのような研究は決して多くない。

これまでは南北間の和解・協力についての理論的な検討であったが，岡本厚岩波書店『世界』編集長による第4章「日本の対北朝鮮政策の展開と展望と和解・協力政策」は和解・協力政策が日本の北朝鮮外交に及ぼした影響を視野に入れつつ，日本の対北朝鮮外交のあり方を問う論文である。本章では，なぜ日朝間で和解が形成されないのか，日本に必要なものは何か，そして，韓国の和解・協力政策は日本の北朝鮮政策にどのような影響を及ぼしたのかという問いを提示している。

岡本論文はこれらの問いに対して明快な解答を与えている。まず，日本と

朝鮮の非正常な関係が日本の植民地支配から形成されてきたことを確認し，1990年から始まった日朝交渉が依然として進展しない要因を歴史問題にみる。つまり，拉致問題の発覚と日本国民の拉致問題に対する強い怒りもあるが，植民地支配をうけた経験のない日本国民の歴史問題に対する弱い認識と弱い反省がある点を指摘している。また，日本の対北朝鮮外交が米国や韓国の意向や政策によって振り回されてきたという「主体性の欠如」が問題点と指摘される。そのような意味においては，小泉訪朝は日本の主体性が発揮された画期的なものと評価されるが，こうした状況を可能にしたのが金大中政権および盧武鉉政権の和解・協力政策であったと論じている。さらに，拉致問題に対する怒りや日朝交渉が進まない要因の根底には日本人の朝鮮人蔑視や偏見があることを指摘している。本章では，日朝正常化は戦後日本の最大の外交課題であるとし，日朝関係の本質は脱植民地化，脱冷戦意識化，脱帝国意識化という植民地支配の清算にあることを喚起させる論考になっている。

3 アメリカの対朝鮮半島政策と米朝関係

第Ⅳ部はアメリカの対朝鮮半島政策に対する分析と米朝関係に関する議論が展開されている。北朝鮮の核問題をめぐって最も影響力を行使できる立場にある国はアメリカであろう。とくに，北朝鮮の核問題それ自体が敵対的な米朝関係の産物であるとすれば，アメリカの果たす役割は大きい。

レオン・シーガルは第1章で北朝鮮の主張と論理構造を踏まえて，朝鮮半島の非核化をすすめる鍵について論じている。まず，北朝鮮の論理構造は米国が敵視政策をやめると，2度の南北首脳会談を始めて，韓国との和解に前向きに取組むが，米国が関与から後退すると，北朝鮮は韓国との対話を拒否し，南北関係が停滞する理由を米国の敵視政策に帰するものであったと論じる。換言すれば，北朝鮮にとって圧力を行使することは米国の「敵視政策」の証拠であり，核武装の論理的根拠となり，南北和解が進展しない理由になってきたと主張する。一方で，北朝鮮は米国，韓国，日本が敵視政策を撤回するなら核兵器やミサイルも追及しないというが，敵視政策をやめても北

序章　金大中・盧武鉉政権と和解・協力政策

朝鮮が非核化に進むかどうかは不確かであるために、確固たる交渉力が不可欠であるとする。

以上のような認識を踏まえて、シーガルは次の3つ観点から論じる。まず、北朝鮮の核放棄には安全保障が必要であり、そのためには朝鮮半島の平和プロセスが始まることが不可欠であると言う。この平和プロセスの最終目的は朝鮮戦争を終結させて平和協定を締結することである。そして、この平和メカニズムには米国、韓国、北朝鮮が含まれなければならないとする。次は地域安保対話であるが、6ヵ国協議のプロセスは非核化にとって重要な動機を与えているという。6ヵ国協議は北朝鮮の主権と地位を承認し、核を放棄するように促すこと、米国、中国、および2つのコリアが調印し、日本とロシアが保証人になりうる平和協定が提供しうる。6ヵ国協議は北東アジア全体における安全保障面での協力を促進するひとつの方法である。そして、経済的関与については韓国が北朝鮮に対して十分な見返りなしに多くの譲歩を繰り返した点に批判があるが、北朝鮮はこの経済的関与を最優先事項とみなしており、経済的関与を通して北朝鮮が関心のもつプロジェクトに北朝鮮を引き入れることができ、米国も経済的関与を進めるべきであるとしている。

結論としては、北朝鮮が核兵器および核計画を放棄するかどうかはおそらく金正日以外は誰もわからないが、アメリカと韓国がそれを確かめる方法は核の放棄と引き換えに北朝鮮との和解のための交渉を継続し、相互の前進を確認しながら少しずつ交渉を進めていくこと以外には、その道がないと結論づけている。

2章「朝鮮半島平和体制構築に対するアメリカの政策」では北朝鮮の核問題に対する安定的な解決方法を理論的な観点から模索している。とくに、朝鮮半島における不拡散レジームが効果的に機能するためには、南北朝鮮が核兵器を放棄し、周辺の大国が南北朝鮮に核兵器を使用しないと保証する、核の安全保障が相互に交換される多層的な枠組みが必要だと論じている。

まず、北朝鮮の核問題は米国の拡散に対する不安と北朝鮮の生存に対する不安から生じる安全保障のジレンマ状態を回避するために、地域的な安全保障レジームの必要性を主張する。91年の南北非核化宣言は周辺の核保有国が

核兵器を使用しないという保証がない点に弱点があるとする。次に，敵対的な北朝鮮の核問題やミサイル問題は米国と北朝鮮が関与してきた敵対関係の産物であり，そのためには友好関係に転換しなければならず，そのためには戦争終結と平和条約を締結する必要があるということである。さらに，地域における平和の建設として，朝鮮半島の平和に向けた多国間の平和協議が北東アジア地域における安全保障フォーラムに発展すれば，東アジの平和をより高い段階へと発展させることができるという。以上の議論を踏まえて，新しい安全保障レジームを制度化することによって，この地域のパワーポリティクスの論理を緩和し，北東アジア諸国間で多角的な相互作用の重要性を増幅させることだと主張する。シーガルおよびソ・ジェジョンのいずれの論文においても朝鮮半島の平和体制構築のための多国間の枠組みと安全保障の必要性について論じられている。

4　日本と朝鮮半島

第Ⅴ部「日本と朝鮮」は朝鮮半島問題と日本と朝鮮との関係について論じた論考を扱っている。

第1章「ナショナリズムを超える南北関係と統一論試論」で河信基(ハシンギ)は，韓国で進歩的な金大中政権および盧武鉉政権下から保守の李明博政権にかわったことによって南北関係が蜜月から対立と一変したことから，統一運動としてのナショナリズムは自立した思想としては未熟であったこと，また，既存のナショナリズムだけでは南北の分断状況を乗り越えることができない深い溝があることを主張する。こうした象徴的事例として，①W杯アジア3次予選南北対戦での韓国旗・国歌問題，②聖火リレー暴力事件と反中国旋風，③南北連格事務所設置問題などに見られるように南北為政者の主導権争いや北朝鮮への対抗意識が韓国社会にも蔓延していることを指摘する。そして，著者は1948年以降，朝鮮半島は2つの国家に別々に生まれた人々の意識には，従来の南北共通のナショナリズムとは異なる北朝鮮ナショナリズムや韓国ナショナリズムといった別々のナショナリズムが息づいているのではないかと

いう仮説を提示している。

　この問題提示はナショナリズム論の点からも興味深いものであろう。通常，ナショナリズムとは文化的一体感や帰属意識，伝統的価値，血縁など民族的なアイデンティティを共有するが，いまや南北はどこまでこのようなものを共有し，また，共有していないものは何かを認識する時期にきていると主張する。実際に，南北朝鮮は民族性，伝統文化や言語，歴史認識や領土意識などでは共有しても，生活意識，人権・民主主義などの価値観では大きな相違があり，また，脱北者問題やチベット問題などでは対立すら生じている点を指摘する。したがって，朝鮮半島は国民国家の枠組みをこれから作る段階であり，そのためのナショナリズムも最初から構築しなければならず，これは長期にわたった課題であるとする。そして，こうした南北関係の安定化のために，著者は第1に，南北間で戦略的互恵関係を構築し，統一に向けて確実に進むこと，第2に，与野党を含む南北間政党対話の発足を通した相互理解と和解の進展，第3に，文化人・学者，有力企業家，社会団体代表などによる民間協議体の設立を提案している。

　第2章南基正（ナムギジョン）の「韓国から見る日朝関係」は日朝関係の展開と韓国の立場を歴史的かつ理論的に論じた論文である。本論文では朝鮮半島と日本の関係を分析する枠組みとして，まず，脱植民地主義，脱冷戦，脱休戦協定を3つの分析レベルに設定し，過去の清算，核ミサイル，日本人拉致問題がそれぞれのレベルに相応する課題として捉えられている。次に，3つの理論として，国際政治学のリアリズムとリベラリズムおよび代案理論としての構成主義によってこれらを分析し，日朝関係がとらわれている現実を乗り越えるための方案を模索している。

　本論文は以上のような観点からの分析を通して，次のような結論を導き出している。まず，6ヵ国協議は朝鮮戦争休戦体制が現在でも東北アジアを規定する力として作用しているという事実を反映しているという点である。次に，北朝鮮問題は東北アジア地域次元の問題であり，その次元で扱うことが最も効果的であるという点である。そして，日朝交渉は非正常国家（基地国家と遊撃体国家と非武装・平和国家）としての生存を強要されてきた二つの

国家が正常国家への契機を見つけた結果として推進されたという点を理解しなければならないという点であるとしている。

望まれる方案としては，まず，日朝国交正常化問題では拉致問題，核とミサイル問題が進展を阻んでいるが，韓国政府としては日本には拉致問題に関して譲歩を，核・ミサイル問題に関しては北朝鮮に譲歩を要求することで日朝両国が歩み寄る契機をつくりうる点を指摘している。すなわち，拉致問題に対しては，冷徹な外交よりも感情／感性の外交を追及し，日本国民に共感を示す努力が必要であるとする。日本人の気持ちをなだめることを前提にして日本からの譲歩を導きださなければならないとする。一方，核ミサイル問題については感情/感性を徹底的に排除した冷徹な計算に基づく外交が必要だとする。核ミサイル問題の長期化によって最も大きな困難を抱えるのは北朝鮮であることを忍耐強く説得する必要があると論じている。そして，日朝関係の好転には日韓関係の修復は不可欠であるが，地球的観点からみても日本は韓国にとって重要なパートナーであり，日韓関係の信頼回復は必須であると論じている。

第3章のガバン・マコーマック論文は日本を属国として規定して批判的に論じたものである。多くの西側の日本専門家が小泉・安部政権を通して「普通の国家」になりつつある日本を好意的に描いている一方で，この論文はこうした変化は政治理念に裏打ちされたものではなくて，無責任と米国従属にあったとする。一方で，日本は20世紀から受け継がれている懐古的な天皇中心のアイデンティティを維持しているという。したがって，日本は神の国的なアイデンティティと従属精神の両方を持ち合わせおり，こうしたナショナリスト的発想と従属的な属国体質は相互に矛盾し，両極に引き裂かれた分裂的なアイデンティティは矛盾だらけの政策を実施することになった分析する。とりわけ，こうした日本の属国ぶりは2006年から2007年にかけてアメリカが対北朝鮮政策を大きく転換した際に，日本は美しい国と北朝鮮バッシングに明け暮れたために外交的に孤立することで顕著にあらわれたという。本論文はこのような日本のありかたに警鐘を鳴らしているといえよう。

第4章の綛田論文は日本の対北朝鮮政策の決定要因を分析した論文である。

まず，本論文は1991年の日朝国交正常化交渉開始以降の日朝関係を歴史的に概観して，日朝関係を取り巻く国際環境を包括的に論じている。次に，2002年の小泉首相の訪朝の結果締結された日朝平壌宣言の公表以降，日本の対北朝鮮政策が非妥協的な圧力重視の政策を採用してきたとし，そのような日本の対北朝鮮政策の決定要因を国際的要因と国内的要因の両方から丁寧に分析している。まず，国際的な要因としては北朝鮮要因とアメリカ要因の2つに着目している。日本の対北朝鮮圧力は北朝鮮の核・ミサイルといった対外行動や挑発的な発言と関連していると論じる。また，米国が北朝鮮との関係改善を進めていれば，日本の強硬な対北朝鮮政策の抑制となり，日朝国交正常化の推進要因になりえたと論じる。

国内要因としては，憲法9条改正を望むいわゆるタカ派勢力が日朝の対立を利用していること，利権が関わる防衛族，軍事活動の制約緩和を望む財界の思惑，圧力行使に向かう政府自民党に対する野党民主党の支援，軍事的脅威や拉致問題などに重点をおいて報道するメディア，拉致問題で強硬な立場を政府に要求する家族会とその支援団体，歴代指導者による日朝関係改善への指導力欠如などによって，日朝関係の改善に消極的であったとする。そして，今後の日本の取るべき政策として，6カ国協議の共同声明（2005年9月）で合意されたような，相互主義的な約束対約束，行動対行動の原則に基づく，段階的な相互譲歩による問題解決の必要性を主張する。とくに，北朝鮮の非核化をすすめるためには，圧倒的に優位な立場にある米国は北朝鮮との関係改善の意思を明確にし，北朝鮮に対して譲歩を示していくこと，また，日本や韓国も同じ路線をとることが望ましいと論じている。本章は日本の対北朝鮮政策の決定要因を包括的に論じた力作である。

本書の経緯と意図

本書は立命館大学コリア研究センターを拠点とした内外の研究者，ジャーナリスト，政策担当者等による共同研究の成果である。2006年10月9日の北朝鮮の核実験宣言と国連での制裁決議という急迫した状況の中で，立命館コ

リア研究センターは2006年12月，第2回RiCKS国際シンポジウム「朝鮮半島の平和と東北アジアの安全保障－多元的構想」を開催した。ここでは東北アジアの平和定着・安全保障の問題を民間・ＮＧＯの視点を交えて全面的に検討した。次に，立命館大学コリア研究センターは2007年10月30日に金大中大統領の招請講演を実施した。この時の講演内容は本書Ⅰ部において収録されている。

こうした経緯を経て，立命館コリア研究センターはこの間の成果をさらに発展させるために，米朝関係の進展や韓国での新政権の誕生といった朝鮮半島平和体制確立への大転換点となる時点で，2008年5月30・31日，「朝鮮半島の和解・協力10年——評価と展望」を開催した。今回の国際シンポジウムでは，金大中元大統領の「和解・協力政策」および2000年の南北共同宣言の意味など，「和解・協力政策」10年の総合的評価を行い，今後の朝鮮半島の平和と東北アジア安全保障の方向を展望するために，各方面の一流の専門家を招いて国際シンポジウムを企画した。

本書は同シンポジウムで提出された原稿をもとに再構成されたものであり，類書に比べてなんらかの特徴があるとすれば次の3点であろう。

第1に，韓国の対北朝鮮和解・協力政策について多面的かつ包括的に検討している本格的な研究書であるという点である。朝鮮半島および東北アジア国際関係を左右する和解・協力政策をこの規模と水準で包括的に分析した研究書は日本には存在せず，その点で本書の出版は重要な意義があるといえよう。

第2に，本書は極めて国際的な視点にたって和解・協力政策を分析しているという点である。本書では，日本の韓国および北朝鮮研究者のみならず，アメリカ，中国，韓国，オーストラリアの研究者や北朝鮮の見解を踏まえた研究者が参加し，国際的な視点から複合的な要因を踏まえた分析を試みており，類書にはない特徴をもっている。

第3に，本書は学術的な観点のみならず，政策志向的な研究書でもあるという点である。本書には，各国で実際の対北朝鮮政策に深く関与したり，実情に精通したりした実務家，ジャーナリスト，政治家などによる論稿が多く

含まれており，和解・協力政策という極めて実践的かつ政策的な課題を扱う本書の内容を豊かにしている。

とはいえ，こうした本書の意図と試みの妥当性については読者のご判断に委ねるべき事柄であろう。本書に対する忌憚のない意見と批判とを期待している。

●注

1)『98統一白書』韓国政府統一部，1998，p. 35.
2) Chung in Moon and David I. Steinberg, *Kim Dae jung Government and Sunshine Policy ; Promises and Challenges,* Yonsei University Press, p.12
3) 徐忠彦論文では北朝鮮や南北関係といった表記がされてはいないが，他の章の表記と統一するためにここでは他の章の表記にならって記している。
4) たとえば，2002年にいわゆる第二次朝鮮半島核危機が起こった際に，アメリカで著名なコラムニスト，チャールズ・クラウサマーは中国が北朝鮮に核放棄のために働きかけないのであれば，アメリカは日本の核武装を支持するであろうといった議論を行っている。*The Washington Post,* January 3, 2003.
5) このような観点からは以下の回顧録が参考になる。林東源『南北首脳会談への道』岩波書店（2008年，波佐場清訳）

一部　金大中前大統領の講演

行動する良心になろう！

――6.15南北共同宣言9周年記念演説――

　尊敬する先輩，同志の皆様，本日この場にこのようにたくさんお越し下さり誠に有難うございます。

　私は6.15と10.4宣言を思うとき，亡くなられた盧武鉉(ノムヒョン)大統領を想わざるをえません。盧大統領と私だけが北朝鮮に行って南北頂上会談を行ったあの事件は，とても重要な出来事だったと思います。

　ところで盧武鉉大統領と私は，不思議と似たところがたくさんあります。二人とも農民の息子として生まれ，盧大統領は釜山(プサン)商高，私は木浦(モッポ)商高を出ました（聴衆笑う）。そして盧武鉉大統領はお金が無くて大学に行けず，私もお金が無くて大学に行けませんでした（聴衆笑う）。盧大統領は大学に行けなくなった後一生懸命勉強して弁護士になり，私は一生懸命事業を行ってお金を少し稼ぎました（聴衆笑う）。その後，私は李承晩(イスンマン)政権，盧大統領は朴正煕(パクチョンヒ)政権などの独裁政権に憤慨し，本業を捨てて政治に飛び込んだのです。

　政治に入って再び反独裁闘争を共にするなど，盧大統領と私は本当に深い縁があります。同じ党に入り，国会議員も共に務め，また北朝鮮にも交代で行って来ました。このようなことを見ていると，前世では盧大統領と私は何か兄弟関係にあったのではないかという考えが浮かびます。もちろん兄貴は私ですが（聴衆笑う）。私が盧大統領の逝去の知らせを聞いて「私の半身が削ぎ落とされたようだ」と言いましたが，それは過ぎ去った過去だけを見ても普通の因縁ではありません。私が大統領を務めているとき，盧大統領に海洋水産部長官を任せました。

　私は今日6.15南北共同宣言9周年を迎え，まず李明博大統領と北朝鮮についていくつかお話したいと思います。

李明博大統領は現在，我が国民がどれほど不安な思いで暮らしているのかを分からなければなりません。開城(ケソン)工団から撤収するという話が出ました。北朝鮮では毎日のように韓国が行うことを宣戦布告とみなす，武力で対抗すると言っています。世界に60年間もこのようにやり合っている国が他にあるでしょうか。だから私は李明博大統領に強く忠告したいと思います。二人の前職大統領が合意した6.15〔2000年南北共同宣言〕と10.4〔2007年南北共同宣言〕を李大統領は必ず守りなさい。そうしてこそ問題が解決します。

　そして我々が一方的に撤収した金剛山(クムガンサン)観光を，再び復旧しなければなりません。開城工団に労働者のための宿舎をつくると，我々が約束しました。したがって私は，李明博大統領が6.15と10.4の約束を守り，金剛山から一方的に撤収したことを撤回し，開城工団の宿舎建設を約束したことなど，我々の義務事項を我々が履行するということを宣言する必要があると思うのですが，皆さんいかがでしょうか（拍手）。

　次に，北朝鮮の金正日(キムジョンイル)委員長に言いたいと思います。私は，北朝鮮が大変無念な思いをさせられていることを知っています。1994年のジュネーブ協定を結んで，北朝鮮は核を放棄しました。アメリカは北朝鮮に対して軽水炉をつくり，経済援助を行うと約束しました。ところがクリントン大統領が合意したことが，ブッシュ大統領になって完全にひっくり返ってしまいました。ここから不信が生まれました。

　また，オバマ大統領は大統領選挙運動中に，自分が当選したら北朝鮮とイランの首班に直接会うと言いました。そして大統領に当選した後，自分の対北政策はブッシュ政策ではなく，クリントン行政府が行った政策を継続するだろうと言いました。これに対する北朝鮮の期待がとても大きかったのは事実です。

　ところがオバマ大統領は，パキスタン，アフガニスタン，イラン，中東，ロシア，さらにはキューバとまで対話を行うと言って手を差しのべながら北朝鮮に対して一言も語らないのは，北朝鮮としては本当に耐え難い侮辱です。北朝鮮が，また騙されるのではないかと考えるのも無理はありません。

　しかし，だからといって北朝鮮が極端な核開発にまで進んでいったことは，

絶対に支持することは出来ません。金正日委員長は，6ヵ国協議に一日も早く参加し，またアメリカと交渉して北朝鮮核問題を解決し，朝鮮半島の非核化を行わなければなりません。朝鮮半島の非核化は絶対的な条件です。私がこの度中国に行き，習近平副主席と会って1時間ほど話したのですが，中国の指導者の誰に会っても北朝鮮の核に反対している事実は間違いありませんでした。私は中国が北朝鮮の核に相当反対していると思ったのですが，今回，北朝鮮が核実験をしたところ中国が相当厳しく非難し，国連安全保障理事会でも対北朝鮮決議案に合意したと聞いております。

　そのような無念な点はありますが，だからといって核を作ってはなりません。核を作って，誰に対して使うのですか。そこには我々韓国の人も含まれているでしょう。1,300年の統一国家，5,000年の歴史をもつ私たちが，我々同士，相手を全滅させる戦争をしてよいのでしょうか。忍耐力をもって対話を継続し，まだオバマ大統領が対北政策を発表していないので，待つ必要があります。もちろん焦る気持ちは分かりますが，しかしオバマ大統領はクリントンの政策を続けると言った言葉があるので，待たなければなりません。

　この度，クリントン元大統領が韓国に来て私と晩餐をしたのですが，クリントン大統領は私と共に行った太陽政策を実践できなかったことを残念に思っています。我々は北朝鮮問題の解決のため多くの話をしました。クリントン大統領も北朝鮮の核については絶対に反対で，しかし相手方に対して相応の対価を与えながら，相手方の気分も汲み取りながらやらなければならないと言いました。私がいろいろと建議したのですが，自分がオバマ大統領とヒラリー・クリントン女史に伝えると言ったこともあります。

　私は，北朝鮮が要求した安全保障と経済再建，米国と日本との国交再開などを米国が尊重し，守らなければならないと思います。既に北朝鮮核問題は，1994年のジュネーブ会談で合意され，2005年の6ヵ国協議の9.19合意によって，北朝鮮は核を放棄しアメリカは北朝鮮との外交関係を開き，朝鮮半島は平和協定を結び，アメリカは北朝鮮に経済的支援を行うということに合意したので，どこまでも交渉と忍耐力をもって研究しながらやるべきで，核問題をもってくるのはいけないと金正日委員長に強く言いたいと思います。

一部　金大中前大統領の講演

　結局，私が述べたことは，外交はウィン・ウィンで行わなければならないということです。あなたも良い思いをし，私も良い思いをしてこそ，外交は成功します。北朝鮮は核を放棄し，長距離ミサイルまでも放棄する段階にまで行きました。そのため北朝鮮に与えるものは与えなければなりません。だから外交も行い，経済援助も行って，朝鮮半島の平和協定も結ばなければなりません。すべて合意した話をアメリカが実践しておりません。

　私はオバマ大統領が当選したとき，私が当選したかのように嬉しく思いました。また，ヒラリー女史が国務長官になったとき，クリントン大統領の夫人なので嬉しく思いました。北朝鮮核問題は，ジュネーブ合意によって朝鮮半島の非核化が，北朝鮮の核放棄が決まり，そして6ヵ国協議の合意によって北朝鮮核問題がすべて合意されました。私は今回クリントン大統領にも，「何が問題なのか。北朝鮮も合意し，アメリカも合意した。オバマ政府はブッシュと違うのに，なぜ北朝鮮を安心させて北朝鮮も待つことの出来る機会を与えずにここまで至ったのか」，このような話もしました。

　李明博大統領にもう一度申し上げたいと思います。現在，我が国の至る所で，李明博政権が民主主義を逆行させていると言っています。盧武鉉大統領の葬儀に全国で500万人が弔問したことを見ても，現在，我が国民の心情がどのようなものかがわかります。私は現在国民が心配している，過去50年間血を流して勝ち取った10年間の民主主義が危機に瀕しているのではないかという点を考えると，大変不安になります。

　民主主義は国の基本です。どれだけ多くの国民が民主主義を成し遂げるために死んだでしょうか。光州[1]で，人民革命党事件[2]などで，たくさんの人が死にました。我々は過去，李承晩，朴正煕，全斗煥（チョンドゥファン）の三つの独裁政権を国民の力で克服しました。そうして与野党の政権交代を通じて「国民の政府」が発足しました。盧武鉉大統領が当選し，すべての民主主義的政治が継続されました。我が国民は，独裁者が出たとき必ずこれを克服し，民主主義を回復したということを，我々は肝に銘じなければなりません（拍手）。

　私は長い政治経験と感覚で，万一，李明博大統領と政府が現在のような道を歩み続けるならば，国民も不幸で，李明博政権も不幸だということを確信

26

をもって申し上げ，李明博大統領が大きな決断を下すことを望んでやみません。

併せて，皆様にも切に，血の滲む思いで申し上げます。「行動する良心」になりましょう。行動しない良心は悪の側です。独裁政権が過去どれほど多くの人々を殺したでしょうか。その方々の死に報いるため，我が国民が血と汗で成し遂げた民主主義を守るため，我々がすべきことを全て行わなければなりません。人々の心中には誰であれ良心があります。それが正しいことと分かっていながらも，行動すると恐いから，騒がれるから，損をするから，避けることもたくさんあります。そのような国民の態度のせいで，義をもって闘った人々が罪無く世を去り，数々の受難を被るしかありませんでした。そうでありながら義をもって闘った人々が達成した民主主義を我々は享受しています。これが果たして我々の良心に適ったものなのでしょうか。

今回盧武鉉大統領が亡くなりましたが，もし盧前大統領があれ程の苦しい思いをしているとき，500万人の弔問客のうち10分の1の50万人でも「こんな理不尽なことをしてはならない。前職大統領に対してこんな扱いをしてはならない。毎日同じ嫌疑を〔メディアに〕ふり撒きながら精神的打撃を加え，ストレスを与える，こんなことをしてはならない」。50万人がこのように進み出ただけでも，盧前大統領は死ななかったでしょう。どれだけ恥ずかしく，悔しく，犠牲者たちに対して胸の痛いことでしょうか。

私は皆様に申し上げます。自由な国になろうとするなら，良心を守りなさい。真に平和で正義にのっとって生きる国になろうとするなら，行動する良心にならなければなりません。傍観するのも悪の側です。独裁者に頭を下げ，へつらい，昇進し，こんなことはお世話になりません。我が国が自由な民主主義，正義にのっとった経済，南北の和解協力を成し遂げるすべての条件は，我々の心にある良心の声に従って表現し，行動しなければなならないということです。選挙のときには，悪い政党ではなく，良い政党に投票しなければならず，世論調査もそうしなければなりません。そのため4,700万の国民がすべて良心をもち，互いに忠告し，批判し，激励するならば，どうしてこの地に独裁が再びあらわれ，少数の人々だけが栄華を享受し，多数の人々が苦

しむこのような社会になるでしょうか。

　我が国民は，北朝鮮の核実験とミサイルに反対です。ですが，反対はどこまでも6ヵ国協議において，アメリカとの会談において反対すべきで，絶対に戦争の道に進んではならないと考えます。我々が統一するのに，100年，1000年がかかっても，戦争によって統一してはなりません。

　我々が皆行動する良心として，自由と庶民経済を守り，平和な南北関係を守ることに皆が立ち上がって，安心して暮らせる国，希望のある国を作りましょう。有難うございます。(2009. 6.13　ソウル汝威島(ヨウィド)63ビルディングにおける「6.15」9周年記念集会での講演)

●訳者注
1）1980年5月の光州事件で，韓国国軍によって200名余りの市民が虐殺された。
2）人民革命党（人革党）事件は韓国情報部による反政府・左翼人士たちに対する弾圧事件・第1次人革党事件（1965）と第2次人革党事件（1975）がある。第2次人革党事件では23名が検挙され，そのうち8名が死刑執行された。民主化以後，この事件に対する真相究明運動が起り，2007年1月，ソウル地裁は無罪を言い渡し，同年8月，韓国政府は637億ウォンの賠償金を遺族に支払えという判決が出た。典型的なデッチ上げ事件とされる。

朝鮮半島平和と韓日関係

―――立命館大学での講演―――

〈前略〉

　私は今日，みなさまに「朝鮮半島平和と韓日関係」という演題での講演を，4つの部分に分けてお話をさせていただきます。すなわち，朝鮮半島平和の展望，南北関係の現状と未来，東北アジア平和の可能性，そして韓日関係についてお話いたします。

　最初に，朝鮮半島の平和問題は，すでにとても明るい展望を見せております。2006年10月9日，北朝鮮の核実験で極度の緊張状態に陥った北朝鮮核問題は，今年の初めに開催された六カ国協議の2・13合意で大きな転換期を迎えることになりました。長い間対立と膠着状態にあった北朝鮮核問題は，今や解決の方向に向かっております。

　2・13合意の第一次措置として，北朝鮮は寧辺核施設を閉鎖し，北朝鮮核監視の任務を引き受けるIAEA（国際原子力機構）要員を招請しました。そして北朝鮮に重油100万トン相当の物資が供給され始めました。そして去る10月3日，6カ国協議の第二次合意によって北朝鮮核施設に対する不能化措置とすべての核プログラムの完全な申告が進行しています。現在アメリカは，テロ支援国名簿から〔北朝鮮を〕削除して敵性国交易禁止法適用を解除するなどの措置を進めており，このすべてのことが円満に進み，北朝鮮核施設を安全に解体して，続いて核物質も廃棄されれば，朝鮮半島非核化が実現し，朝米間の国交正常化がなされるでしょう。

　私は，これまで6カ国協議は成功するだろうと主張してきました。私が金正日委員長と直接会ってみた結果，北朝鮮は朝米関係の正常化を熱望していることがよくわかりました。私と金正日委員長は，北朝鮮の生存のためにはアメリカから安全保障と経済的支援を受け，国交を正常化するしかないと

いう点で意見の一致を見ました。したがって，北朝鮮はこのようなことを成し遂げるために核兵器を放棄することが必要不可欠であることを知っています。ましてや北朝鮮は，最近「朝鮮半島非核化は金日成主席の遺訓である」と言っております。北朝鮮で金主席の遺訓は至上命令なのです。

　一方アメリカも，今や対話を通じた解決が切実になっています。私が大統領に在任中に，私とクリントン大統領は両国が協力して対話を通じた一括妥結をはかることにほぼ合意しました。しかしブッシュ政権になった後，事態は一変しました。ブッシュ政権は，発足以来，最初の6年間，北朝鮮に対する敵対的対決主義で一貫しました。しかしその結果は何ら得るところなく，むしろ北朝鮮のNPT（核拡散防止条約）脱退，核活動を監視していたIAEA要員の追放，核開発推進，長距離ミサイルの発射，そして核実験など，もっぱら否定的な結果のみでした。昨年10月9日，北朝鮮の核実験でアメリカは対話か破局かの袋小路に迷い込みました。私は，北朝鮮の目的は核保有ではなく，アメリカとのギブ・アンド・テイクの交渉にあると，国内外の多くのマスコミを通じて主張しました。

　一方アメリカは，このような状況に直面しましたが，中東に足を取られて，北朝鮮に武力行使する立場でなくなりました。日本とともに推進した経済制裁も，これといった効果を得られませんでした。アメリカの共和党は，議会の中間選挙に敗北したので，北朝鮮との対話と妥協を求める民主党の要求も高まりました。何よりも，任期末のブッシュ大統領がなに一つうまく行かないので，せめて朝鮮半島においては一定の成果をあげる必要に迫られました。そうして結局，アメリカは北朝鮮の要求条件である直接対話と安全保障，経済制裁解除，国交正常化などを受け入れることになったのです。

　ここに韓日中露の積極的な協力が加わり，六カ国協議は成功の道を歩んでいます。2008年は，1945年第二次大戦終戦以来63年ぶりに初めて朝鮮半島で冷戦の残滓が除去され，平和が定着し始める画期的な年となるだろうと私は信じています。

　次に，南北関係の現況と未来について申し上げます。私が2000年，平壌を訪問し第一次南北首脳会談を持ってから，朝鮮半島には緊張緩和が画期的に

進みました。戦争の暗い影が薄れました。韓国においては国民たちが戦争の不安から大きく抜け出し、過去の北朝鮮に対する反対一辺倒の考えが、共産主義には反対するが同族間の友好と協力は維持しなければならないという方向に変わりました。

　北朝鮮の変化はもっと画期的です。韓国に対する過去の不信と敵対感、間違った優越感などが消え去りつつあります。われわれが毎年40万トンの食料と30万トンの肥料、医薬品などを支援してから、北朝鮮住民は韓国の暮らしが良いということを知るようになりました。韓国のおかげで飢えを免れるようになったことを感謝し、韓国をうらやむ心情が高まっています。今、北朝鮮ではひそかに韓国の大衆歌謡を歌い、テレビドラマ、映画などを観る人たちが増えています。北朝鮮社会に文化的変化が起こっているのです。2000年の第一次首脳会談以来、南北間には多くのことがありました。分断50年ぶりに初めて離散家族が再会を果たし、現在まで1万5千人が会っております。それ以前の50年間にわずか200人だけしか再会しませんでした。韓国では160万人が金剛山観光をしました。開城工団では2万人に達する北朝鮮労働者が韓国の企業で仕事をし、大きな成果を上げております。最近開催された第二次南北首脳会談によって、南北間では今後、平和と経済協力、そして文化とスポーツ交流がますます盛んに行われるでしょう。すでに申し上げたように、2008年には南北がより積極的に顔をつき合わせ、大々的にお互いに開放と協力していく時代に入っていくでしょう。

　韓国では、来る12月大統領選挙がありますが、どのような結果であれ、南北は和解協力の道へと進むでしょう。その理由は、国民が与野政党の支持とかかわりなく南北関係改善と発展を積極的に望んでいるからです。

　第三に、東北アジア平和の可能性について申し上げます。私はそのための条件が熟していると信じております。私は、数年前から六カ国協議が成功すれば、その後解体するのではなく、東北アジア平和機構へと発展させなければならないと主張してきました。今年の六カ国協議の2・13合意においても、「東北アジアにおける持続的な平和と安全のための共同努力」をすることで合意し、六カ国協議の中で論議をする機構を設置いたしました。東北アジア

の安全は，朝鮮半島の平和はもちろんのこと，東アジア全体の安全と平和のためにも極めて重要であります。韓日中の3国が東北アジアで協力することこそが，平和の核心であり，経済発展と文化交流の重要な要諦となるのです。

韓国と日本は，中国にどのように対処するのかという大きな宿題を抱えています。今から187年前の1800年，中国は世界の総GDPの27％を占めました。世界で最も大きかったのです。その当時イギリスは5％，アメリカは1％でした。中国が遠からず世界最大の経済強国になるであろうと予想する専門家が多数います。歴史が再び繰り返しているのかもしれません。しかし，現在中国は腐敗と貧富格差など，内部問題に苦しんでおり，金融機関と大企業の内容も脆弱です。また，民主主義を願う国民たちの要求も満たされなければなりません。中国を恐れてばかりいてはなりません。

このような中国の現実に，われわれはどのように対処しなければならないでしょうか。現在中国は，胡錦涛主席の指導の下に，平和裏に発展していく「和平崛起」政策を推進しています。そのような中で，アメリカ，日本の軍事力強化に対しては，敏感に反応しています。中国が，米日の軍事的圧力が危険水位に達したと考えるなら，軍部が国政の主導権をとって軍事的な強大国建設の方向へと突き進むでしょう。しかし，適切な線で軍事的均衡が維持されるなら，胡錦涛主席が推進している平和発展の政策が力をえていくでしょう。

最近中国の執権層内部では，新左派と新右派の間の論争が熾烈です。新左派は，現在の腐敗と貧富格差は改革開放政策が原因であり，再び計画経済に戻らなければならないと主張しております。しかし，新右派は民主主義をしないから政治の透明性と国民世論の国政への反映が不十分で，腐敗と貧富格差が生じると主張しております。したがって，これを解決するためには民主主義をより一層発展させ，共産党一党支配体制を緩和して，スウェーデンのような西欧社会の社会民主主義を模範としなければならないと主張しています。これに対して，胡錦涛主席も新右派の主張を積極的に支持していると，最近のメディアに報道されております。韓米日3国の対中国政策に対し，冷静で賢明な判断が必要だと考えます。

第四に，日韓関係改善に対する私の考えを申し上げます。私は1998年から2003年まで，5年間，韓国の大統領を務めました。私の在任中に，日韓関係は画期的に発展しました。1998年，私と故小渕首相は「21世紀の新しい日韓パートナーシップ共同宣言」を通じて，日本は過去にわが民族に加えた被害に対して「痛切な反省と心からのお詫び」をしました。われわれは，日本の民主主義発展と平和志向的な努力を評価し，両国が未来志向的に共同協力していこうと意気投合しました。

　それから画期的な発展がありました。何よりも，韓日両国間の民間レベルでの交流が普遍化しました。私が就任する前，韓日民間交流は年間280万人でした。しかし今はもう450万人になりました。文化，芸術，体育，政治，経済など様々な分野の交流がなされております。私は，国内の強い反対にもかかわらず，果敢に日本大衆文化の開放を断行しました。一方，日本においては，「韓流」がブームを引き起こしました。両国が共同主催するワールドカップサッカーは，とても成功裏に行われました。また，われわれ韓国国民は，日本が戦後平和憲法を守り，世界の開発途上国支援に多くの寄与をした点を評価しています。

　しかし最近，日本の急激な右傾化は，われわれの気持ちに影を落としております。憲法改正論，歴史教科書の改悪，急速な軍備増強などの現象が日本で著しく現われております。このような右傾化の傾向の根本原因は，何よりも過去帝国主義時代の歴史に対する教育が不足しているからです。歴史を正確に知らないから，反省することができません。反省をしないから，謝罪や補償をする考えが生じません。このような日本の歴史に対する歪曲と右傾化に対して，近隣諸国は大変憂慮し，また警戒しております。

　われわれが望むことは，日本はドイツから学ばねばならないということです。日本と同じ侵略国家であったドイツは，過去について深く反省しました。歴史教育を徹底的に行いました。ヒトラーのユダヤ人虐殺に対し，遺跡を保存し被害者たちに対して謝罪し賠償しました。私が去る5月ドイツを訪問したとき，ドイツはすでにユダヤ人虐殺に関する多くの遺跡を保存しているにもかかわらず，またベルリン市内の中心地に巨大なホロコースト公園を造っ

ているのを見ました。ドイツの潔い反省と被害補償の態度は，周辺国家にドイツに対する信頼を回復させています。大変強い警戒の対象であったドイツが，近隣諸国の全面的な信頼の中で，ＮＡＴＯとＥＵの中心国になりました。ドイツ統一に対しても，周辺諸国の積極的支持を受け，ドイツはヨーロッパ最大の強大国になりました。結果的にドイツは，少なく与えて多くを得たわけです。

　われわれは，日本が再び過去に戻ることのないような歴史認識と改悛の態度を見せる時，日本を安心して信じ，友として交わるようになるでしょう。われわれ韓国国民は，そのような韓日関係が一日も早く来ることを心から願っております。われわれは，歴史認識と反省が足らない隣国のために，再び昔のような時代が来るのではないかという悪夢にうなされたくありません。幸いにも，最近，福田康夫内閣が発足し，隣国に対し誠実に配慮する姿を見て，大いに期待し，注目しております。

　韓国と日本は，数千年にわたる隣国であり，今後とも永遠にそうであるでしょう。両国間には，人種と文化と経済など，長い交流の歴史があります。多くの人々が朝鮮半島から日本に渡って暮らし，学問，宗教，文化，経済，技術などを伝授しました。われわれの祖先の友好協力の時代は長いものです。

　尊敬する日本国民のみなさま！

　日本の正しい歴史認識の中に，再び韓日友好協力の美しい歴史を再現しましょう。朝鮮半島と東北アジアの平和に向けて共同で努力しましょう。東北アジアと東南アジアを一つにした東アジア共同体構想に韓国と日本が共に中心的な役割を果たしましょう。ご静聴ありがとうございました。

（2007.10.30　立命館大学での博士学位授与記念講演）

北朝鮮核と太陽政策
――ソウル大統一研究所の講演――

〈前略〉

　去る10月9日，北朝鮮は私たちの国民と全世界人々の反対を押し切って核実験を強行しました。私たちは北朝鮮の核保有にきっぱりと反対します。これは私たちの生死と北東アジアの安保がかかっている問題だからです。なによりも北朝鮮核実験は，1991年12月に締結した「韓半島非核化共同宣言」に正面から違反します。だから私たちは，私たちの法的な権利として北朝鮮核の廃棄を，もう一度きっぱりと要求します。去る10月15日，国連安全保障理事会は，国連憲章7章41条に基づく北朝鮮に対する経済的制裁を決議しました。さて私たちは北朝鮮核を撤廃させる目標に達するためにどんな手段を取らなければならないでしょうか？　三つを考えて見ることができます。

　第一，軍事的手段に対して検討して見ましょう。結論的に言って，軍事的手段は決して許されえないと思います。核兵器まで使う可能性がある軍事的制裁手段は朝鮮半島を焦土化させ，7千万民族を共倒れさせる危険が大きいのです。私たちは，我が民族の生存のために軍事的手段による制裁は決して支持することができません。今回，国連安保理の決議が7章42条の軍事的手段を含まないことを幸いに思いながら，今後ともそういう事がないように強力に要求します。

　第二，経済的制裁手段に対して考えて見ましょう。経済的制裁を強行した時，北朝鮮は相当な苦痛を受けるようになるでしょう。しかし私たちがよく知っているように，北朝鮮は1990年代半ばの「苦難の行軍」を通じて経済的試練には慣れています。中国は北朝鮮経済に相当な支援ができます。イランなどいくつかの国も助けになるでしょう。のみならず，アメリカや日本などは，もうかなり経済制裁をしているので，再び制裁する手段があまり残って

いないでしょう。したがって経済的制裁は，苦痛は与えるが，北朝鮮を完全に屈服させるには限界があるでしょう。むしろ北朝鮮が第2次核実験や休戦線での挑発などの反撃に出る可能性も大きいのです。それでは，効果がある何らかの対策があるでしょうか？

　第三に，対話による解決を模索です。北朝鮮は核実験以後にも朝米双方の対話を通じて彼らの安全の保障を受けて，経済制裁を解除すれば，朝鮮半島の非核化に積極的に応じると宣言しています。私たちは北朝鮮に一度機会を与えなければなりません。機会を与えて，約束を破る時は，より徹底的な制裁ができるでしょう。

　そもそも，核問題を両当事者の間で対話もしないのは納得できない事です。私は2002年2月に訪韓したブッシュ大統領に，当時の韓国大統領として言った事があります。『対話は友達として付きあうことではありません。平和や国家利益のために必要ならば，悪魔とさえ話しあわなければなりません』

　アイゼンハウアー大統領は，朝鮮戦争当時，戦争中にも北朝鮮と話し合って，1953年に休戦協定を締結しました。その協定は今も有効に朝鮮半島平和を守っています。ニクソン大統領は「戦争犯罪者」として規定された中国を訪問して毛沢東に会いました。それがきっかけになって，中国の改革開放が実現して，今日のような安全で開放された中国になりました。レーガン大統領はソ連を「悪魔の帝国」と言いましたが，その悪魔の帝国と話し合ってソ連と東ヨーロッパの民主化をもたらしました。クリントン大統領は戦争までしたベトナムと国交を結んで，今日，両国は非常に良好な関係を維持しています。

　このような4人の大統領の中でクリントン大統領を除き，皆，共和党出身の大統領たちです。どうして同じ共和党出身であるブッシュ大統領だけ北朝鮮と対話できないというのでしょうか？

　2次大戦以後の歴史は証明しています。共産国家に対して封鎖と制裁では成功した例がありません。今日，キューバはすぐアメリカ目の前にある小さい点に過ぎませんが，50年間，制裁しても変化させる事ができません。

　しかし対話を通じて改革開放に誘導して成功しなかった例がありません。

北朝鮮も同じです。共産主義は抑圧には非常に耐性があるが，改革開放には弱いのです。共産主義を変化させようとすれば，改革開放を誘導して，話し合いの以外には道がありません。

　次に太陽政策に対して，一言，申し上げます。

　最近，北朝鮮核実験以後，太陽政策にその原因があるように主張する人々がいます。まことに理にかなわない主張だと言わねばなりません。一体，北朝鮮が核を作りながら，韓国で太陽政策をするから，核を作ったと言った事がありますか？　むしろ彼らは6・15首脳会談以後を「6・15時代」と呼んで，太陽政策を高く評価しています。

　そして彼らが核兵器を作ったのは，「アメリカが対話に応じないで，苦しめるから，核兵器を作るようになった」と繰返し話しています。そして「二者間対話を通じて北朝鮮の生存を保障してくれれば，核兵器をあきらめる」と宣言しています。北朝鮮の核兵器製造を太陽政策のせいにすることは，理にも現実にもかなわない話だと言わざるを得ません。

　むしろ太陽政策を通じて南北が和解・協力の道を開くようになったことで，南北間の緊張が大きく緩和されたことを私たちはよく知っています。6・15首脳会談以前に，こんな北朝鮮核実験が行われば，韓国はパニックで，避難騒動が起きたはずです。しかし我が社会は今，極めて平穏です。太陽政策による緊張緩和のおかげです。

　太陽政策は多くの成果を上げました。南北首脳会談以前の50年の間に200人しか会えなかった離散家族が，すでに1万3千名も会うように至りました。これは，いかに大きい人権と人道主義の勝利でしょうか？　南北首脳会談以後，南北の間を23万名を越える人々が往来しました。金剛山(クムガンサン)を尋ねた人々は130万名を越えます。このような人々は南北両側に大きい影響を与えています。私たちの食糧と肥料の支援を受けて北朝鮮の人々は韓国に対して過去の誤解と憎悪の態度から感謝と羨望の態度へと変わっています。

　開城(ケソン)工業団地，金剛山観光をはじめ，われわれは北朝鮮に大きな経済的利権を確保しています。鉄道，通信，道路，電気，港湾，観光など大きな経済的権利を30年ないし，50年の期限で確保しています。表現を変えれば，北朝

鮮経済全体を私たちが掌握していると言っても過言ではありません。もちろん，そういう経済的進出は南北朝鮮が共に利益をえるウィン・ウィンの協力関係です。のみならず，開城工団と金剛山観光で，私たちが北側にそれぞれ5km，10kmまで進出したのです。言い換えれば，休戦線がそれだけ北に上がったことを意味します。これが私たちの安全保障にこの上なく大きい助けになっています。

太陽政策のフィナーレを飾るのは，南北鉄道を開通させれば，この汽車はユーラシア大陸を貫いて西欧のパリ，ロンドンまで行くようになるという事です。私たちは半島国家と言うが，韓国は陸路で出られないので，半島として機能していません。中央アジア地域は今，石油，ガスなど地下資源が豊かで，おびただしい利権が遍在しています。私たちは汽車でだけ，この地域へ行くことができます。私は大統領として在任中，このような鉄道の連結に対して北朝鮮，ロシア，中国などとも合意した事があります。これで南北間の鉄道さえ繋がれれば，私たちはモスクワ，パリ，ロンドンまで行けるのです。

私は太陽政策を実践する時，アメリカと緊密に協力しました。私は在任中にクリントン大統領に説明しました。「太陽政策は朝鮮半島問題を平和的に解決しようとするものです。平和共存，平和交流，平和統一の3原則の下で，第1段階，南北連合，第2段階，南北連邦，第3段階，完全統一の段階を推進するでしょう。私たちはベトナムのような武力統一も望まず，ドイツのような吸収統一も望まない。平和的に共存しながら北朝鮮の経済回復を支援し，南北7千万民族の和解・協力を成して，平和的に統一するのが私たちの目的です」

これに対してクリントン大統領は全面的に支持し，公開的に何回も「金大中大統領の太陽政策を支持する。アメリカはこれを支援するでしょう」と宣言しました。そして北朝鮮との接触を始めました。クリントン大統領は最近，私に会って，「私の任期が，もう1年だけあったなら，あなたと共に朝鮮半島問題を完全に解決することができたのに非常に残念です」と言ったことがあります。私は北朝鮮へ行く時も，アメリカは勿論，日本やその他の主要友好国に私の旅行について，重要な内容をすべて知らせて，彼らの協力を受け

ました。

　一方，ブッシュ大統領の時代に入って来て事態は一変しました。共和党政府は民主党政府の対北朝鮮政策を全面的に否認しました。しかし，2002年2月，ブッシュ大統領と私がソウルで長時間会談した結果，私たちは重要な合意に到達しました。

　そして，ブッシュ大統領は共同記者会見を通じて三つを宣言しました。「北朝鮮に対して攻撃しない。北朝鮮と話し合う。レーガン大統領はソ連を『悪魔の帝国』と言ったが話し合った。私も『悪の枢軸』である北朝鮮と話し合う。そして北朝鮮に対して食糧を与える」。しかし，この重要な合意は実践されないままになってしまいました。私と我が国民の失望がいかに大きかったのかは，言葉であらわす事ができませんでした。

　北朝鮮核実験は太陽政策の責任ではなく，北朝鮮とアメリカの共同責任です。北朝鮮は瀬戸際戦術を駆使しながら，しばしば6ヵ国協議への参加を拒否して，問題を難しくしました。そして北朝鮮の態度は韓国，アメリカ，日本，中国など多くの国で問題を円満に解決しようとする人々に挫折感を与え，北朝鮮の強硬政策を口実に事態を悪用しようとする人々を利したのです。

　一方，アメリカは核問題の当事者がアメリカと北朝鮮なのに，その当事者間の対話を拒否して，解決の糸口を見つけにくくしました。そしてアメリカの目標が核問題の解決だけではなく，北朝鮮の体制を変えるのにあると主張するアメリカ政府のリーダーさえ出て，北朝鮮の警戒心を極度に刺激して，核の製造までをも強行する口実を与えました。

　北朝鮮核問題解決策は，見方によっては非常に簡単です。北朝鮮は核を完全にあきらめて朝鮮半島非核化体制に参画しなければなりません。アメリカは北朝鮮に対してその安全を保障して，経済的制裁を解除し，国交を開かなければなりません。これは北朝鮮とアメリカが本当に解決する意志さえあれば，そして膝突き合わせて対座すれば，充分に解決できる問題だと思います。

　次は統一問題に対して一言，言わせてもらいます。私たちは1300年の間，統一した単一民族で，単一文化を持った世界でも珍しい民族です。私たちの分断は，私たちが願ってしたのではなく，2次大戦の戦後処理において，米

ソ両国が自分たち勝手に38度線を引いてしまった結果です。したがって，私たちは統一国家の歴史からしても，分断の原因からしても，再統一ができない理由がありません。

　そしてその再統一は必ず平和的になさなければなりません。南も良くて北も良い，共同勝利の統一にならなければなりません。皆さん若者達が二度と銃を持って祖国防衛の名の下に殺し合いの戦争に行かないように統一しなければなりません。北朝鮮が「低い段階の連邦制」という名で従来に主張した連邦制を完全にあきらめた以上，一種の独立国家連合のような第1段階の「南北連合」はいつでもできます。「南北連合」体制は1民族2独立政府制度です。南北は南北首脳会談，南北長官級会談，南北国会会談などを持つことができるし，すべての案件を満場一致で処理することで，南北どちらも不安を持つ必要がなくなるでしょう。そのように「南北連合」を10年から20年行った後に，南北連邦制や完全統一に進めるでしょう。統一への希望を持ちましょう。

　先祖が血と汗と涙で統一したこの民族を，また一つに繋ぎましょう。南も勝って北も勝つ共同勝利の統一を推進しましょう。21世紀は知識基盤経済の時代です。知的伝統と教育が広く普及した朝鮮民族は，我が世の春を迎えたのです。平和的共存と平和的統一さえすれば，私たちは世界の中で，スックリと聳えた大きい峰になるでしょう。「鉄のシルクロード」が釜山港からパリ，ロンドンにまで繋がるようにしましょう。「鴨緑江の奇蹟(アプノクカン)」がこの地に出現するようにしましょう。（2006.10.19　ソウル大学統一研究所招請講演）

二部　朝鮮半島と周辺国家

第1章　対北包容政策の形成と展開，そして展望

丁　世　炫
(チョン　セ　ヒョン)

1

　第1次北朝鮮核危機が一つの山を越えようとしていた1994年9月，米国の保守的シンクタンクであるヘリテージ財団招請の演説で，金大中・アジア太平洋平和財団理事長（当時）は「アメリカが太陽政策を展開することで，全体主義体制に変化が起こった」と指摘し，米朝ジュネーブ基本合意を太陽政策の成功事例として評価した。同時に彼は「暖かい太陽の日差しの下で南北朝鮮が平和的共存を追求し，共同繁栄と民族統一の道へ共に進むべきである」と力説した。当時，米国のマスコミでは「サンシャイン・ポリシー」と表現し，日本では「太陽政策」と呼ばれた。

　90年代の半ばになって太陽政策の構想が海外のマスコミから脚光を浴びることになるが，その起源は韓国の第7代大統領選挙当時，金大中(キムデジュン)野党大統領候補の選挙遊説に見ることができる。1971年4月18日，ソウル奨忠壇(チャンチュンダン)での演説で金大中大統領候補は「朝鮮半島で第2の日清戦争，日露戦争が再発しないよう4大国の保障が必要である」と強調し，南北交流問題においても「金日成(キムイルソン)が戦争をあきらめ，武装スパイを送り出すことをやめるなら，南北間で手紙の交換をしたり，体育競技や記者交流もできる」と主張した。反北〔朝鮮〕意識と冷戦論理が国内政治を席巻していた当時の厳しい状況の中で，4大国による朝鮮半島の安全保障と南北間の平和共存・交流・往来を主張するというのは，画期的なことであった。

　1998年2月25日，金大中大統領は就任辞で「平和と和解協力を通じて南北関係を改善し，統一志向的な平和共存を実現する」という対北政策の目標を達成するため，政策推進の3大原則を提示した。それは第1に，北朝鮮のど

のような武力挑発も許さない。第2に，韓国による北朝鮮侵略や吸収統一はしない。第3に，南北間の和解と協力をできる分野から推進していく，というものであった。その後，安保と和解協力の並行推進，平和共存と平和交流推進，和解・協力により北朝鮮を変化させる環境醸成，南北間の相互利益を図るなど対北政策推進6大基調を提示した。

　過去の政権の対北政策が「平和維持」中心であったのに対して，金大中政権の対北政策というのは「平和維持」と「平和建設」を並行して行うという点でその違いがあった。特に，北朝鮮の経済危機と脱冷戦的な国際情勢に対応して形式的なエンゲージメントではなく，包容的な姿勢で「平和建設」をしながら，北朝鮮を変化させる環境を醸成し，南北相互利益を追求したという点に，対北包容政策の統一史的な意味があった。金大中政権が発足した当時における北朝鮮核問題は，米朝ジュネーブ基本合意により解決に向かっていたが，南北関係は断絶状況であった。この時期，北朝鮮は深刻な経済危機に直面していた。そういう状況の中で，韓国政府が「先経後政」，「先供後得」という方針の下で，北朝鮮に自ら先に近寄っていく姿勢で「通米封南」（韓国の頭越しに対米改善を図る）政策をやめさせ，南北間の平和共存，平和交流の土台を築きながら朝鮮半島状況の安定的管理を始めていなかったら，それは重大な職務放棄になるところであった。

　対北包容政策の初期には，パラダイムが完全に異なる対北包容政策に対する国内保守層の反発が強かった。外国で保守層の懐疑論も根強いものがあったが，実際に問題となったのは政策の対象であった北朝鮮の反発であった。北朝鮮は「旅人の上着を脱がすのは強風ではなく，太陽である」という比喩にけちをつけ，「対北包容政策は，裏返せば吸収統一戦略である」と強く反発した。北朝鮮が対北包容政策の真意を理解し，南北首脳会談に応じてくるまで1年以上のあいだ，韓国政府は政府当局間の対話より，民間による交流協力を活性化しながら，和解協力のメッセージを送り続けた。

2

2000年6月の南北首脳会談の席で,金大中大統領は金正日委員長に「われわれは共産主義を絶対に受け入れないが,だからと言って北朝鮮体制を顚覆させる考えもない。統一というのも武力統一や吸収統一ではなく平和共存,平和交流,平和統一の原則の下で,南北が共同勝利する統一を望む」と強調した。同時に,朝鮮半島の平和のためには米朝関係の改善が重要であることを指摘しながら,自ら仲裁に入ることを提案した。

90年代に,南北の交流協力に消極的であった北朝鮮は2000年の南北首脳会談以後,南北の交流協力に積極的に応じてきた。これは北朝鮮が90年代初めから抱いていた吸収統一への憂慮を南北首脳会談を通じて解消できたからであるとみていいだろう。また北朝鮮は90年代初めから体制維持のため,米朝関係改善に努力したが,実を結ばなかったのに,韓国大統領に直接,米朝関係改善を支援してもらう幸運に恵まれた。結局,北朝鮮は対北包容政策を拒否できなくなったのである。

対北包容政策は南北関係より,米朝関係によってスピードアップすることができたといえる。南北首脳会談から戻った金大中大統領がクリントン大統領に金正日国防委員長との対話を勧めた後,2000年秋,北朝鮮のナンバー2である趙明録・国防委員会第1副委員長がホワイト・ハウスにクリントン大統領を礼訪し,その後,米国のオルブライト国務長官が平壌の百花園で金正日委員長に会った。これを前後して米朝間ではミサイル及び核問題の平和的解決と関係改善問題について緊密に協議するようになった。2000年末にクリントン大統領の北朝鮮訪問が準備されるほど米国の対北包容政策は急速に成果をあげていたのだが,米国の国内政治状況により逆転してしまった。ブッシュ大統領の就任により,米国では対北包容政策の代わりに強硬政策が推進されたからである。

2001年1月のブッシュ大統領の就任以後,米国が推進した対北強硬政策の結果は,北朝鮮体制の崩壊でも,核問題の解決でもなかった。むしろ正反対の結果だけをもたらした。2002年10月から米国が高濃縮ウラニウム問題で本

格的な対北圧迫を加えると，北朝鮮はNPTを脱退し，IAEA要員を追放した後，94年以後中断されていたプルトニウム核開発を2003年春から再開した。北朝鮮が同年夏までに核燃料棒を再処理して兵器級プルトニウムを確保した後，米国にその事実を通報してから後の８月になってようやく第１次６カ国協議に応じてきた。にもかかわらず，米国は６カ国協議で高濃縮ウラニウム問題について５対１で北朝鮮を圧迫し，降伏させようとした。韓国と中国の努力でやっと2005年９月19日，共同声明に合意したのに，米国がBDA問題[1]で再び北朝鮮を締めつけると，北朝鮮は2006年，ミサイル発射と核実験という瀬戸際戦術でむしろ米国を圧迫した。

北朝鮮の核実験直後の2006年11月，中間選挙で民主党に敗北した後，ブッシュ政権は対北政策の方向を180度変えて，米朝二国間協議と行動対行動原則に基づく北朝鮮の核問題解決に踏み出した。任期２年を残して，クリントン政権が去った時点に再び戻ったのである。６年ぶりに韓国政府の勧告を受け入れたわけである。時間や国力の浪費のあげく，ブッシュ政権が対北強硬政策をやめ，「2.13合意」，「10.3合意」を引き出したことで，行動対補償方式で北朝鮮の核問題解決と米朝関係改善を並行して進めていくことになったのは，他国家の対北政策にとってよい反面教師になった。

北朝鮮の核問題解決が不振であることの責任を対北包容政策に押し付ける分析もあった。確かに，対北包容政策と北朝鮮の核開発は時期的に重なるが，これは「烏飛梨落」[2]のような誤解である。プルトニウム問題は1994年10月の米朝ジュネーブ基本合意により，一応解決に向かっていた。しかし，ブッシュ政権が高濃縮ウラニウム問題で北朝鮮を圧迫すると，北朝鮮の核問題はかえって複雑にこじれはじめ，結局，北朝鮮は核実験を強行した。実際に2006年10月，北朝鮮の核実験後，ニューヨークタイムズ紙は匿名を要求する情報官吏の言葉を引用して，北朝鮮の上空で採取した空気の核物質成分を分析した結果，それはウラニウムではなく，2003年に再処理されたプルトニウムであったと報道したことがある。そうであるとするならば，対北包容政策ではなく，ブッシュ政権の強硬政策のために核爆弾を作ったというのが明らかとなるわけだ。

韓国の対北支援で北朝鮮が核を作れる経済力ができたという分析もある。しかし、それも事実関係を知らない、または歪曲した分析である。

まず、北朝鮮の核技術導入は対北包容政策以前の時点で行われた。それから兵器級プルトニウムを生産できる核燃料棒は、北朝鮮が金を使って外国から買ってきたものではない。北朝鮮に2600万トンも埋蔵されている天然ウラニウムを自前の技術で低濃縮して使用しているのである。対北包容政策がブッシュ政権による強硬政策の効果を半減させたという分析もあるが、それも北朝鮮の地政学的な利点と中朝関係の特殊性に対する無理解の所産であるか、政治的伏線のある煽動論理である。

3

ブッシュ政権は強硬政策に変わったが、金大中政権と盧武鉉政権の下で、南北間では「6.15」共同宣言が着実に履行された。交流協力が活性化され、離散家族の再開事業が続けられた。交流協力を制度的に裏付けるための当局者会談も継続して続けられた。長官級会談と経済協力推進委員会など、政治・経済会談は盧武鉉政権の末期まで141回を記録した。国防長官会談、将官級会談、大佐級実務会談など、軍事会談も45回記録した。南北間軍事会談が首脳会談以後、7年間に45回も行われたのは南北関係史の中で、とても意味のあることであり、対北包容政策の結果でもある。「始めることはすでに半分でき上がったと同じ」ということわざがあるが、南北間の軍事的緊張緩和と協力の礎石はいったん築かれたのである。

南北首脳会談以後、政府次元でコメと肥料が支援され、民間次元での交流協力と支援が活性化される過程で、南北離散家族は16回にわたって1万6000人余りが面会を行い、ＤＭＺ〔非武装地帯〕を横断する南北鉄道・道路が東と西の2カ所で連結された。コーリン・パウエル前米国務長官が「平和の高速路」と呼んだその道で、昨年一日当たり平均300～400台の車が毎日1,000人以上の観光客と開城工業団地関係者を運んだ。そうしたプロセスの中で、南北の軍事的緊張は顕著に緩和された。ＤＭＺからすぐ北側の開城(ケソン)工業団

地では，現在69の韓国企業が2万6,000人余りの北朝鮮労働者を月60ドルで雇用し，質のよい安い製品を作っている。金剛山観光は昨年末現在，9年ぶりに180万人を超え，今年からは開城市内観光が開放され，1日当たり300〜400人が開城を往来している。

南北接触と交流が続く中，北朝鮮住民の対南敵愾心は親近感と憧れに変わりつつある。しかし，それよりさらに重要なことは北朝鮮が経済・社会・文化の面で開放・改革へ進んでいる事実である。これについては2003年9月からWP，NYT，FT，FEERなど，米英のマスコミにより報道されてきたが，2004年4月末に，改正された北朝鮮の刑法はもっとも雄弁に北朝鮮社会の変化を反証している。もちろん，北朝鮮の政治・軍事的な変化はまだ起こっていないが，他の社会主義国家の前例をみると，それは時間の問題である。

保守層の「ポジュキ（一方的支援）」という非難をはねのけ，対北包容政策が一貫性を維持するあいだ，南北の軍事的緊張が緩和され，国家信用ランクが上がった。海外投資が入り，輸出も増え，外貨保有高が多くなることでIMF〔国際通貨基金〕からの負債を当初の予想より早く返済できた。「一方的支援」に使った金額の数十，数百倍になる経済的利益を得たのである。貿易依存度が高い韓国経済にとって和解と協力が肯定的影響を及ぼすという事実が認識され，対北包容政策に対する国民の理解と支持が高くなった。盧武鉉大統領が就任辞で対北包容政策を継承・発展させるとしたのは，前政権と政治的基盤を共にしていたからでもあるが，政治・経済・安保の次元で対北包容政策以外に，これといった代案がなかったからである。

4

盧武鉉政権の「平和繁栄政策」は，金大中政権によって活性化された南北和解と協力を土台に朝鮮半島の平和と北東アジアの繁栄を成し遂げながら，その枠の中で南北関係を一段階格上げしようとする政策であった。しかし，「平和繁栄政策」は所期の目的を果たしたとはいえない。何よりもブッ

シュ政権の強硬政策が次第に強化されるなど，国際的な環境があまりに良くなかったからである。また，そのせいか盧武鉉政権の初心が時々揺れることもあった。

2002年，ブッシュ政権が北朝鮮の高濃縮ウラニウムの問題を提起した時，金大中政権は「北朝鮮の核問題解決と南北関係の改善並行戦略」をとった。これは90年代初め，第一次北朝鮮核危機の状況の中で金泳三政権がとった「北朝鮮の核問題と南北関係のリンケージ戦略」の前轍を踏まないためであった。「通米封南」で安保状況が不安定になったため輸出が減り，東アジア通貨危機によって，結局ＩＭＦの管理まで受けざるを得なくなった状況の下で，朝鮮半島の緊張高調による国家信用ランクの下落を防がなければならず，そのためには南北首脳会談以後に改善された南北関係を継続して発展させなければならなかった。

盧武鉉政権が韓国の経済・社会的な両極化を克服するためには経済発展が緊要で，そのためには和解協力と平和繁栄という対北政策を忠実に実行しなければならなかった。しかし盧武鉉政権は，初期に野党の政治攻勢に巻き込まれ，金大中・金正日首脳会談についての特別検事の捜査を実施することによって南北関係に停頓状態をもたらしたこともあり，北朝鮮核問題で米朝関係が悪化した時は核リンケージ論の立場を示したこともあった。もちろん核リンケージ論を本格的に南北関係に適用はしなかったが，試行錯誤のあげく，その都度，再び並行論と対北包容政策の軌道に回帰して，軍事会談も続けながら南北関係を安定的に管理改善してきたのは幸いなことである。

南北関係が岐路に立っている今の時点で残念に思うことは，盧武鉉政権が第二次南北首脳会談を開催するのが余りにも遅すぎたことである。韓中が米朝を説得し，並行論的に北朝鮮問題を解決していくことに合意した結果が2005年9・19共同声明であっただけに，9・19共同声明以降には盧武鉉政権が第二次南北首脳会談の開催を積極的に推進すべきであった。核問題の解決を加速化させ，核問題解決後に始められる朝鮮半島平和体制の論議を統一志向的に行うために，南北首脳会談をなるべく早く開催すべきというのが金大中前大統領と国内専門家の主張であった。しかし，盧武鉉政権はネオコンら

の南北関係の速度調節要求に応じて，核問題リンケージ論の立場をとるなど，2006年7月のミサイル発射と10月の北朝鮮核実験の前後には「一歩後退論」まで公言した。そうしている間に，任期末の2007年秋になってようやく第二次南北首脳会談の開催を急いだ。

せめて2年前に南北首脳会談を開催していたら，盧武鉉政権の任期後半2年間の南北関係は次期の政権交代とは関係なく，安定的に発展する土台を築き上げることができたはずである。そうなっていれば，今頃，李明博(イミョンバク)政権もブッシュ政権と歩調を合わせながら北朝鮮核問題の解決に一助をなしていたはずである。もちろん遅れたものの，南北首脳会談の連続性を確保した点ではそれなりに幸いなことであるが，時期的に遅れたせいで，10・4宣言の推進力が失われたことは，やはり悔やまれるほかない。

5

李明博(イミョンバク)政権は北朝鮮が非核化し，開放した場合，今後10年以内に北朝鮮の1人当たり国民所得を3,000ドルのレベルまで引き上げるという「非核・開放・3000構想」を対北政策として掲げている。北朝鮮の核問題に対する深刻な認識に基づいているものの，北朝鮮の核問題が基本的には米朝の問題であるという厳しい現実を看過，もしくは低く評価した構想であるといえる。そして核リンケージ論の立場はブッシュ政権初期の対北政策と似ているし，南北関係を米朝関係の従属変数に転落させる可能性を秘めている。前提条件が満たされないうちは，任期内に何も推進できない対北政策構想であるという評価もある。

大統領職引継ぎ委員会の時はもちろん，李明博政権発足以降にも北朝鮮は1カ月余り沈黙を守った。「実用主義」に対する期待のためであったと考えられる。それから統一部長官の開城工業団地発言，合同参謀議長の聴聞会発言を口実にして，3月下旬から対南強硬姿勢で非難し始め，開城工業団地内の韓国政府要人も撤退させた。4月1日には，ついに長文の労働新聞の論評形式で「非核・開放・3000構想」は，「6・15共同宣言」と「10・4宣言」

精神を無視した内政干渉的構想である」と，強い拒否反応を見せた。以後，大統領をはじめ，統一外交安保責任者に対する名指しの攻撃を続けながら，「非核・開放・3000構想」の撤回を要求している。

　遅ればせながら，北朝鮮核問題の解決で外交的業績を残して去ろうとするブッシュ政権の任期末になって，対北柔軟路線によって北朝鮮核問題を解決しようとして米朝関係には薫風が吹いている。しかし，南北の間には冷たい空気が流れている。米朝関係改善の速度に追い抜かれないように李明博大統領は4月中旬，米国訪問のついでに南北連絡事務所の交換設置を緊急提案したが，北朝鮮は直ちに拒否した。去る5月初め，私が北朝鮮を訪問した時，北朝鮮当局者は「韓国の最高当局者が6・15共同宣言と10・4宣言を尊重しない限り，南北関係は改善されない」という，極端な表現まで使ったことがある。

　このような状況の中で4月末から5月初めにかけて，統一部当局者と青瓦台〔大統領府〕関係者が北朝鮮に融和のメッセージを送り始めた。たとえば「われわれは6・15や10・4宣言を否定すると言ったことはない。既存の南北間合意事項の履行の可能性と優先順位を協議してみようということである。しかし，北朝鮮が韓国を一方的に攻撃すると，そういう提案もできないではないか？」と語っている。北朝鮮に対南融和姿勢を注文しているが，実際は対北政策の変化の可能性を示しているのである。もう一つ注目すべきことは「非核・開放・3000構想」以外には具体的な履行戦略やロードマップというのがまだ提示されていないという事実である。言い換えると，対北政策と関連して準備が不十分であるため，かえって今後，融通性を発揮できる余地がある。

　李明博大統領が候補の時，金大中前大統領を礼訪した席で，金大中前大統領が南北関係に関して説明をすると，「私も大統領とまったく同じ考えを持っています」と，非公開の席であったものの，公言したことがある。今年4月の訪米期間中，ニューヨークのコリア・ソサイティで行った李明博大統領の演説内容は「対北包容政策という名称を使わなかっただけで，金大中大統領の対北包容政策とまったく同じ話であった」というのが，その場に参席

したボースワース前駐韓米大使の伝言であった。

　最近，南北関係で若干の停滞はあるものの，李明博政権は今の時期をよく乗り越え，朝鮮半島状況を安定的に管理する代案を探すべきである。しかし，その代案は結局，対北包容政策の延長線上にある。というのは貿易依存度が高い国で経済活性化を約束した李明博政権が実用主義の次元で求められる代案というのは，朝鮮半島状況の安定的管理に逆行する強硬政策ではありえないからである。また，北朝鮮の核問題が解決の峠を越え米朝関係が早い速度で改善されていっている中で，多少遅れても，南北関係を改善していこうと思えば，事実上，対北包容政策以外に他の代案がないからである。

　　　　　　　　　【翻訳】姜英之　【校正】庵逧由香・金友子

●訳者注
1）9.19合意の後，アメリカは北朝鮮に対して偽ドル疑惑を持ち出し，海外資産凍結をしたが，北朝鮮はマカオにあるＢＤＡ（バンコブデルタ銀行）の資金2500万ドルの凍結解除を求め，その解決をめぐって2007年初に紛糾した。
2）関係のない事象が偶然に因果づけられて見られるという朝鮮の諺。梨が枝から落ちたのは烏のせいではないのに，偶然，烏が枝から飛び立つタイミングと合ってしまった。

第2章　6.15共同宣言と10.4宣言をめぐる
　　　　朝鮮半島10年史をふりかえって

徐　忠　彦
（ソ　チュン　オン）

はじめに

　朝鮮民主主義人民共和国（以下朝鮮）にとって，朝鮮半島の分断と対決，軍事的緊張の元凶は米国であり，特にその敵視政策にある。
　米国は，第2次世界大戦後一貫して朝鮮を敵視しながら，軍事的に威嚇し外交的に孤立させ，経済的に封じ込めることを対朝鮮政策の基本に据えてきた。一方，在日米軍以上の治外法権的権限を有する「国連軍」の帽子を被った米軍を朝鮮半島南半部に駐留させつづけ，その司令官は南の国軍の有事における作戦指揮権まで握るなど，安全保障上の実質的な権限を有しながら，南の歴代政権の内政と外交，特に対北政策に絶大な影響力を行使してきた。
　したがって，北南間の和解と協力，平和的な統一を実現するには，何よりもまず，朝鮮半島の南半部でこれほど絶大な権限と影響力を行使する米国の敵視政策を転換させ，朝鮮との平和共存を決断させることが優先的課題として提起されてきた。
　朝鮮は，この優先的課題を達成するうえで，戦略的には「先軍」路線を貫徹し，対応策としては自主的原則と現実主義を堅持してきた。すなわち，「先軍」路線にもとづき軍事的抑止力を強化しながら，米国側の強硬策には，「超強硬」策で対抗するという原則的立場を貫く一方，対話には対話，誠意には誠意，信頼には信頼で応えるという現実主義的対応をとってきた。
　一方，上述のような米国への従属構造の下で南の歴代政権のほとんどは，米国の対北敵視政策に積極的に追従しながら北と政治・軍事的に対立してきたが，それをバックアップしたのは朝鮮戦争を経て広く定着してしまった南

の反北世論であった。したがって，北南間の和解と協力，平和統一を実現するには，北と南の当局だけでなく大衆レベルで敵対意識を解消し，思想や体制の違いを越え民族共同の利益を最優先する「わが民族同士」という自主理念を確立し，民族大団結を実現していくことが切実に要求された。

朝鮮にとって，朝鮮半島をめぐる過去10年の歴史的過程は，米国に敵視政策転換と平和共存を決断させる国際的課題と「わが民族同士」の自主理念のもとに北と南の当局と各界各層を幅広く網羅した民族大団結を実現する民族的課題の解決を同時にめざす，大いなる道程であったといえる。とくに民族大団結の実現をめざす過程は，米国に朝鮮敵視政策の転換を促す触媒的役割を果たす同時に，南が米国の精神・構造的従属から抜け出す重要な条件をつくり出す過程でもあった。

両者の過程は相俟って，様々な挑戦と危機に直面しながらも，それぞれ歴史的な成果を生んだ。前者の成果は，クリントン政権時代における2000年10月の朝米共同コミュニケであり，ブッシュ政権時代おける2005年9月19日の6者会談共同声明とその履行のための2007年2月13日，10月3日の合意などである。

そして，後者の成果こそが2000年6月15日の北南共同宣言（以下6.15共同宣言）と2008年10月4日の「北南関係発展と平和繁栄のための宣言」（以下10.4宣言）だといえる。

本稿では，以上の視点から，朝米，北南関係を中心に6.15共同宣言と10.4宣言をめぐる10年の過程を「朝鮮半島10年史」として捉え，2000年6.15共同宣言までの道程と2007年10.4宣言までの道程をふり返ってみることにする。

1　2000年6.15共同宣言までの道程

（1）初の朝米政府間対話から「ペリー報告書」まで
朝米政府間対話の始まり

朝米間で非公式ながら政府間対話が始まったのは，事実上ブッシュ・シニア政権発足前後の1988年12月からである。

1987年の中距離核戦力全廃条約（ＩＮＦ）の調印や89年12月のマルタ島での「冷戦終結宣言」に象徴される冷戦終焉の世界的流れを背景に，朝鮮は1988年11月7日に「平和保障4原則と包括的和平案」，1989年11月9日に朝鮮半島非核地帯化のための3者会談，1990年5月31日に「朝鮮半島の平和のための軍縮案」など，朝鮮半島の和平に関する積極的な提案を行う。

　1988年11月16日に金永南（キムヨンナム）副総理兼外交部長（当時）がシュルツ米国務長官（当時）に「平和保障4原則と包括的和平案」に関する直接対話の提案を込めた書簡を送るのを契機に，1988年12月から北京にある朝米両国大使館の参事官級で政府間非公式接触が始まり，93年5月まで約33回行われる。

　この過程で，ブッシュ・シニア政権（89年〜92年）は，91年9月に南朝鮮から戦術核を撤収し，92年1月6日には76年から毎年行ってきた米韓合同軍事演習「チーム・スピリット」の中止を発表する。その結果，同年1月22日にはニューヨークで朝鮮労働党中央委員会の金容淳（キムヨンスン）書記と米国務省カンター次官との間で，歴史上初めて朝米高位級会談が実現することになる。

　しかし，クリントン大統領は就任直後の93年1月26日に前政権が中止した「チーム・スピリット」の再開を発表し3月18日まで実施する。それに反発した朝鮮側は，金正日（キムジョンイル）朝鮮人民軍最高司令官が3月8日に準戦時状態宣布を命令し，3月12日には核不拡散条約（ＮＰＴ）からの脱退を宣言する。そして，5月末には朝鮮東海沖と太平洋にむけてミサイル発射実験[1]を敢行し米国を軍事的に牽制する。

戦争の危機

　これに慌てたクリントン政権は，事態の収拾のため6月2日からニューヨークで朝米高位級会談を行い，11日に発表した朝米共同声明で敵視政策転換を約束することによって，朝鮮からＮＰＴ脱退の留保とＩＡＥＡによる核査察受け入れの約束を取り付ける。

　しかしその後，寧辺の核関連施設のみならず軍事施設までも含む任意の施設を抜き打ちで査察するという「特別査察」の受け入れを，国際原子力機関（ＩＡＥＡ）や国連安保理などを通じて強要し，94年4月19日には「チー

ム・スピリット」の再開を決定するなど，圧力を露骨に強めるようになる。

これに反発した朝鮮側は，クリントン政権の警告を無視して5月12日にプルトニュウムの抽出が可能な使用済み核燃料棒を5000ＫＷの原子炉から抜き取る作業を強行し，6月13日にはＩＡＥＡからの即時脱退を宣言する。クリントン大統領も朝鮮半島へ兵力の増強を決定し，国家安全保障会議（ＮＳＣ）では戦争の最終決定に関する協議が行われるなど，朝米は一触即発の戦争の危機に直面することになる。

その際，米国防総省が2度行った模擬演習（コンピュータ・シュミレーション）では「米軍8万～10万人を含む百万人の犠牲が出る」など「信じられないほどの困難が発生する」（ワシントン・ポスト95年4月13日付）との結果が出たが，これはクリントン政権に戦争を思いとどまらせるに十分な驚愕の数字であった。

6月16日に金日成（キムイルソン）主席が，訪朝したカーター元大統領と会談することによって，事態は収拾され，朝米両国はその後「災い転じて福となす」の諺どおり，1994年10月21日に朝米基本合意文に調印する。そこで米国側は敵視政策の転換と全面的な関係正常化，軽水炉の提供を，朝鮮側は寧辺（ヨンビョン）の核施設を凍結・解体を約束する。

「ペリー報告書」

しかし，クリントン政権にとってこの合意は，履行を前提としたものではなかった。すなわち，この合意は，直前の7月8日に金日成主席が急逝したことを踏まえ「金正日体制では2～3年ももたない」との予想にもとづく「体制崩壊論」に沿った「ソフト・ランディング政策」の一環で，「暴発を防ぎながら衰弱を待つ時間稼ぎ」の対策にすぎながったといえる。

事実その直後，朝鮮は2度にわたる大災害に見舞われて農業や鉱業が壊滅的な打撃を受けたし，金正日書記（当時）も主席逝去後，3年間喪に服すことを宣言して党と国家の新たな要職に就こうとはしなかった。

クリントン政権は「体制崩壊論」に説得力を感じたのか，ジュネーブ合意を誠実に履行しようとしなかった。

しかし，朝鮮は建国後もっとも深刻な経済危機に直面しながらも政治的には安定し，1997年7月に喪明けを宣言した金正日書記（当時）は10月に朝鮮労働党中央委員会総書記に就任し，建国50周年を迎える1988年9月に開催された最高人民会議第10期1回会議で国防委員会委員長に就任する。その直前の8月30日には人工衛星打ち上げにも成功する。

名実共に，金正日総書記兼国防委員長を中心とする党と国家体制が確立し，「崩壊論」は説得力を失うことになる。

クリントン政権が敵視政策の転換と朝鮮との平和共存を真剣に検討し始めるのは，1998年11月，前述の1994年5～6月の戦争危機の際に国防長官を務めたウイリアム・ペリー氏が「北朝鮮政策調整官」に任命されてからのことである。

ペリー元国防長官は翌年の1999年5月末に平壌を訪問し朝鮮の外交，軍事関係の高官らと意見を交わし，9月14日には，対朝鮮敵視政策の転換と平和共存に向けた新しい政策オプションを勧告する「米国の対北政策検討——検討結果と建議——」(Review of United States Policy Toward North Korea：Findings and Recommendations)，いわゆる「ペリー報告書」をクリントン大統領に提出し，それは10月に議会にも配布される。

「ペリー報告書」を受けてクリントン政権は「こうあって欲しいという北朝鮮ではなく，あるがままの北朝鮮と付き合っていく」（ペリー氏）決断をくだし，平和共存に向けた本格的な政策転換を図ることになる。その結果，朝米関係は急ピッチに改善され，いよいよ，北南首脳会談に向けたもっとも重要な国際環境が整っていくことになる。

（2）97年8月6日と98年4月18日の労作と「和解・協力政策」
金正日総書記の呼びかけ

1994年5月～6月に生じた戦争の危機を回避するために6月16日に訪朝し金日成主席と会談したカーター元米大統領の仲介で，7月25日に平壌で金日成主席と金泳三大統領（当時）との分断史上初めての北南首脳会談が予定されていたが，金日成主席の急逝で中止を余儀なくされる。その直後，金泳三

政権は予想外の愚かな行動に出る。

93年2月の就任演説で「どんな同盟国も民族より優先するものではない」と主張していた金泳三政権は，17日後には首脳会談で握手を交わすはずであった故人に対し，弔意を表わすことを公式に拒否したばかりか，国民に対しては弔問目的の北への訪問を禁止し，追悼式を準備していた学生，市民らを弾圧・逮捕した。李栄徳首相（当時）などは「金日成は過去の不幸な事件の責任者」と「犯罪人」呼ばわりし，軍は「南進の恐れあり」として厳戒態勢を敷く始末であった。まさに常識では考えられない不道徳きわまりない愚行であった。

南当局の取り返しのつかない愚行は，かけがえのない国父であり民族の英雄である金日成主席を喪った悲しみで血涙を流す北のすべての人々の心に消し去ることのできない深い傷跡を負わせ，北では「金泳三逆徒を断じて許さない」という民心が圧倒的に支配することになる。そして，盧泰愚政権時に達成された「北南間の和解と不可侵，交流協力に関する基本合意」（91年12月）までも台無しにしてしまった。

したがって，金正日総書記は金泳三政権を最後まで一切相手にしなかった。他方で主席の逝去に際し「哀悼の意」を表明したクリントン政権とは，94年10月にジュネーブの朝米枠組み合意を皮切りにさらなる関係改善に努めることになる。

南ではこれを，米国のみを相手にして南を排除する「通米封南」政策と見なしていたが，実際には，金正日総書記はポスト・金泳三をにらみながら，北南間の和解と統一のための諸問題を自主的に解決すべく首脳会談を開催することを目指し，そのための国際環境の整備に優先的力を注いでいたのである。

このことは，金正日総書記が「3年の喪」が明けた直後に最初に発表した労作「偉大な領袖金日成主席の祖国統一遺訓を貫徹しよう」（1997年8月4日）の中で「今後，南朝鮮当局者が全民族の期待どおり，今日の反民族的で反統一的な対決政策を放棄して実際の行動で肯定的な変化を見せるならば，われわれは彼らといつでも会って民族の運命問題について虚心坦懐に協議し，

祖国統一のためにともに努力するであろう」と言及していることからも明らかである。

この労作が，ポスト・金泳三の大統領選（1997年11月）直前に発表されたことからも分かるように，金正日総書記は，次期大統領に向けた重要な対話メッセージを送っていたのである。

金大中大統領の「和解・協力政策」

1998年2月に就任した金大中大統領は，このメッセージに呼応するかのように，就任直後に「和解・協力政策」を打ち出した。その背景のひとつには，金泳三政権の失策により経済が事実上破綻しＩＭＦの管理下に置かれた状態の中で，経済立て直しに必要不可欠な外資導入のためには，北との軍事的緊張や対立だけは避けなければならなかった事情もあったと思われる。

金正日総書記は，それを十分承知しながら，金大中政権が打ち出した政経分離にもとづくに北南間の経済協力や民間交流に積極的に応じる。

98年4月18日に発表した「全民族が団結し祖国の自主的平和統一を成し遂げよう」という労作では，「祖国統一偉業に寄与しようとする人であるなら，過去不問の原則で…南の執権上層部や与野党人士，大資本家，軍の将軍たちとも民族の大団結の旗のもとに手を結ぶ」とし，「全民族が相互に往来，接触し対話を発展させ連帯連合を強化すべき」とのメッセージも送った。

これに呼応するかのように，「現代グループ」の鄭周永（チョンジュヨン）名誉会長が合計1001匹の牛を連れて，98年6月と10月に北の故郷を訪れるが，金総書記は牛の板門店通過を許可したうえ，10月には国防委員会委員長就任後，初めての賓客として彼に会い丁重にもてなした。

金正日総書記はすでにこの時点で，金大中政権と和解と協力，統一にむけて共に進む意向を固め，「ペリー報告書」後，クリントン政権の対朝鮮政策転換の意志を確認してからは，北と南が力を合わせれば朝鮮半島の和解と統一を実現する可能性が出てきたと判断して，その突破口を開くべく北南首脳会談を開催するチャンスをうかがっていたのかもしれない。それは，2000年3月，金大中大統領が朝鮮半島の冷戦構造の解体と恒久平和，北南和解協力

を促す「ベルリン宣言」を発表するとすぐに，北南首脳会談開催の決定が発表（4月8日）されたことからも推察できる。

(3) 初の北南首脳会談と北南共同宣言の歴史的意義
「わが民族同士」の理念と統一法案の合意

2000年6月の北南首脳会談は，両首脳が互いに和解・協力しながら自主的に平和統一を成し遂げる強い決意を確認し合い，それを「共同宣言」でまとめ，北と南はもとより国際社会に広くアピールし，朝鮮半島内外から幅広い共感と支持を得たといる。

とくに，北南首脳会談で，年上の金大中大統領夫妻に礼を尽くし，会談を主導する金正日総書記の姿がテレビ映像を通じてリアルタイムで世界中に伝えられて，それまでの虚像が一瞬のうちに崩れ，南ではマスコミを中心に今までの評価が一変した。その様子を南のマスコミは「金正日ショック」，「金正日シンドローム」などと指摘した。

6月15日に調印された「北南共同宣言」でもっとも重要なポイントは，北と南の両首脳が統一問題をその主人である朝鮮民族同士が互いに力を合わせて自主的に解決するという意志を明確に示したことだといえる。それまで，北と南の双方が合意しながらも，実際には曖昧にされてきた民族統一の大原則である自主の理念は，この宣言で「わが民族同士」というわかりやすく明快な言葉で定式化され，再確認された。

またこの宣言で，それまで意見の一致を見られなかった統一法案について新たな合意が得られたことの意義は大きい。

北と南の当局はそれ以前，1972年7月4日の北南共同声明で自主・平和・民族大団結という祖国統一3大原則に合意し，91年12月には「北南間の和解と不可侵及び協力，交流に関する合意書」でこの3大原則に沿って北と南双方が統一に進む基本的な道筋ついて合意していたが，この道筋をへてたどり着くべき終着点，すなわち統一国家像を示す統一法案については意見の相違が残ったままであった。

この宣言で，北と南双方は初めて北側が提案した低い段階の連邦制と南側

の連合制に共通性があることを認め，それを具体化しながら統一国家を樹立していくことで合意し統一国家像をつくり上げる端緒が開かれた。

　この宣言のもっとも重要な実践的意義は，それが北南分断史上初めて北と南の最高首脳によって調印され，全朝鮮民族と国際社会の幅広い支持と共感を得たえたということであろう。その意味でこの宣言は，その内容もさることながらステータスにおいても，以前の合意とは比べることのできない高い権威を持った統一大綱であるといえる。

朝米関係改善の「触媒」

　6.15共同宣言発表の4日後に，米国は朝鮮に対する経済制裁緩和措置を発表し，7月28日には朝米初の外相会談がタイのバンコクで開かれた。8月9日にはテロに関する朝米会談が行われ，10月6日には「国際テロに関する朝米共同声明」が発表される。

　そして，10月9日〜25日には金正日総書記の特使として訪米した趙明録(チョミョンノク)国防委員会第一副委員長がクリントン大統領と会談し「朝米共同コミュニケ」を発表する。ここで朝米両国は初めて敵対関係の解消を公式に宣言し，朝米関係の根本的改善と朝鮮半島の平和保障体制の構築，北と南の自主的な対話努力の支援，朝米両国間の諸問題の包括的解決などに合意する。また，クリントン大統領の訪朝が決まり，その準備のためオルブライト国務長官が訪朝し金正日総書記と会談することになる。

　残念ながら時間切れでクリントン大統領の訪朝は実現しなかったが，朝米関係改善という国際環境の好転を背景に成就した北南首脳会談と6.15共同宣言は，朝米関係のさらなる改善を促す「触媒」となり，6.15共同宣言の履行をバックアップするさらに有利な国際環境を醸成するという好循環を生み出した。

　まさに，北と南が「わが民族同士」で和解・協力し，団結してこそ，朝鮮半島と北東アジアの真の平和が訪れるということを実証したといえる。

2 2007年10.4宣言までの道程

(1) ブッシュ政権誕生と究極の朝米対立
ブッシュ政権の極端な強硬政策

ブッシュ大統領は2001年1月20日の就任後，訪米した金大中大統領と3月7日に会談した際，朝鮮政策を「再検討する」として，事実上6.15北南共同宣言に反対しその履行にブレーキかけた[2]。また，6月6日に「再検討の終了」を宣言するが，その後，クリントン政権時代の朝米合意をすべて反故にし，朝鮮に対して極端に強硬な敵視政策を展開していく。

2002年1月の大統領教書演説で，朝鮮をイラク，イランとともに「悪の枢軸」と名指しし，「体制転覆」（Regime Change）の対象であることを宣言し，2002年3月13日，抑止から先制攻撃へ核戦略の大転換を宣言した「核体制見直し」（Nuclear Posture Review）と9月17日「国家安全保障戦略」（National Security Strategy）いわゆるブッシュ・ドクトリンなどで朝鮮を核先制攻撃の対象国のひとつに数えた。

2002年10月にはケリー国務次官補（当時）ら米代表団を平壌に派遣し，「ウラニュウム高濃縮による核開発」疑惑を突きつけ，それを口実に11月には重油の提供を中断して94年10月の朝米枠組み合意を一方的に破棄してしまう。そして，2003年3月19日には，朝鮮とともに「悪の枢軸」と名指ししたイラクに対する武力侵攻を開始し，5月1日の「戦争終結宣言」後には，「イラクの次は北朝鮮」と威嚇するようになる。

朝鮮は，ブッシュ政権が国連常任理事会の反対も無視し，事実無根の「大量破壊兵器」を口実にイラクを武力で一方的に侵略したにもかかわらず，国際社会がその横暴を抑えられない現実を目の当たりにして，自力で国家主権と人民の生存権を守り，朝鮮半島での戦争を抑止する政治決断を下すことになる。

核開発プロセスの事前通告

朝鮮はまず，2003年1月10日にＮＰＴからの脱退を宣言して寧辺の核施設

を再稼動し，3月，米国のイラク侵攻直後にニューヨーク・チャンネルを通して，核兵器開発の決断とそのための使用済み核燃料棒再処理の開始を米国側に非公式に通告する[3]。4月には再処理が最終段階に至ったことを初めて公開し，7月に再処理終了を米国に非公式に通告した後，9月3日には最高人民会議11期1回会議で核抑止力の強化を国策として採択する。

10月3日には抽出したプルトニウムの核兵器転用を公表し，16日には「核抑止力を物理的に公開する」ことを示唆し，2004年1月には米ロスアラモス研究所のヘッカー名誉所長ら一行に寧辺核施設とそこで抽出したプルトニウムの入った容器を手に取って確認させ，2005年2月10日に外務省声明で核兵器保有を宣言する。

この過程で注目すべき点は，朝鮮が米国の強硬策に超強硬策で対抗しながらも，核開発のプロセスをはじめからすべて米側に事前通告するか，一般に公表している点である。

朝鮮側は，核開発プロセスを事前通告・公表することによって，究極の目的が核兵器保有自体にあるのではなく，米国の先制攻撃と朝鮮半島での戦争を抑止することにあるということ，そして，もし，ブッシュ政権が敵視政策転換を行動で示すならこのプロセスをいつでも止める用意があるというメッセージを送っていたのである。

核実験の断行

しかし，そのメッセージはブッシュ大統領に届かなかった。ブッシュ政権は，第4回6ヵ国協議で，朝鮮の核放棄に対する経済的補償と敵視政策転換，朝鮮半島の平和体制の構築などの公約を同時行動原則で履行することに合意した2005年9月19日の共同声明[4]に仕方なくサインしたが，その直後にこの合意を覆すように，「偽ドル疑惑」を持ち出して突如，マカオのバンコデルタ・アジアにある朝鮮の口座資金を凍結に追い込む金融制裁を行う。

これには当然，朝鮮側も反発して6ヵ国協議をボイコットするが，その後米側は朝鮮に軍事・経済の両側面からの圧力を強化・拡大していく。翌年の6月から9月にかけて朝鮮をターゲットにした大規模な合同軍事演習[5]を行

う一方，8月末から9月にかけて金融制裁を世界的な規模に拡大しようとして，朝鮮が銀行口座を置く国々に働きかけを行う[6]。また，9月末には朝鮮側に対して，11月はじめまでに6ヵ国協議に出てこなければ全面的な金融制裁を行うという「最後通牒」[7]まで突きつけた。

朝鮮は大規模な合同軍事演習に対抗して，米国の建国記念日に当たる7月4日，スペースシャトルの発射時刻にあわせて7発のミサイル発射実験を行った。また，「最後通牒」の答えとして，朝鮮民族の始祖である壇君の生誕節の10月3日に核実験を予告したうえ6日後に断行する。その一方で，核の威嚇と拡散はせず，米国が敵視政策を転換さえすれば，核計画は放棄するとの声明を出し，米国に朝鮮との真摯な直接交渉を呼びかけた。まさに，「超強硬」と「現実主義」の融合策であった。

迫られた「二者択一」

周知のように朝米間は，停戦協定があるだけの戦争状態にあるが，国連安保理が10月14日に核実験を理由に行った朝鮮に対する「制裁」によって，停戦協定までも事実上失効しまうことになる。停戦協定は，朝鮮人民軍および中国人民義勇軍と「国連軍」との間で結ばれたもので，国連安保理の制裁決議は即，「国連軍」側からの一方的な停戦破棄につながるからである。

これについては事前に，朝鮮外務省が7月16日の声明で「国連『決議』は第2の朝鮮戦争挑発の前奏曲になる」と警鐘を鳴らし，朝鮮人民軍板門店（パンムンジョム）代表部スポークスマンも8月22日の談話で，自分たちにも「自衛的先制行動を断行する権利がある」と主張し，最高司令官の「委任のもとに，今後国家の安全と自主権を擁護するために必要な軍事的措置を主導的に講じる上で停戦協定の拘束を受けない」と宣言していた。

まさにブッシュ政権は，戦争状態にある朝鮮との対決をつづけることで，核兵器の増産と「核対核」の衝突を招いて「相互確実破壊」（MAD）に陥るか，または本格的な直接交渉を通じて平和的に問題を解決していくか，「二者択一」を迫られたといえる。

まして，イラクやアフガニスタンでの「テロとの戦い」が泥沼化し，兵力

や戦費にも事欠くブッシュ大統領にとって，対話以外の選択肢は無いに等しかったのだろう。その後，米国側は2007年1月にベルリンで直接協議を行うことを朝鮮側に提案することになる。

（2）6.15共同宣言の生命力と貴重な結実
崩壊した「神話」と盧武鉉政権誕生

朝米関係が究極の対立に向かう中で，北南関係もその影響を受けて紆余曲折を経るが，6.15共同宣言は決して挫折することなく着実に履行されていった。まさに，6.15共同宣言の「わが民族同士」の精神の生命力が発揮されたといえる。

ブッシュ政権の執拗な圧力にもかかわらず，相〔大臣〕級会談や軍事会談，経済協力会議，赤十字会談など北と南の当局者会談は，中断と再開を繰り返しながらも[7]，完全に絶えることはなかったし，離散家族の再会や北に対する人道支援，各界各層の幅広い民間交流や北南共同行事，官民の経済交流や協力などは絶え間なく続いた。

この過程で，南の民心を支配していた「北からの南進脅威」と「南進脅威から韓国の平和を守る米国」という2つの「神話」が崩れたといえる。前者の崩壊は2000年6月の首脳会談と北南共同宣言の履行過程が生んだ必然的結果であり，それは後に民族共助意識へと進化していく。後者の崩壊は，6.15宣言に反対し北と南の和解・協力の進展を妨害しようとしたブッシュ政権の陳腐な朝鮮半島政策による自業自得の結果だといえる。北南間の軍事的対立のせいで布かれた徴兵制の下で誰しも軍役を強いられる南の若者とって，せっかくの北南間の緊張緩和と和解を覆そうとするブッシュ政権は嫌悪の対象になっていったのかもしれない。

そしてとくに，2002年6月13日，駐韓米軍の軍事演習中に女子中学生のミスンさんとヒョスンさんを戦車でひき殺した米兵を南の政府が逮捕・起訴もできず，裁くこともできなかった現実は，南の人々に「韓米同盟」が如何に不平等で従属的なのかを思い知らせたといえる。それをきっかけに，より平等な対米関係を求める世論や反米意識が大衆的に拡散し，連日の十数万のろ

うそくデモに発展していったといえる。

　このような南の世論と大衆意識の劇的変化[8]こそが，6.15共同宣言が生んだもっとも貴重な結実の一つであったといえる。

　結果的に，これが2002年11月の大統領選挙で金大中政権の「和解・協力政策」の継承を掲げた盧武鉉氏の当選を可能にしたといえるが，このような世論の変化を読み取れなかったブッシュ政権は性懲りも無く，6.15共同宣言に反対していたハンナラ党や民主党の国会議員に働きかけ，2004年3月に国会で盧武鉉大統領の「弾劾」を成立させる。しかし，それは逆に，その後4月15日に行われた総選挙で，与党の「開かれたウリ党」に過半数をもたらす圧勝と進歩政党の民主労働党に院内進出という躍進（10議席）をもたらすことになる。

　総選挙をきっかけに，南の政界では6.15共同宣言の支持勢力が多数派を占めることで，盧武鉉大統領は金大中大統領の「和解・協力政策」を継承した「平和・繁栄政策」を，自信をもって推進していくようになる[9]。これもまた，6.15共同宣言が生んだもう一つの貴重な結実だといえる。

第2の6.15と統一元年

　6.15共同宣言発表以降，2001年から毎年6月15日と8月15日に北と南で共同行事を行ってきた北と南，海外の統一運動諸団体は，2005年3月5日に金剛山に集まり，6.15共同宣言発表5周年と民族解放60周年を迎える翌年の6月15日と8月15日を「第2の615時代の幕開け」，「統一元年」とするため大民族イベントを開催することを決め，そのために「6.15共同宣言実践のための北南海外共同行事準備委員会」を発足させる。そしてこれは，6.15共同宣言に反対する一部の守旧勢力以外，和解と統一を目指す北と南の政党や社会団体，民間組織，海外僑胞団体などを幅広く網羅する民族最大の統一運動組織となる。

　盧武鉉大統領は，「6.15共同宣言5周年の平壌祭典」に自分の特使として鄭東泳統一部長官（当時）を派遣するが，金正日総書記は6月17日に鄭長官と会い，食事を挟んで5時間近くも「政治，経済，軍事，人道問題，核問

題について幅広く，深い対話を交し」（鄭東泳長官），北と南はもちろん世界の注目を浴びることになる。まさに，「第2の6.15」を象徴する瞬間であった。

盧武鉉大統領もソウルでの第15回北南相級会談に参加した北側代表と6月23日に会い，その席上で「金正日委員長が私の特使と会ってくれたことに感謝」を表明する。

「平壌祭典」では，6.15共同宣言の基本理念である「わが民族同士」の実践を基調とする「民族統一宣言文」発表されるが，北と南の当局もそれを受けて直後の第15回北南相級会談以降，すべての会談の共同声明や報道文で必ず「わが民族同士」というフレーズを明記するようになる。「平壌祭典」はまさに「第2の6.15時代の幕開け」に相応しい画期的な行事になった。

そして，2ヵ月後の8月15日にソウルで開催される「8.15民族大祝典」も主催者が目指した「統一元年」を象徴する歴史的な行事となった[10]。

「6.15共同宣言5周年祭典」と「8.15民族大祝典」を大成功させた「6.15共同宣言実践のための北南海外共同行事準備委員会」は，北と南の当局の積極的なバックアップのもとで12月10日に「6.15共同宣言実践のための民族共同委員会」と名を改め規約を持った常設機関となる。

（3）2007年1月の朝米ベルリン会談と6ヵ国協議の変貌

相異なる朝米の思惑

6ヵ国協議は2003年8月（27〜29日）から第1回が始まり2007年9月（27〜30日）現在の第6回第2ラウンドまで中断と再開をくり返しながら行われてきたが，それに臨む朝米の思惑は完全に異なっていた。

ブッシュ政権は6ヵ国協議を，朝鮮を「被告」とし，米国が「検事」となり，中国には「判事」を務めさせ，「陪審員」席には「言いなりなる」南と日本を座らせて「朝鮮を裁く国際法廷」の場にしようとしていたと思われる。それはブッシュ政権が当初，「悪さには褒美を与えない」（チェイニー副大統領）とし，核の先行放棄を一方的に強要しながら，米国代表には6ヵ国協議の場で朝鮮側代表と直接交渉させなかったことに表れている。米側代

表は朝鮮側代表と交渉する権限を与えられないホワイトハウスの「メッセンジャー」に過ぎなかった。

それと違い，朝鮮側はブッシュ政権が直接交渉を拒否している状況の中で，米国が受け入れ可能な多国間の対話の枠組みのなかで，米側を直接交渉の場に引き出し，ひいては合意を達成してそれをその他の参加国が追認することによって「国際公約化」し，米国がそれを簡単に反故にできないようにする構図をつろうとしていたといえる。

結局，6ヵ国協議では，中国は「判事」ではなく朝米間を仲介するコーディネーターの役割を果たしたし，南は米国の「言いなりになる陪審員」ではなかった。「言いなり」になったのは日本だけで，回を重ねるごとに4（北・南・中・ロ）対2（米・日）の構図がはっきりすることになる。挙句の果てには，2005年9月19日の第4回6ヵ国協議第2ラウンドの共同声明発表の際，逆に米国が孤立する羽目になる[11]。

核計画の放棄 vs 政治的経済的補償

前述のように朝鮮との究極の対立を経て，実現した2007年1月ベルリン会談以後，6ヵ国協議は基本的に，朝鮮側の「思惑」沿った変貌を遂げていく。

朝米ベルリン会談（2007年1月16日〜17日）の合意は，その後の第5回6ヵ国協議第3ラウンド（2月8日〜13日）をへて2.13合意に，ジュネーブでの朝米国交正常化作業部会（2007年9月1日〜2日）の合意も，第6回6ヵ国協議第ラウンド（9月27日〜30日）をへて，10.3合意に「国際公約化」されていくことになる[12]。

朝米ベルリン会談の直前の第5回6ヵ国協議第2ラウンド（2006年12月18日〜22日）で，朝鮮側代表の金桂官（キムゲグァン）副相は，「われわれは米国が敵視政策を完全に撤回し信頼が醸成され，もはや核の脅威は無いと感じるようになったときに核兵器問題について論議しようということである。現段階では，現存する核計画についてのみ論議することはできる」としたうえで，もし，核兵器問題を論議するというなら，朝鮮半島の非核化に限定するのではなく，核保有国の核兵器削減を論議する軍縮会談にすべきだと強く主張した。

第2章　6.15共同宣言と10.4宣言をめぐる朝鮮半島10年史をふりかえって

　ベルリン会談は事実上これを受ける形でおこなわれたが，朝米双方はそこで，核軍縮会談ではなく6ヵ国協議の継続と2005年9.19共同声明の履行を確認し，そのための当面の行動措置として，朝鮮側が現存する核計画を放棄する代わりに米国側が政治・経済的補償措置を同時に行うということで合意し，この合意履行の前提として，米国側は2005年の9.19共同声明を反故にした朝鮮に対する金融制裁の解除を約束した。前述のようにこれは，6ヵ国協議の2.13合意に集約される。

　米国の金融制裁によって凍結されていたバンコデルタ・アジアの口座の資金は，「技術的・実務的な手違い」など試行錯誤を繰り返し5ヶ月もかかりながら，最後は米国のニューヨーク連銀経由で朝鮮本国に送金される。そして朝鮮外務省はその確認を朝鮮戦争勃発57周年の2007年6月25日に発表する。

　これは，ブッシュ政権がはじめて行動で示した対朝鮮敵視政策転換の証であった。7月18日～20日には第6回6ヵ国協議が開かれ，2005年9.19共同声明と2007年2.13合意の履行を再確認し，8月中に5つの作業部会開催と9月初めの6者会談第二ラウンドの開催，そして6ヵ国外相会談の早期開催などに合意する。

　これを契機に，朝米両国は厳密な同時行動にもとづいて「核計画の放棄対政治経済的補償措置」という構図の中で6ヵ国協議の合意を本格的に履行し始めることになる。

　金正日総書記は，これで北南首脳会談を再度行える国際環境が整ったと判断したに違いない。8月2日に平壌に招請されて金養健（キムヤンゴン）統一戦線部長と会談し，8月5日に「盧武鉉大統領の平壌訪問に関する北南合意書」を発表した金万福（キムマンボク）国家情報院長が8月8日の記者会見で「『金正日国防委員長は…参与政府発足当時から盧武鉉大統領と会うと決心し雰囲気が成熟しなかったが，最近朝鮮半島の周辺情勢が好転し，首脳会談にもっとも適切な時期であると判断した』と伝え聞いた」[13]と述べている。

3　6.15宣言の10.4宣言への進化と履行展望

（1）　2度目の北南首脳会談の意義と10.4宣言の特徴
6.15共同宣言の全面的具現

　盧武鉉大統領は軍事境界線を陸路で歩いて渡り，金永南最高人民会議常任委員長とともにオープン・カーで平壌の大通りをめぐりながら，数十万市民の歓迎を受けた。

　また，金正日総書記とともに朝鮮人民軍陸・海・空の名誉儀兵隊の閲兵と分列行進で礼を尽くされるなど，金大中大統領に優るとも劣らない歓迎を受けた。

　しかし，首脳会談は前回のようなドラマチックな政治的演出よりも，6.15共同宣言を具体化するための実質的で虚心坦懐な議論が中心の実務的な会談となった。それはかえって前回の首脳会談以後，北南関係の成熟度を示すものとなった。

　とくに画期的であったのが，金正日総書記が9月末の6ヵ国協議から帰国したばかりの金桂官副相を姜錫柱第一副相と共に首脳会談の席に呼び「私もまだ報告を受けていないので，一緒に聞きましょう」と述べながら，彼らから6ヵ国協議に関する朝米間のやり取りなどの報告を盧武鉉大統領と一緒に聞いたことである。外交機密が含まれる北の最高指導者への重要な報告内容を南の最高指導者と分かち合ったのである。

　ここには「わが民族同士」で，北と南の最高指導者が力を合わせて，6ヵ国協議を主導し朝鮮半島の平和と統一，北東アジアの安全保障体制を主体的に築いこうという金正日総書記の熱い思いが込められていたのかもしれない。

　約7年半ぶりに中身の濃い実質的な議論が交わされた北南首脳会談の成果は，2007年10月4日に発表された「北南関係発展と平和・繁栄のための宣言」に集約された。

　今年の労働新聞などの共同社説では，10.4宣言を「民族の自主的発展と統一を推進する鼓舞的旗じるしあり，6.15共同宣言を全面的に具現するための実践綱領である」と指摘している。

8項目プラス2項目からなる10.4宣言は，北と南が6.15共同宣言と「わが民族同士」の精神にしたがって，統一問題を自主的に解決する問題，朝鮮半島において軍事的緊張状態をなくし恒久平和を築く問題，民族共同の繁栄のための経済協力の問題，これら諸問題の解決と合意履行をスムーズにするための北南当局者間対話のレベル・アップと機構の設置など，6.15宣言を全面的に具現するための実践的な綱領となった。

自主平和統一プログラムの全面的かつ着実な履行へ
10.4宣言の第一の特徴は，北と南が自主的に平和統一を成し遂げるための充実したプログラムを明確に示したことにある。

1項目で6.15宣言の統一大綱としての地位を再確認し，第2，第3項目では北南関係を交流・協力段階から政治・軍事的和解と協力段階へ発展させることが謳われ，とくに第4項目には，北と南の主導のもとに朝鮮半島の恒久平和体制づくりのため，朝鮮半島で3者または4者の首脳会談を開催し終戦宣言を発表できるよう協力することが盛り込まれた。現在の朝米関係の進展ぶりを見ればこれが今年中に実現するかもしれないという期待が膨らむ。

10.4宣言には，6.15共同宣言で確認した「北の低い段階の連邦制と南の連合制の共通性」を生かして統一にたどりつくための具体的な方途が示された。

金正日総書記は2006年6月の北南首脳会談で，低い段階の連邦制とは何かとの金大中大統領問いに「閣僚級は閣僚級同士で協議機構をつくり，国会は国会で議会の次元で協議機構をつくり，首脳同士は随時会って，それぞれが協議・合意し，合意したことを実践していくこと」[12)]と説明したというが，10.4合意には，首脳会談や総理級会談の定例化，議会同士の対話と交流の促進が盛り込まれている。10.4宣言の履行で，北と南は低い段階の連邦制の入り口に立つことになる。

第二の特徴は，北南関係の全面的な拡大発展が謳われ，そのための具体的方途が示されていることである。北南関係の拡大発展については，自主と民族的利益優先の原則（1項目）から始まり，政治（2項目），軍事・安保（3，4項目），経済（5項目），社会・文化（6項目），人道（7項目），外交と海

外僑胞の保護（8項目）にいたる全面的分野に及んでおり，各項目ではその実現のための具体的な対策が示されている。

そして，第三の特徴は合意の着実な履行を担保する北南間の枠組みづくりとその格上げが図られていることである。統一指向的な法律・制度の整備や議会同士の対話と交流の促進，既存の局長級・経済協力推進委員会の副総理級・経済協力共同委員会への格上げ，国防長官会談開催，北南当局間対話の閣僚級から総理級への格上げ，そして北南首脳会談の定例化などが，それである。

10.4宣言は，その直後から急ピッチに履行され，2007年末までの3ヶ月間に総理会談，国防相会談，経済協力共同委員会，西海〔黄海〕平和協力特別地帯推進委員会など，北南間の当局者会談は23回開かれ，宣言履行のための具体的合意の項目は190にも及んだ。

おわりに

以上のように6.15共同宣言と10.4宣言をめぐる朝鮮半島10年史をふりかえって見たが，いまこの両宣言は大きな試練に直面していることを憂慮する。

6.15共同宣言や10.4宣言に反対してきたハンナラ党を代表する李明博（イミョンバク）候補が先の大統領選で当選し，4月の総選挙でもハンナラ党をはじめとする守旧勢力が3分の2以上の議席を獲得することによって，中央政界では6.15共同宣言を尊重し，10.4宣言の推進する政治勢力が激減してしまった。また，李明博政権の対北政策や外交政策がことごとく6.15共同宣言の精神と10.4宣言に反するばかりでなく，あまりにも幼稚で非現実的であることをとくに憂慮せざるをえない。

北では4月1日に「南朝鮮当局が反北対決で得るものは破滅だけ」と題する論評を労働新聞などすべての新聞に掲載し，テレビ・ラジオでも終日放映したが，それをきっかけに，連日のように李明博政権の政策を全面的に否定し，強く非難する報道が流されている。これを前後して，北側は，北南交流や接触から南の当局者を排除している。南ではこれを，金泳三時代を彷彿させる「通米封南〔アメリカと直接交渉し，韓国を封じ込る〕」政策と指摘す

るむきもあるが，北南当局間のこう着状態はしばらく続く可能性がある。

　また，米国の政権交代からくる空白も懸念される。米国では8月に民主党候補も確定し本格的な大統領選に突入するが，政権交代が起きた場合，新政権の布陣が整うまで最低6ヶ月から1年かかり，その間，朝米関係や6ヵ国協議が停滞する恐れもある。

　反面，南の10.4宣言を支持する世論の盛り上がりや南北間の盛んな民間交流，南北と海外の統一勢力の強化拡大など[14]，楽観できる要素も少なくない。

　過去10年間と同様，今後の6.15共同宣言と10.4宣言の履行を大きく左右する要因は，朝米関係と南の世論動向，南北と海外の統一勢力の伸張などであって，李明博政権もそれに逆らう政策を続けることはできまい。その意味で今後，6.15共同宣言と10.4宣言は紆余曲折を経ながらも必ず履行されていくと確信する。

●注
1) 朝鮮東海沖に向けて試射されたミサイルについて，「防衛庁は『近く試射が行われる』という米国政府からの情報を事前握っていたが，全国28ヶ所にある頼みの防空レーダーもマッハ8を超す弾道落下を即座に補足できず，航跡を事後解析して初めて正確な着弾地点や日時を特定できた」らしい（『ニュース三面鏡』朝日新聞93年12月23日社会面）。また，太平洋に向けて試射されたミサイルについては「当時は射程500キロに過ぎないとされていたが，米情報当局が精密に分析した結果，ミサイルが日本列島を越え，発射地点から1300km離れた太平洋上に落ちていたことが明らかになった。米国は昨年（1997年）末になって初めてこの情報を韓国に通報し，米韓両国はノドン1号ミサイルの射程推定距離を当初の1000kmから1300kmに修正した」という（『射程1300kmミサイル北，93年試射成功』朝鮮日報98年10月23日3面）。
2) ブッシュ大統領は，①米・韓・日の協調体制の強化②朝鮮半島緊張緩和支持③北の政権に対する懐疑④北に対する検証と点検の強化⑤対朝鮮政策の全面的再検討⑥北の兵器拡散への警戒など，朝鮮を敵視し6.15共同宣言履行にブレーキをかけるような「米韓関係6大原則」を金大中大統領に押し付けた。
3) クリントン政権後期とブッシュ政権前期にまたがって，2003年8月まで国務省の朝鮮担当特使を務めたジャック・プリチャード氏は，次のように述べ

ている。「すべてのことはＤＰＲＫの国連大使から前もって告げられていた。…イラク戦争が始まったとき、私は彼にニューヨークに呼ばれ、『われわれは米国がイラクを先制攻撃したことから学んだ。われわれには核を持つことが必要だ。これから核兵器を保有するために、燃料棒を再処理し、プルトニュウムを抽出し、それによって核抑止をする』と告げられた。」（2004年10月8日北太平洋地域研究センター（ＮＯＲＰＡＣ）主催の第20回北太平洋国際フォーラムでの講演）

4）2005年9月19日の合意の概要は、①朝鮮の核放棄を含む全朝鮮半島の非核化②朝鮮に対する核と通常兵器による威嚇の除去と軽水炉の提供③自主権尊重、平和共存、朝米、朝日関係の正常化④朝鮮へのエネルギー支援などの双務・多務的経済協力⑤朝鮮半島の恒久的平和体制樹立と東北アジアの安保協力促進⑥合意事項を「公約対公約」、「行動対行動」の同時原則で履行する、などである。

5）2006年に朝鮮がみずからを主なターゲットにした軍事演習と見なしたのは、核先制使用を前提とした韓米合同戦時増員演習「フォールイーグル軍事演習」（3/25-31）、グァム島周辺でベトナム戦争以来最大の規模（航空母艦3隻、艦艇25隻、ステルス爆撃機など戦闘機280機、兵士2万2千人）でおこなわれた軍事演習「バリアント・シールド（勇敢な盾）」（6/19-23）、アメリカ、日本、南朝鮮、イギリス、オーストラリア、カナダ、チリ、ペルーの8カ国が参加する「2006年環太平洋軍事訓練（リムパック）」（6/25-7/27）、「ウルチ・フォーカス・レンズ韓米合同軍事演習」（8/21-9/1）などがある。

6）8月21日にブッシュ大統領が、胡錦涛主席との電話会談で「われわれのお金を偽造したことが分かれば措置をとらなければならない。これはすべての大統領の義務だ」と述べた直後から、スチュアート・リービー米財務省金融犯罪担当次官は、スイス、タイ、シンガポール、ベトナム、モンゴル、ロシアなど10余カ国を訪問し、23の銀行にある朝鮮の海外銀行口座を調査した上で各国に凍結を働きかけた。

7）ライス国務長官は、9月26日、ウォール・ストリート・ジャーナルとのインタビューで、「北朝鮮を話し合いのテーブルに復帰させる努力をつづける期限がほとんど消滅しかけている、6週間以内にアジアを訪問して6ヵ国協議再開のための最後の圧力が可能なのか検討する」とし、11月初旬まで朝鮮が6ヵ国協議に戻らなければ、追加制裁を強行することを示唆した。ヒル次官補も9月27日、朝鮮日報と戦略国際問題研究所が共催したセミナーで「6ヵ国協議の再開のための作業が重大な局面に至っている。北朝鮮が6週間以内

に回答を提示することを期待している」と述べ,11月はじめを期限とする「最後通牒」を突きつけたことを示唆した。

8) 南の対北世論は若者を中心に大きく変化していった。2005年4月に南のネット新聞「フロンティア・タイムズ」がリサーチ会社と共同で,「北の核保有」に対する国民意識を中心に全国1500人を対象に調査した結果によると,北の核保有は「望ましい」との答えが44.1％で「望ましくない」の41.2％を上回った。「韓国の平和を脅かす危険な国」については,1位が米国の29.5％,2位が日本の29.2％,3位が北の18.4％で,「韓・米・日の三角同盟」のパートナーである米・日の「危険」度が6割近くを占め,北の3.2倍にもなった。また,朝鮮日報が2005年8月15日に報じた若者意識調査（16歳〜25歳を対象）によると,北について62.9％が「好き」で「嫌い」の33.7％を大きく上回り,「協力対象」とする見方は80.7％,「危険な相手」など否定的な見方は14％に過ぎなかった。とくに「米朝間の紛争でどちらを支持するか」では「北」が65.9％で「米国」の28.1％の2.5倍近くに達した。

9) 例えば,2004年11月の訪米の際には,ロサンゼルスで「北が核を持つようになったのにも一理ある」とし,ブッシュ大統領の対北強硬政策の是正を促した。2005年2月には大統領就任2周年の演説で,「北との平和共存政策の継続」を宣言すると共に「米国には言うことは言う」とし「今後,韓国は北東アジアのバランサー的役割をめざす」と,対米一辺倒外交からの脱却を示唆した。また,3.1独立運動86周年式典での演説では「拉致問題は理解するが日帝36年間,数千,数万倍の苦痛を被ったわが国民の怒りを理解すべき」と主張する。
このような盧政権の外交姿勢に呼応するかのように,北側は,6ヵ国協議の場などで南側との協調を積極的に進める。6ヵ国協議の北側代表は南側代表と頻繁に接触し情報も共有したし,南側代表はときに朝米間の仲介役も果すなど,6ヵ国協議における存在感も高まっていった。

10) それは祝典の南側準備委員会の常任顧問を務めた丁世玄前統一部長官（当時）が8月15日の歓迎宴で行った演説の次の言葉に集約されている。「あまりにも多くの出来事が起こっています。第一に,今日の12時に軍事境界線上に設置された北南の対決を鼓吹する宣伝設置物が完全に撤去されました。第二に,軍事的事故を防止する北南間の電話線が連結されました。第三に今日の午前,北側の船舶が済州海峡を通過しています。第四に,本日12時に離散家族の画像対面が実現しました。第五に,昨日,北側代表団が国立顕忠院〔国立国軍基地〕を訪問しました。これらすべては,統一の新紀元を切り開く歴史的な出来事です。」

11) ニューヨーク・タイムズ("U. S-Korean Deal on Arms Leaves Key Points Open" 2005年9月20日付) によると，中国は米国代表に共同声明の草案を提示し調印を嫌う米国が孤立していることを告げ，草案を受け入れるよう迫りながら，もし拒否するなら，会談決裂の責任が米国側にあることを記者団に説明すると圧力をかけたという。キャンプ・デービッドにいたブッシュ大統領はライス国務長官と電話で協議をくりかえし，18日の夜に他に選択の余地がないと判断してやむをえず調印の指示を出したという。

12) 2.13合意と10.4合意の概要は，まず，米国が金融制裁を解除し，その後，朝鮮が第1段階で核施設を凍結し第2段階で核施設を無能力化し核計画を申告すると同時に，米国側は100万トンの重油に相応する経済的補償措置と朝鮮に対するテロ支援国指定と敵国通商法適用を解除する政治的補償措置を取るというものであった。

13) 『北南頂上会談600日』キムヨン社 (2000年8月8日) 崔ウォンギ，鄭チャンヒョン著74～75ページ

14) 10.4宣言直後の各種世論調査では，北南首脳会談について「成果あり・成功した」がＫＢＳで75.9％，ＳＢＳで67.3％と「成果なし，成功せず」の18.4％と27.5％を大きく上まわり，20％台前半であった大統領支持率は53.7％ (ＫＢＳ) と43.4％と2倍以上にはね上がった。

　また，北と南の民間交流は益々盛んで，5月10日に，南の民主労組傘下の全国金属労組の委員長一行12名が平壌で北の朝鮮職業総同盟，朝鮮金属機械職業同盟委員会代表らと懇談し，自動車整備事業所の設立支援，自動車関連労働者の相互技術交流などを協議した。5月7日から10日まで，丁世玄常任議長（元統一部長官）を団長とする南の民族和解協力汎国民協議会代表100余名が平壌市の養苗場竣工式に参加し，13日には，京畿道の金文洙知事を団長とする代表団が北の開城市の養苗場竣工式に参加し，それぞれ北の民族和解協議会の李チュンボク副会長と会い，山林緑化分野で多様な協力事業を推進することで合意した。また，5月13日から17日まで中央日報の主管の下で，ＫＴ，ウリ銀行，ＬＧ，経済研究院，ポスコ，ＳＴＸ，現代経済研究院，エネルギー経済研究院などの企業，研究所の専門家らで構成された代表団が平壌を訪れている。

　一方，南の現代グループ傘下の現代峨山が推進する金剛山と開城への観光が年初から非常に盛況で，今年の金剛山と開城への観光客が5月1日現在，それぞれ10万人と4万人以上に達したという。とくに金剛山観光は昨年同期の2倍程度だという。6月まで4～5万人の予約があるほどの人気でこのま

ま順調に行けば年末までに50万人に達するかもしれないという。
　そして，この金剛山で14日から4日間「6.15行動宣言と10.4宣言実践のための北南女性代表者会議」が開かれ，6月15日からは，6.15共同宣言実践民族共同委員会主催の「6.15共同宣言8周年記念行事」が北と南，海外の代表たちの参加のもとに盛大に行われることが決まった。

第3章　北朝鮮の挑戦：回顧と展望

エバンス・リビア

　このシンポジウムが和解，協力，対北朝鮮関与に焦点をおくことはとても適切です。今日，国際社会は6ヵ国協議を通して北朝鮮に関与するための協調的な努力において重要な地点に立っています。我々は期待と予想に満ちた複雑なプロセスの段階にあります。同時に，過去の失望と苛立ちの記憶が暗い雲のようにこのプロセスの上にかかっています。

　今日，寧辺(ヨンビョン)にある北朝鮮のプルトニウム生産能力はほとんど凍結されています。この寧辺における核施設は無能力化される道にあります。昨年末までに行うことになっていたように，平壌(ピョンヤン)がついに自らの核施設，物質，技術，活動，保有物を申告する用意があるという兆候もまた見られます。

　一方で，米国は北朝鮮をテロ支援国家リストからの除外，そして対敵通商法に基づく残りの経済制裁を解除する決定に向かって，じりじりと動いているように見えます。2005年に停止された北朝鮮に対する大規模な人道食糧支援が，北朝鮮の急速に悪化しているようにみえる食糧状況を和らげるのを支援するまさにその時に，再開されようとしています。

　同時に，北朝鮮と米国はジュネーブとシンガポールにおける二国間協議の後に，6ヵ国協議の進展を妨げてきたウラン濃縮関連活動と北朝鮮のシリアに対する核技術の拡散に関する深刻な非難について対処するために一つの理解に至ったようです。この取り決めが伝えられて，6ヵ国協議の再開に対する期待が刺激されました。確かに，これは北朝鮮の過去の核活動についての根強い懸念を端に追いやろうとするブッシュ政権による誤ったかつ危険な動きを表しているという多くの主張があり，米国における超党派的な論争を引き起こしてもいます。にもかかわらず，全体の状況をみると，北朝鮮の核施

設と能力が解体される必要がある一方，6ヵ国協議が極めて重要な第3段階へ動いていく見通しはかなりついたようです。

　これらの展開に照らし合わせてみると，この時点まで我々を導いてきた困難かつ複雑な道について考えをめぐらすのに，今より良い時はあるでしょうか？　現在，我々がいる地点に至るまでに試みられた様々な政策アプローチの成功や失敗について評価するのに，より良い時はあるでしょうか？　そして，北朝鮮の核兵器の野望によってもたらされた脅威に最終的に対処することを目的とした将来の政策を開発し，形成する際に，我々が学んできた教訓を利用するのに，もっと良い時はあるでしょうか？　私はこうした思案を可能にする機会を形成した立命館コリア研究センターの知恵と先見の明を称賛いたします。

　北朝鮮を含む6ヵ国協議の各国はこの重大な時期にじっくりと考えをめぐらせることが沢山あると思います。このシンポジウムの議論を刺激するために，いくつかの可能な検討分野を提案したいと思います。

　北朝鮮については，今日，真剣な検討に値するひとつの主題は，北朝鮮が核分裂物質の備蓄を大幅に増大し，核兵器を獲得したことが，その言葉の最も広い意味において，自国の国家安全保障を本当に強化したか否かということです。新たに獲得された核兵器能力を有する北朝鮮は，2006年10月19日以前よりも国際社会によって認知されているでしょうか？　北朝鮮の核能力は朝鮮半島での紛争の際に，北朝鮮が潜在的なターゲットとなる可能性を低めたでしょうか？　あるいは，その逆が真でしょうか？　北朝鮮が核兵器を取得したことによって，その特権，ステイタスを強化したり，あるいは世界で新しい友人を獲得したりしたでしょうか？　核実験の事実によって，人々の生活を改善し，停滞する経済を救い，あるいは東アジアの他の地域を世界の最もダイナミックかつ羨むべき地域の一つにした国際貿易と投資の恩恵を国民にもたらしたでしょうか？　北朝鮮が自らの核の野望を満足させることに捧げた膨大な財政資源は，子供たちの慢性栄養不良と将来における北朝鮮の成長への展望を蝕んでいる環境悪化に対処するのに，よりよく活用されたでしょうか？

第3章　北朝鮮の挑戦：回顧と展望

　北朝鮮は未来に目を向けると，これらの問いの一つ一つに慎重に熟考するべきです。平壌もまた6ヵ国協議で提供される利益の数々についてよく考えるべきでしょう。現在テーブルに置かれているその「取引」は強く真剣なものであり，このような交渉の歴史のなかで北朝鮮にかつて提供された恐らく最も良いものです。今日，米国が現在の提案に打ち込んでいるばかりでなくて，6ヵ国協議の過程で他の参加者もまた劣らずに真剣かつ真摯な外交を通して，核および関連問題の解決に取組んでいます。

　最近北朝鮮を訪問した際に，私は北朝鮮の高官たちに指摘したように，6ヵ国協議の参加者たちの前に現れている問題の重要な進展を達成するために，今日ほど各国の歩調がよく合っていることはこれまでなかったでしょう。それを心に留めて，平壌はこれからの数週間あるいは数ヶ月の間に，6ヵ国協議における残りの困難な問題を解決するために，すべての参加者と真摯に取組む機会を確保すべきです。

　6ヵ国協議の過程では，他の参加者が深く考える多くの材料があります。
　日本は，6ヵ国協議における役割や，極めて問題の多い北朝鮮との関係について深く考えていますが，熟考しなければならないひとつの領域は拉致問題に関する現在の政策アプローチによって，行方不明の国民の運命が最終的に明らかになりそうなものなのか，あるいは，より可能性の少ないものなのか，ということかもしれません。

　小泉首相の大胆かつ北朝鮮の指導者，金正日との直接外交によって達成された目覚しい進展は今日振り返ってみると，遠い記憶の彼方にあるようです。そこでは，金正日は日本人拉致における北朝鮮の役割を認めて謝罪し，この問題を解決するためのメカニズムに合意しました。この合意によって勢いづいた日朝関係における打開への期待は薄れたばかりでなく，それらの期待は日朝間の非難合戦という状況に取って代わられました。

　この状況は両国の利益を妨げる結果になりました。日朝関係の悪化と両国の真摯な対話が消失したことによって，多くの日本人は拉致された者たちの運命が明らかになる展望に悲観的です。北朝鮮にとっては，現在の停滞は，自国経済および自国民の生活を改善しうる経済技術支援を獲得するという点

81

で，ほとんど進展が見られないということを意味します。日朝両国が二国間の関係の現状を考えると，日本と北朝鮮は両国間の問題を処理するより良い方法があるかどうか，熟慮することを望んでいるかもしれません。

韓国に目を向けてみると，新しい保守政権は北朝鮮を扱うのに新しいアプローチを行っています。この新しいアプローチの詳細はまだソウルで調整されていますが，そのいくつかは明らかになっています。韓国の新政権のアプローチはイデオロギーよりも実用主義の強調，よりバランの取れた互恵的な南北関係に対する呼びかけ，人権などの問題に対する率直かつ前向きに話そうとする意志——などによって特徴づけられます。これらの領域の1つ1つは二人の前大統領のアプローチを北朝鮮との関係を管理する上での主要な欠陥として見なしてきた批判者によって選択されたものです。したがって，李明博政府が北朝鮮に対処する新しい方法の中心として，これらの欠点の修正をしたことは驚くことに値しません。この新しい韓国の大統領は継続した南北対話を呼びかけて，北朝鮮の一人当たり所得の実質的な底上げに対する意欲を表明し，そして南北経済協力の新しい分野の展望を約束しました。

しかしながら，韓国と北朝鮮の関係がこの春，多くの罵詈雑言，脅迫と反脅迫，疑惑，そして，ソウルが南北間の関与の「ルールの変更」を行って，朝鮮半島南北の民族の間で協力と和解の基礎を確立するための10年にわたる努力の遺産を拒絶したと平壌が明確に考えている状態——などへと悪化するにつれて，この新しいアプローチがソウルと平壌の新たな協力分野の到来を告げるだろうという期待は，すぐに打ち砕かれました。

冷ややかな雰囲気が南北の絆にもいまや影響を及ぼしています。我々の思案というテーマに則していうと，欠点はソウルの新しいアプローチにあるのか，あるいは韓国との関係についての北朝鮮による再評価というような他の要因が責められるべきなのかについての問いは避けます。何が原因であれ，南北間における現在の不協和音は，明らかに南北の対話と協調を不調にしており，この過程で韓国が影響力を行使する手段を狭めています。この状況の原因と合意は，今後2日間にわたってこのフォーラムで議論するのに値するものです。

第3章　北朝鮮の挑戦：回顧と展望

　最後に，私自身の国に目を向けて，自己省察となるいくつかの領域について順に提起させていただきます。
　私が既に示唆したように，米国と北朝鮮の間の新たな理解によって，6ヵ国協議の再開や6ヵ国協議ですべての重要な解体段階にむけた動きの加速化に導かれるかもしれないという希望的な兆候があります。
　これらの展開を可能にするために，政策の方向転換と集中的な外交を行っているブッシュ政権を評価できます。にもかかわらず，北朝鮮に対して過去3年以上にわたって注がれたワシントンの外交努力の多くは，それ以前の政策決定によってなされたダメージの転換あるいは修正を目指してきたということを私たちは思い起こすことが重要です。我々が今日，6ヵ国協議において立っている場所に至る際に，米国はひどくねじれた，また，あるひとは悲劇的なとさえ言うべき道を旅してきました。
　この「政策の遠回り」は北朝鮮に対する前政権のアプローチの拒否から始まり，それに，北朝鮮を悪魔呼ばわりして孤立させ，外交の道具としてのインセンティブの活用を躊躇し，外交的対話それ自体は北朝鮮のような体制に注がれるべきではない「報酬」であるという見解を強調する政策を採用し続けてきました。
　同時に，1994年の枠組み合意の反対者は，主としてこの合意は「悪い行いに対して報酬を与えるもの」として捉えていたために，この合意を廃止することに熱心でした。2003年初めに核の野望を隠さなかった北朝鮮を利用し，こうした人々はそうすることに成功しました。歴史は米国による大きな戦略的誤りとして判断するであろうと確信しています。
　この歴史を振り返るときに，米国と6ヵ国協議における参加者がいまや機能停止した枠組み合意のもとで，かつて存在した北朝鮮のプルトニウム生産に対するいくつかの同じセーフガードを含めようと努めているという事実は，アイロニーです。
　また，この不幸な政策の逸脱の間に失われたものとしては，中距離および長距離弾道ミサイルの発射テストに対する北朝鮮の能力に対して，7年間効果的な制約として機能してきた米国と北朝鮮との間の事実上コストのかから

ないミサイルモラトリアムがあります。今日，6ヵ国協議や二国間協議における真剣な協議の対象として，北朝鮮のミサイルの脅威とその脅威に対する制約の欠如に気づかざるを得ません。

この期間はまた，2000年における北朝鮮の趙 明 録次帥（チョミョンノク）の米国訪問とそれに続いて平壌で行われたオルブライト国務長官と金正日総書記との間の協議を通して，多くの困難とともに築き上げられた小さな親善の貯水池が失われたことを見てきました。反テロリズムへの協調，ミサイル，我々の双方の意図に対する疑いを解くための方法について，真剣かつ前例のない協議がこの間に行われました。

結果として，米国はこれらの議論に続くことせず，かえって議論のなかで到達した基本的な理解のいくつかを拒絶しました。振り返ってみると，これらの決定はおそらく北朝鮮の人々の目には米国の信用を深く傷つけて，米国と北朝鮮の間で何百時間もの困難な交渉をへて確立された微かな確信すらも破壊しました。今日，米朝対話を特徴づける不信と，現在の米政権に対し平壌が示す深い疑いは，この不幸な歴史に起源を持っています。

上に示されたように，1994年から2003年の間に存在した北朝鮮の明らかになった核分裂物質生産計画への管理と制約が喪失したことによって，致命的な展開になりました。枠組み合意の崩壊は北朝鮮のプルトニウム蓄積の急速な拡大を可能にし，結局，2006年10月の北朝鮮の核実験を可能にしました。北朝鮮の核の魔神が瓶から逃げ出したことによって，再び呼び戻すことが可能かはまだわかりません。

北朝鮮の核計画を凍結し，無能力化し，最終的に解体する際に，今日，国際社会の仕事はやっかいなものです。今日，我々は今や核実験を行った国に対処しています。今日，我々は枠組み合意が機能していた時よりもずっと多くの核分裂物質を有している国と直面しています。そして，今日，我々は何の制約もなく中長距離弾道ミサイルを開発する能力を有している国に対処しています。

今日，我々が永遠に北朝鮮の核計画を終了させる方法を模索していますが，我々が同じ過ちを繰り返さないように，この仕事をますます困難にしてきた

政策決定について，慎重な考察と反省をすることは価値のあることです。現在，悪いニュースは過去の政策失敗の遺産として，核武装した北朝鮮が誕生したことです。良いニュースは集中的な多国間および二国間外交のおかげで国際社会は再び今回，北朝鮮がその核の野望を放棄するように説得しうることを期待できるいくつかの理由があるということです。

そのような期待は過去に打ち砕かれましたが，しかし我々が成功するかもしれない現実的な展望がある場合に，立ちはだかる挑戦に対する外交的解決に向けた地点の努力を決して放棄すべきではありません。かりに我々が今日いる地点に我々を到達させた道について十分に反省するのなら，核兵器の脅威のない朝鮮半島を達成する方法を見つけることが，なおも依然として可能かもしれません。

ありがとうございます。

【翻訳】中戸祐夫

第4章　平和と繁栄に，対話を急げ

岩国哲人

　韓半島の人びとは自分たちの国を「朝鮮」とも呼んだ。静かなる朝の国の意味だという。その名は優しい平和郷を思いおこさせ，実際，旅をしてみるとこの国には豊かな山水麗谷や大規模で美しい寺院などがあるが，歴史をひもとくと，平和であった時代は少なかった。

　平和を望む国民の願いには国境などないはずだ。それを達成するための手段としての政治や行政にも，対話や交流によって国境の壁を低くすることができる。言い換えれば，戦争によってではなく，対話によって国民のための平和と繁栄への競争に参加する。それは充分にできるはずだ。

　その最も近い例を挙げるとすれば，金泳三大統領時代（1993－1998）の韓国と日本の対話に見ることができる。

　釜山の有力私立大学，東西大学からの熱心な要請を受け，碩座教授を5月から引き受け，国際学，経営学，社会一般について，定期的な講義を受け持つことにした。

　米国のバージニア大学，中国の南開大学，山西大学に加えて韓国の東西大学を受けもち，米・中・韓という，日本にとって大切な3つの国の若い青年が未来を考え，それぞれの社会でのリーダーとなる夢を育てる，私の楽しみがまた膨らんできたことになる。

　学生たちに教えるのと同時に，私もまた学生たちとの議論や懇談を通じて，大いに学ぶことの期待がある。

　その第1回講義に出かける直前の日に，盧武鉉(ノムヒョン)前大統領の不慮の死を知り，日本だけでなく，両国の政治と社会にいまだに暗然として横たわる闇に触れる思いをさせられた。

二部　朝鮮半島と周辺国家

　そして到着した私を待っていたのは，韓国民の怒りと悲しみの2つのデモだった。

　それは国際世論を挑発するかのような北朝鮮の核実験強行に対する国民の抗議デモであり，もう1つは盧武鉉前大統領の死を悼む国民の悲しみのデモの2つのデモの流れだった。

　2つの激しい流れの中に，韓国の世論と政治は揺れている。

　私が育った島根県は朝鮮半島に1番近い場所である。私は小さい頃から海を眺めながら，あの海の彼方には朝鮮半島や中国などが存在するのだという思いで育った。

　韓国を私がはじめて出雲市議員とともに訪れたのは1991年のことだった。私の帰国を待っていたかのように1通の手紙がソウルから届いた。内務部行政研修院の金再煥（キム・ジェファン）教官からだった。韓国は当時，軍政から民政へ，中央集権体制から地方分権へと，大きな革命を実験しようとしていた。

　金先生は日本の統一地方選挙を視察に滞日中に，自治省の友人から細川熊本県知事と私の共著『鄙（ひな）の論理』について聞き，教科書に最適と思い，東京の4軒の書店で110冊を買い集め，ソウルに持ち帰った。しかしハングルしか読めない学生もいるし，全国の行政長にも読ませたいので，翻訳及び研究用配布を許可してもらいたいという正式な依頼書だった。

　民主主義の原点といわれる地方自治の分野で，韓国の明日を支える若き行政官たちが日本について理解を深め，日韓に共通の認識や相互理解が生まれることになるなら，これ以上の喜びはない。

　細川さんにも出版社光文社にも話したところ，全く同じお考えで，ご協力しようということになった。

　私の心の中では，韓国との壁が音を立ててくずれていった。

　金泳三大統領がリードする，改革というよりも革命の雰囲気さえあったその中で，私は韓国のソウル，釜山をはじめ各地の行政職員，経済団体，大学での講演を通じて韓国のお手伝いをしてきた。

　当時就任したばかりの金泳三大統領は，とりわけ日本の細川政権の古い日

本の政治，行政を徹底的に改革してゆきたいという思いを共にして，その改革の嵐はすさまじいものがあった。韓国の人たちは，フランス革命に相当する激しい変化と見て「無血革命」とも呼んでいた。

「カネと名誉は１人の人が持ってはならない」。すなわち，「財力を得ようとするものは政治，行政の地位を占めてはならないし，政治，行政で権力を握るものはカネを握ってはならない」というのが金大統領の持論だった。

このような世論を背景に，総理室は「政府合同特別監査班」を強化し，一方，検察は社会指導層，企業不正行為捜査強化のために「不正腐敗事犯特別捜査部」を設置した。

それから10日もたたないうちに，次官級125人の財産調査で明らかになったのは，上位土地資産家10位以内のなんと５人までが検察幹部で占められているという事実だった。

国民を唖（あ）然とさせたことは言うまでもない。にもかかわらず，不正が摘発されたり，あるいはその危険を察知して海外亡命した有名人は，300人を超えたという。

徹底した腐敗摘発が圧倒的な支持を受けて，大統領選挙での得票率42％と比較すると，世論調査の支持率は６カ月間に90％に達し，長年にわたる汚職構造に対する韓国人の憤りの強さを知ることができる。

93年に，内務部は日本での研修先として出雲市役所を指定し，韓国から中央，地方の公務員の訪問が急増した。旧知の韓国最大の財閥，三星（サムソン）グループの李会長が大勢の幹部を率いて玉造温泉に１泊し，「小さな役所の大きな挑戦」「サービスは上げる，コストは下げる」を研修したのもその年のことだった。

私も，招かれてソウルの明知（ミョンジ）大学の行政大学院の客員教授や釜山市の顧問をつとめたり，各地の講演にも出かけた。ソウル，釜山（プサン），光州（クァンジュ），安東市（アンドン），順天市（スンチョン）など，市民が熱心に話をきいてくれた。また別の機会に，イサベル学園の男女の高校生，ソウル郊外のＹＷＣＡキャンパスでの社会的に活躍している女性代表者たちの前でお話をする機会があった。皆さんが目を輝かし，大きくうなずいたり，笑い声をあげたり，手をたたいたり，

反応が分かりやすいから，私も話しやすい。せっかくなので，そこでの話を紹介しようと思う。

「日本と世界との関係を少し皆さんにお話ししましょう。

日本は地図で分かるように小さな島国です。小さな日本は世界からたくさんいろんなことを学んできました。最初に学んだのはアジアの国から。特に韓国と中国の人たちから2000年間，ずーっと勉強してきました。私のいた山陰地方は長い間，アジア文化の窓口の役割をしてきて，それが日本の神話にも残されています。

そして今から100年前，今度はヨーロッパ。イギリス，フランス，オランダ，ドイツから勉強することを始めました。

そして今度は50年前，不幸な第二次大戦のあと，アメリカから一生懸命学んできました。

日本は，アジアから，ヨーロッパから，そしてアメリカから，どんどん勉強することばかりやってきたんです。世界で1番まじめな高校生です。

アメリカという国，皆さん知ってるでしょう。アメリカという国はよそからあまり学ばないで，よその国に教えることが好きな国なんです。

日本という国は，反対に教えることが全然できなくて，よそから学ぶことばっかり続けて，日本はまだ先生にはなれませんけれども，先生になる前にアジアの国のいい友達になろうと，今，一生懸命努力しているところです。

皆さんも日本について勉強したと思いますが，日本という国はいいところもたくさんありますけれども，悪いところもいくつかあるんです。その1つが女性の地位の問題です。

50年前までは，日本の女性は自分の好きな政治家を選ぶ権利，投票権がなかったのですが，戦争に敗れ，日本の古いシステムが崩壊して，女性も男性もすべて平等。女性が投票し，自分の選んだ政治家の名前を書く権利ができたのです。

第4章　平和と繁栄に、対話を急げ

　恋人と政治家は自分で選ぶ時代が，日本の女性にもやってきたのです。
　しかし，実際には，まだまだ小さな地方の都市などでは男女差別が残っていることがあります。1989年，私が出雲市長に就任したとき，60人の課長，部長，全員が男でした。
　出雲市の人口の52%は女性，有権者の53%は女性，選挙に行く人の54%は女性…。それなのに出雲市役所の幹部は60人全員が男性。今，男だけでやっているのは暴力団と市役所だけです。市役所は暴力団とは違うんだということをはっきりさせるために，私は女性の幹部を3人，2人，2人，次々と。そして13人の女性が管理職になりました。
　韓国と日本と中国と，この地域のアジアには21世紀，たくさんの楽しみが皆さんを待っています。
　世界のいろんな国を見てください。教育がない，技術がない，お金がない，そういう国がたくさんありますが，皆さんの韓国，私の日本。教育もある，技術もある，工場もある，大きな会社も銀行もある。必要なものがすべてそろっている珍しい国です。
　特に皆さんの韓国を見ると，私は日本の立場から見てもうらやましいのは，韓国の西には中国の経済。これからもどんどん大きくなっていくでしょう。そして東には日本という国。その日本もまた大きくなっていくでしょう。その東と西の両側の真ん中に韓国という皆さんの国があって，そしてこの釜山は，いろんなモノや人が交流する時の中心になります。
　そういう発展していくアジアの中で，私たちはいいパートナー，いい友達になりたいということをさっき皆さんにお話しましたね。5月に始まるワールド・カップは韓国と日本が共同主催。今までのワールドカップの歴史の中で2つの国が仲良く主催するのは初めてのことで，どこの国にもできなかったことです。仲良しの国だからこそ，よその国にはできないことでもやれるんだということを韓国と日本が世界中の人々に宣言する，その日がいよいよ迫ってきました。
　しかし，そういう仲良しの国同士にも競争があります。皆さん友達同

士でも，一生懸命走る競争もある，勉強の競争もある，そういうフェアな競争があるから一人一人が，お互いの国がどんどん向上していく。そういうメリットが競争の中にはあるんです。

　出雲市は14年前からずーっと市役所を閉めたことはありません。しかも，土曜日，日曜日はショッピングセンターの中で市役所を開けているんです。1991年，日本能率協会が「日本で1番能率とサービスのいいベスト・テン企業」を探しました。選ばれたのは出雲市役所，トヨタ，ソニー，資生堂などの企業でした。「勤務は5日，サービスは7日」，土曜も日曜も役所を閉めないで，人に喜ばれることに一生懸命努力しています。市の職員はお客さんに「喜ばれる喜び」，自分が喜ぶんじゃなくて，人に「喜ばれる喜び」を頂いて帰ってくるんです。

　私には色紙を頼まれた時に書く，好きな言葉があります。

　「最もよく人を幸せにする人が，最もよく幸せになる」

　自分だけが幸せになりたい，誰でも考えることです。しかし，自分が幸せになる前に人を幸せにできる人があるとすれば，そういう人こそ1番幸せな人ではないでしょうか。

　イギリスには，同じような意味で次のようなことわざがあります。

　「ミルクを飲む人よりも，ミルクを運ぶ人の方が健康になる」

　ミルクを待っていて飲む，健康になります。しかし，その人のために今日も明日も明後日も，今朝のように雨が降っても風が吹いてもミルクを運んでる人，その人の方が先に健康になっているというんです。

　皆さんも学校を卒業したら，喜ばれる喜び，人を幸せにできる幸せ，そしてミルクを運べる喜び，それを追いかける，そういう素晴らしい人に成長して下さい」

　私は，このような韓国と日本が創る新しい千年の歴史を夢見ながら，講演を終えた。すると後日，私の話を聞いた学生から何通かの感想文が届いた。

　「いろいろな事も習って，感じた事がたくさんあった。1番印象に

残った部分は『夢を持ちなさい，そしてその夢に向かって進みなさい』ということだった。心の中にいつも夢を持ってその夢の中に努力すれば，その夢はいつかは叶うとおっしゃった。私はまだ夢は持ってないけど，いつかは私の何になろうという目標がはっきり立てば必ず，その夢のために努力するだろうと思った。そして先生にびっくりした事もあったけど，それは娘さんについての愛だった。日本の過去と現在の姿についてもたくさん教えてくださった。我が国の人たちは日本についてあまりよくない先入観を持っていると思う。私もその人たちの1人だったけど，今日の岩國先生の講演を聞きながら，私の考えが間違いだと思った。ある部分だけをみて全体を評価して断定を下した自分についても反省する時間になってよかった。もうすぐワールドカップが共同開催されるけどこの時もっと両国が力を合わせて成功に終わるために努力すべきだ。近くとも遠い国の日本，これからはお互いに力を合わせて助け合ってグローバルな韓国と日本になって，近くとも遠い国ではなく，本当に近い国になれたらいいなと思う」

2番目の生徒は次のように書いている。

「今日のクラブ活動の時には岩國先生の講義を聞いた。理事長が岩國先生を紹介した。この方は本当にすごい勇気をもっているようだ。世界1位の金融会社の上席を占めていたのに，日本のある小都市の市長になると決心したのは…給料も10倍の差があったのに…私なら果たしてあんなに勇気を出すだろうか？　物質万能主義のこの時代にしばりつけられないで自分がやりたい事をやったことは大変な勇気を必要とする。私も他の人の気色をさぐらないで，私がやりたい事を探して堂々と歩きたい気がする。岩國先生が言ったもう1つは，女性の推進力の必要性だった。日本は保守的な国なので，女性の社会進出が難しいと言った。女性がかえって男性より仕事もよくできるのになぜだろう。私はあんな事をぜひ克服してみせたい。私が社会進出の成功的なケースになって後にも

女性たちが力強く進めばいいな。最後にもう１つ，私の印象に残ったのは「牛乳」の話だ。牛乳をもらう人間ではなくて，分けてあげる人間になること。すごく適切な比喩のようだ。それなら，今までの私はどんな人だったのか。誰かがくれるものだけをもらっていたのではないだろうか。今の私は誰かに何か大きなものをあげるのにまだ若い。でも私の能力の以内では，人たちを助けて，大人になったらなるべく牛乳を分けてあげる人になりたい。岩國先生の講義は私にとってすっごく役に立つ講義だった。たとえ，雨は土砂降りだったけど，その雨にそっくりそのまま濡れたかいがあった。今日の講義を通して私の生活に変化が起こる気がする。」

そして３人目の生徒の感想文。

「土砂降りなのに，日本からいらっしゃった岩國先生に会ったのは火曜日の朝，講堂でした。日本についてあまりいい考えを持っていなかった私には，あの講義がいい気ではありませんでした。さらに，雨に降られて講堂に着いたので先生の話を聞くことになるのに不満がありました。しかし，先生も私たちのために悪い天気なのにわざわざいらっしゃったという話と，講義を聞いている間，なんとなく分かるようになった先生の優しさを感じて「日本人」と言うだけで，その人に偏見を持つのはいけないと思いました。また，先生に悪い気もしました。

先生は，自分の30年間の人生と日本の成績表についてから話を始めました。自分の２人の娘さんについても言いました。日本では子供のために職場を辞めるのはありえないことだと言いました。しかし，自分は娘の将来のために迷わず転職してそのためとてもつらいこともありましたが，２人の娘さんはスタンフォード大学とハーバード大学に入学して自分たちの夢をかなうようになったと言いました。職場を辞めて他の仕事をするのが大変なのに，ただ，２人の娘さんのため犠牲にした先生を見ながら，いきなり父の顔が浮かんで心がジンとしました。

第4章 平和と繁栄に、対話を急げ

　先生は娘さんの話をしながら，また，女性の位置について強調しました。先生が前にいたイズモ市についても話をしました。イズモ市の市長になった時，女性の政治参与のためにたくさんの配慮をした結果，13名の女性が高い位置に就くようになりました。
　育っていく私や女性には希望と勇気をくれる話でした。
　先生は女性に力になる話だけではなく，世界化についても話をしてくれました。現在，世界化がはやく進んでいるようになり，21世紀にはすべての国が豊かな生活をして，みんなが平和になろうという内容でした。
　日本は文化を伝授するよりむしろ，受け入れて文化を発展させたという話もおっしゃいました。また，お互いには釣り合う21世紀を導いて行くべきだとおっしゃいました。韓・日が共同開催するワールドカップについても話しながら，世界化に合わせてお互いに協力して成功的に終ろうとおっしゃいました。
　牛乳をもらう人間より分けてあげる人間がもっと丈夫な人だとおっしゃいました。だから，世界化の中で奉仕する人にそびえてほしいとおっしゃいました。
　私はいつも日本人についてあまりよくない感じを持っていました。
　本当の事を言えば，この講義は聞く必要もないと思いました。でも，今回の先生の講演を聞いて本気に私たちに役に立つ話を伝えるためにいらっしゃったことを感じました。
　土砂降りの中で来てくださった先生に本当にありがたく思います。
　熱意を示した講義に熱い拍手を送りたいと思います。
　そして，少数の日本人の蛮行をすべて日本人に適用して悪い目で見てた自分を反省してみます。」

　どの感想文もとっても素直で，私には宝物のように思えて嬉しかった。
　桜をみるための旅にも妻と出かけたこともある。ソウルから半島の西側を南下し，京畿道，忠清南道の麻谷寺，公州，扶餘，大田，全羅北道の全州市を経て光州市。もう1度は釜山から「春香伝」の舞台である南原市，

順天(スンチョン)市を経て桜の名勝智異(チリ)山へ。

出雲市は島根県の中央部にあり，韓国の「檀君神話」に相当する，日本で唯一残存する神話「出雲神話」の舞台である。

出雲大社，は朝鮮半島や中国の神様が祭られていて，日本でたったひとつ，アジア諸国の神様が祭られている神社である。

日本，韓国，中国を中心とする北東アジア地域は現在，全世界のGDPの20％，世界人口の23.6％，世界貿易の18％，世界の外貨保有高の38％を占めている。

多くの歴史学者や経済専門家は「21世紀は北東アジアの世紀」と予言し，地球上で最も成長率が高く，2010年には世界貿易量の33％を占めると予測している。

2007年10月，中国，ロシア，韓国，北朝鮮，モンゴル，日本の6カ国65自治体連合による国際経済フォーラムが，韓国の政治家，軍人を輩出してきた韓国の慶尚北道大邱(テグ)市で開催され，日本からは東大の和田名誉教授とともに私も講演した。

中国，韓国との交流にこの21年間，出雲市長として国会議員として努力してきた，経験と想いを踏まえて，北東アジアの経済発展のために3つの強さ，6つの弱さ，7つの提案をお話しした。

世界の他の地域に対する北東アジアの強さは次の3点である。

第1に，「高い人口増加率」である。人口の高い伸びが地域全体として見込まれている地域はそうでない地域に比べて労働力に恵まれ，消費人口の増加に恵まれ，従って高い成長を実現できることは今までの歴史が証明している。

次に「恵まれた食料資源」である。四季の季節変化と水に恵まれた世界でも最も農業に適している地域である。

そして，第3の強味は，その圏域の中に日本，韓国のような「高度な工業技術を持つ国」が存在することである。

しかし，問題点がないわけではなく，克服しなければならない多くのハンディキャップも抱えている。

第1は，エネルギー資源の不足である。
第2は，産業資金の不足
第3は，地域内の経済格差
第4は，交通網等のインフラ整備の遅れ
第5は，環境汚染の深刻化

そして最後の問題はこの圏域には政治，軍事的な緊張関係が未だに存在することである。

これまで述べてきましたように，私たちの北東アジア圏域は，既に存在する他の強大な経済ブロックに充分対抗できる3つの条件を持ちながらも，克服しなければならない以上の6つの課題を抱えている。

そういう視点から，北東アジア地域の発展のために次の7項目を提案しようと思う。

まず第1に，各国自治体の企画・推進共同機関設立
第2に，域内共通の「労働許可証」を導入すること
第3に，資金調達のための証券市場整備
第4に，エネルギー資源確保のためのシー・レーン設置
第5に，交通網，特にアジアとヨーロッパを結ぶ「シルク・ロード新幹線」の建設
第6に，自由貿易地区「FTZ」を各国に1ヶ所ずつ設置
第7に，環境保全共同委員会を圏域内に設置すること。

北東アジアは，戦争や侵略の不幸な歴史を各地で持ってる。反省し，歴史に学ぶことは大切であるが，それ以上に大切なことは，未来の歴史を創り出す勇気を政治家が示して，若者の期待に応えることではないか。

北東アジアとの関連が深い島根県の政治家としては，近年では外務大臣，衆議院議長をつとめた桜内義雄，総理大臣をつとめた竹下登がいる。

桜内さんは韓国を愛し，大邱大学を支援し，香木を記念植樹している。

私もその傍に，2004年に大邱大学で講演した際の記念として，李総長とイチイの木を植えました。韓国では朱木（チュモク）と呼ばれるイチイの特徴は，その固さと年代に耐える丈夫さで，韓国では「生きて千年，残って千年」と言われて

尊重されている。

　3年の間にどれだけ背が伸びたのか，その若いイチイの木に会えるのが楽しみである。

　竹下さんが若き日，県会議員をつとめた島根県は，この開催地 慶尚北道(キョンサン)と友好交流協定を結んでいる。

　竹下さんは，1992年，リオデジャネイロで開催された地球サミットで，日本を代表し，

　「今や環境を論ぜざるは，知性と教養と良心と勇気なき政治家といえる」と述べた。

　アメリカのゴア前副大統領がノーベル平和賞を受けましたが，世界のトップクラスの政治家の発言としては，竹下さんの発言は当時としては勇気ある先見性に富んだ発言として注目された。

　経済活動と環境対策の調整がとれなければ結局経済が行きづまり，企業や消費者が大きな負担をかぶることになる。

　それを防ぐために最も大切なのが教育である。世界中の学校で，地球環境問題の重要性をしっかりと理解させる教育が必要ではないか。

　人間に生命，動物にも生命があるように，樹木にも生命があります。生命があるものにはすべてお医者さんが必要。

　そういう思いで私は市長に就任した年に直ちに「樹医」制度を作った。平成元年に誕生した出雲市の10人の「樹医」さんが，国が熱心に普及させて，今では1700人の樹医さんが，日本の木を，森を，山を守っている。

　樹木にもお医者さんがいるのを見て，日本の子供たちは木にも緑にも生命があることを知っている。

　今までの不正確な世界地図に代わり宇宙衛星で制作する「地球地図」誕生の地となり，出雲宣言を決議した1994年11月の出雲市の会議には，中国，カナダ，韓国，米国，ＥＵ，マレーシアなどの国が参加した。それから13年，今では，157カ国，16地域が参加し，地球表面の95％がカバーされている。

　出雲市からはじまった「地球地図」が世界の環境問題，地球崩壊を救うことに貢献することになれば，まさに北東アジアが生み出した歴史，自然との

第4章　平和と繁栄に、対話を急げ

共生哲学が世界人類を救うことになる，…それが私の政治家としての夢である。

　科学と倫理と生命を大切にする教育こそが地球人類を救い，豊かな生活のための経済発展を保障してくれるだろう。

　宗教の違いをこえた，日本の伝統でもある自然と共生する「共生の哲学」を，日本が提唱し，各国の教育の中でも重視してゆく必要がある。

　小泉首相の訪朝は，国交断絶の氷を打ち砕く大きな意義があり，2002年の平壌宣言は両国首脳による勇気ある政治決断があったからだと私は高く評価している。

　しかし，その後に起きたミサイル連射，核実験などから両国関係は再び悪化し，わが国による経済制裁が実施されて，「対話と和解」への路線が２歩も三歩も後退し，「対話と圧力」の時代へと変ってしまった。

　経済制裁をどのように実施すればどのような効果が生まれるか，その分析は極めて難しい。日本が北朝鮮に実質的な制裁を行ったのは98年のテポドン発射事件が最初だが，2006年まで，北朝鮮の貿易総額は漸増こそすれ，激減した事実はない。日本のシェアが減った分，輸出については中国が，輸入については韓国がシェアを伸ばしている。

　私は韓国には20数回も講演に出かけ，韓国の明知大学自治大学院の客員教授を引き受けた時期もある。しかし，北を知らずして南を語ることはできないのではないか。逆に，南を知らずして北を語ることもできない。

　そして，わが国と朝鮮との交渉については，これまで圧力をかけるブレーキ装置はあったけれども，対話というアクセルは取り付けられていない状態だった。民主党として，遅まきながら勉強会（朝鮮半島問題研究会）を立ち上げたが，その日の午後には公明党も，翌日には社民党も立ち上げた。それから１カ月も経たないうちに，超党派の議連の話にまで発展していった。対話路線を進めていこうという気運が高まってきていることの表れだと思う。

　「日朝国交正常化への期待と条件」というテーマで私の意見として５つの点を述べ，そのうちの２つを紹介すると，ドイツと日本が核を持つ経済力も技術も持ちながらあえて核を持たない国として歩むのは，戦争の時代の反省

として，近隣の国に愛される国としての歴史を歩む意思があるからであり，どんな理由や事情があっても，核を持とうとする限り，北朝鮮は近隣の国から愛される国にはなり得ない。

　第2に拉致問題について。「認めろ」「帰せ」「謝まれ」の言葉だけでなく，再調査を最優先とし，北朝鮮がそれを受け容れられる環境づくりに，両国の工夫が必要ではないか。

　ベトナム戦争終結後，残留米兵の家族が彼らの返還を要求した。しかし，ベトナムは誰も拘束していない，米兵は全員帰国したと言う。当然家族の気持ちはそれではおさまらない。そのときにベトナムがとったのは，家族を含め米軍関係者の調査を受け入れるという方式だった。ベトナム側も，米軍の関係者，家族もそこから発見にいたることはほぼないと承知した上で，米国側は調査を行い，ベトナムは調査を行わせたのである。これも政治だと私は思う。調査をしてこそ家族の感情が整理され，事実が残っていった。

　残留兵拘留と拉致の問題は同列には扱えないが，当然ブッシュ政権も米国の米朝担当者もこの事例を承知しているはずだ。

　国交正常化へと，政府が全力を挙げ，拉致問題に1日も早い解決の日が訪れることを切望し，政府を支援するために，私たち日朝議員連盟は昨年6月17日に第1回の総会を超党派で開催することにした。

　日本は第二次大戦の悲劇を最もよく知る国の1つ，そして原爆を体験した唯一の被害国。日本は，「普通の国」以上に戦争の脅威と平和の大切さを声高に語れる，語らねばならない世界でたった1つの国である。

　そのような国だからこそ，戦争を回避するためにあらゆる外交と国際協調の先頭に立つべきだろう。

　産業革命の世紀に続く20世紀は人口の爆発的急増と石油・領土を奪い合う戦争の世紀であった。科学と経済の発展が人類にもたらしたものは豊かな人間性ではなく，それとは全く裏腹の，民族と民族，人と人が，1年後の食糧，5年後の資源，そして10年後の富を確保するための憎悪と殺戮の世紀であった。その代表的な悲劇がアウシュビッツであり，人間が人間を大量破壊したヒロシマ，ナガサキである。

第4章　平和と繁栄に、対話を急げ

　すべての動物の中で，他の動物を殺すために組織を作り，武器まで作っているのは人間という名の最低の動物だけであることを，私たち自らが大量破壊兵器の被害国となって痛切に知らされた世紀でもあった。
　そして世紀末になってもう1つの悲劇が近づいていることも知らされた。
　気候変化・地球崩壊である。人間という最低ランクの生物の貪欲な行動の積み重ねが，我々人類のためだけでなく，植物を含め，すべての生物のすみかである地球という1つしかない大切な存在を破壊しつつあるという愚かさを思い知らされたのも，わずか10年前の世紀末のことだった。
　貧困と飢餓が生活格差と憎しみを，そして戦争の原因をつくりだしてきたことは，人類の歴史が繰り返し証明している。それは歴史の一部どころか，いまや急速に，地球規模で広がりつつある。食糧価格の急騰は工業化に遅れた貧しい農業国から，農産物貿易自由化の旗印のもとに，食糧を奪い，それを買い戻す力さえなく，飢餓に苦しむ地獄絵が日を追って広がり，サミット会議の最重要課題とさえなっている。
　この苦しみをこそ，経世済民を唱える政治が救わなければならない。
　21世紀のアジアの不安定要因は人口問題とそれに伴う食糧問題であり，いまアジアに求められているのは「No」と言う日本ではなく，「農」と言える日本である。日本は資金も農業技術もあり，生産もできるし，逆に輸入もできる。日本を生産，販売の拠点として，食糧不安のない緑豊かなアジアを世界の平和と繁栄の中心とする。軍備に頼れば，その増強により自国が得る分が隣国には脅威となる。つまり全体で見れば誰も得をしないゼロサム安保になってしまう。しかるに，食糧生産量が増えれば食糧不安が解消し，自国民だけでなく世界全体も得をする。まさに一石二鳥である。
　このように，アジアに必要なのは軍事安保ではなく「食料安全保障」だと私が提案してから10年，ようやく政府は昨年の4月に「食料安全保障課」を新設した。この10年という月日を思うとこれは大きな1歩である。しかしながら十分とは言えないかもしれない。そこで私は，さらなる飛躍の1歩として，OPEC（石油輸出国機構）ならぬFPEC（食糧共同生産管理機構）の創設を提案したい。

食糧問題はすでに国境を越えている。例えば中国の環境変化は日本に酸性雨などの被害を与える。天候不順が農作物に与える影響，コストも大きい。古来，中国の農村では五日に一度の風，十日に一度の雨，それを「五風十雨」と祈りの紙に書いて各戸に貼り，天下の平和のために願った。

　今は毎年のようにどこかの国で飢饉，旱魃(かんばつ)が起き，人道援助が行われている。日本のコメ不足騒動も記憶に新しい。もはや食糧を外交カードに使う時代ではなく，国際安保的視点から見直す時が来ている。

　ＦＰＥＣはいろいろな分野にまたがるが，まずコメから始めよう。日本の食糧庁を国際的な食糧庁に発展させるのだ。

　日本には資金も技術もある。生産もできるし，輸入もしている。日本を生産，販売の管理拠点にして，世界一の米問屋「ライスバンク」を設立することだ。

　これをほかの分野にも広げ，それぞれの国の地質，地形，気象などの農業環境や特性に合った農作物を生産するのである。日本が中心となって明年に完成予定の，人類史上初めての正確な「地球地図」（GLOBAL MAP）がここで大きな役割を果たすことだろう。

　農業を中心に据えた「尊農上位」の外交には，緑豊かなアジアを21世紀の世界の平和と繁栄の中心とするロマンがある。

　「五風十雨」の夢を現代によみがえらせる，これが政治の原点ではないか。すぐれた日本の環境を保全し，高齢者には働く機会と安全な食品を，そして「尊農上位」の外交でアジアの諸国には食糧の安定生産・安定供給を…，これこそが日本政治の目ざすべき最高の国家理念ではないだろうか。

　日本がいるから食糧飢饉の心配がない，日本がいるから安心して農業を続けられる。そのようなアジアを作りだす農業への期待は大きい。

　農産物貿易では規制緩和ではなく再規制が，生産面では規制強化ではなく規制緩和が必要になっている時に日本の農政は遅すぎて２周も遅れている上に，逆方向で走っていたのだ。農業，農村，農民よりも，農協と農地を大切にしてきたと言えるし，国粋性はあっても国際性に欠ける。明日は見えても未来は見えない。

日本には優良な農地はあっても面積的余裕がないというのであれば，日本の持っている農業技術と資金を提供し，海外の国との農業生産協力を拡大すべきである。

　平和な生活には安定した食料生産体制が欠かせない。軍備の増産ではなく農機具の増産を，核技術の開発ではなく農業技術の開発を。21世紀の平和と繁栄を約束された地域のために，北東アジアの農業協産と食糧安保構想をまず実現しようではないか。

第5章　中国と朝鮮半島の和解
　　　――新しい外交戦略および北朝鮮への関与を中心に――

朱　建　栄
（シュ　ケン　エイ）

はじめに――歴史的背景

　近代以来，中国にとって朝鮮半島はずっと心配・懸念される対象だった。日清戦争は半島を中心に展開され，旧満州国に至るまで日本は主に半島経由で中国大陸への拡張を続けた。1950年に勃発した朝鮮戦争は金日成が祖国統一の大義名分を掲げて開始したが，まもなく，アメリカを中心とする国連軍の介入を招き，米軍は一時，鴨緑江（アブノクカン）の南岸まで推進していた。

　このような歴史的な経緯があったため，中華人民共和国の建国後，毛沢東は朝鮮半島を，アメリカなどの海洋国家帝国主義勢力が中国に侵攻するための橋頭堡と，主要な侵攻ルートと見なし，中国の政治・経済の中心地も当時は北方地域にあったため，特に警戒を強め，防御の重点地域と定めた。

　この発想の下で，二つの結果が生まれた。第一，北朝鮮を安全保障上の死活にかかわる緩衝地帯と見なし，それを確保するため，北朝鮮政権のわがまま（50年代半ば，中国から帰還した「延安派」の粛清も含め）に目をつぶり，金日成政権が中ソ両国を競わせてうまく援助を引き出すのを知りながら全面支援の方針を変えなかった。

　第二，米日の影響下と見なされた韓国の動きを極めて警戒的に見守り，1965年の日韓修交復も，アメリカが策動した対中拡張の環境整備と捉えた。それによって，韓国との関係樹立は80年代初めまで，毛頭考えられていなかった。

　しかし80年代に入って，鄧小平が指導した内政と外交政策の大転換によって情況が徐々に変わっていく。

　1982年以降，鄧小平は毛沢東時代の「世界大戦はいつ勃発してもおかしく

ない」という情勢判断を変え，100万人の軍人削減に踏み切り，経済建設を最優先する新しい国家再建戦略を打ち立てた。そして「白猫・黒猫」論（経済発展につながればどんな方法も取ってよい，との発想）に基づき，自国の経済発展の必要上，アジアの興隆する「リトル・ドラゴン」の一つである韓国にも熱い視線を向け始めた。

　最近に公開された資料によれば，鄧小平は早くも86年，すでに韓国との国交正常化を外交当局に指示していた。紆余曲折があって，92年になってようやく実現にこぎつけたが，全般的な内政・外交戦略に由来する朝鮮半島認識が，中国の南北朝鮮双方への対応を変えた一貫性はその後も見られたと言える。

1　90年代の政策調整

　80年代末，中国の内政と外交が厳しい試練に立たされていた。天安門事件で西側諸国からの経済制裁を受け，ソ連・東欧の社会主義体制の相次ぐ崩壊で，唯一の社会主義大国として残ったため，欧米の中国を見る視線が一段と厳しさを増した。その中でも，鄧小平は既定の路線を変えず，改革・開放路線を動揺させてはならないと指示し，旧ソ連の崩壊後，「冷静観察，沈着対応，韜光養晦，決不当頭」という中国語の16文字の外交方針を指示した。冷静に外部環境の変化を観察し，慌てることなく既定の方針を貫き，不利な国際環境を我慢一筋で切り抜け，社会主義の先頭に立つな，という「経済重視，守勢に徹する」意味である。

　この全般的な外交環境の変化はむしろ，朝鮮半島政策の調整を加速させた。経済発展の内在的必要性からも，外交の孤立を打開するためにも，韓国との国交正常化を決意させることになった。92年以降，中韓関係は試行錯誤もあったが，全般的には安定した。2000年以降，中国は韓国の最大貿易相手国にもなった。盧武鉉政権でも，李明博政権でも，韓国の内政の変化と関係なく，中国は韓国との関係を，周辺環境の安定，経済交流の必要性，という二つの狙いから促進し続けた。

その代わり，北朝鮮との関係は逆に振幅が大きかった。それ以後，90年代末まで，北朝鮮の内部では中国の改革・開放政策は「資本主義の道を歩むもの」と批判され続けた。一方，中国の内部でも，北朝鮮の体制を硬直した古典的社会主義，ないし封建的なものと批判する声がくすぶり，関係は冷却化していた。93年，北朝鮮は休戦委員会における中国代表の離脱を求めた。金日成主席がなくなった直後，中国から大量の援助が行ったにもかかわらず，対中の厳しい姿勢は変わらなかった。

ようやく99年になって，中国の国際的影響力の増大と，北朝鮮内部の経済困難を背景に，金正日は対中緩和に乗り出し，その年の春，ナンバー2の金永南議長が訪中し，「互いに相手の社会主義を批判しない」ことで合意に達成した。

しかし中国と北朝鮮との関係はもはやかつての「盟友関係」には戻れない。主要な背景要因の一つは，安全保障における朝鮮半島の位置づけの変化だったと見られる。ハイテクの発展（それによって軍事戦略が変更），米日との関係の改善，特に経済優先戦略に由来する周辺環境安定の必要性から，中国は北朝鮮を緩衝地帯として地政学的に重要視しなくなった。同時に，その現状と今後の行方を理解するには，90年代以降の中国の外交戦略の更なる調整と変化を見る必要がある。

2 新しい外交戦略

90年代末以降，江沢民・胡錦濤二世代の指導者は，経済最重視という鄧小平路線を継承しながらも，新しい外交戦略の模索を続けた。80年代の中国外交と比べても，以下のようないくつかの新しい特徴が現れている。

①全般的な外交スタンスとして，自国の利益（特に経済利益）の強調から，Win-Win関係，「世界への貢献」を明言するようになり，「責任ある大国」の自覚を述べ始めた。

②「戦略的機遇（チャンス）期」，「和平崛起」，「調和世界」といった新しい理念を次々と打ち出した。

③新しい外交理念の下で「新安全保障観」,「睦隣・富隣・安隣」(周辺国と仲良く,ともに発展し,共通の安全保障を実現する,という意味)など一連の新しいコンセプトも提起した。「内政不干渉主義」を微妙に修正し始め,国連人権宣言への署名(2002年),スーダンへのPKO派遣とミャンマーの軍事独裁による民衆弾圧へのけん制(2007年),国連軍事費透明性制度への加入(2007年10月)などはその現れである。

④21世紀の国際関係構図と中国自身の特徴を見据えた全般的な外交活動方針も次第に固まってきた。それは「大国間関係を鍵とし,周辺地域を最重視し,発展途上国を外交の支持基盤と固め,マルチ外交を中心的舞台とする」と要約されている(瞭望新聞週刊2007年11月20日号)。

中国の外交政策調整を推し進めている背景要因については少なくとも以下の三つが挙げられよう。

①経済の対外依存度の拡大と経済大国化による影響。

②冷戦の終結,東アジア地域全般の底上げなど国際環境の構造的変動。

③5億人以上に膨らんだ中間層の権利意識の向上・情報化時代(インターネットの利用者はまもなく米国を超える)の到来による影響など。

3 北朝鮮の改革への支持と支援

以上のような変化の軌跡と中国外交の新しい特徴を踏まえて,近年に現れている中国の東北アジア外交のいくつかの動向を指摘したい。

まず,北朝鮮の内部改革への支持と協力を鮮明にした点を見てみたい。

北朝鮮は2001年ごろから内部の経済改革を模索し始めたが,04年の段階で,中国の経済改革を学ぶことを明示し始めた。その5月に訪中した金正日総書記は初めて「中国の改革路線を高く評価する」と表明し,また中国の温家宝首相が打ち出した「東北振興」の地域開発計画に参加したいと申し入れた。そして同年末,北朝鮮政務院の幹部・学者数十人が北京を訪れて,中国の改革政策を学びたいと表明した。その代表団は,インフレ対策,企業改革のノウハウ,党(共産党)と政府と企業の関係などについて80以上の質問項目を

用意してきたといわれる。中国側は北の熱意に感動して、「このような重要な質問は簡単には答えられない」として、「我々は専門家を集めて真面目にレポートを用意してお答えします」と答えたとも聞いている。

中国が北朝鮮の内部改革への支持を決めたのは、それが北朝鮮のソフトランディングに有利であること、中国からの支援の負担が軽減することへの期待などによるものと考えられるが、北京から見れば、北朝鮮の改革路線は動揺が続くが、逆戻りはもはや出来ないものになっている。かつて東西対立の陰に隠れて、また中国と旧ソ連のライバル心理をうまく利用して双方から最大限に経済、軍事支援を取りつけ、国内の王朝的な支配を固めてきたが、このような外部条件はもはや存在しない。基本的人権に関する全人類的な価値観、核不拡散などに関する国際社会の共通認識が日増しに広がり、それも一部の国の独善的な国内体制に圧力を加えている。

北朝鮮が改革政策をとったもう一つの理由は、金日成時代以来の国内政策が維持できなくなったことが挙げられる。多くの国民ないし幹部は、政治不信に陥り始めた。祖国統一、チュチェ（主体）思想、愛国主義といった精神的、道徳的なスローガンは今や、韓国との交流が密接化し、中国が目覚しく発展している中で、国民を奮い立たせ、求心力を作るのに限界を一層見せ始めた。

また、政治を優先して経済の法則を無視する政策方針にも、弊害が一段と露呈している。環境破壊を代価に耕地面積を拡大し、化学肥料・農薬を大量に使用する計画経済的な発想も、むしろ食糧生産の足を引っ張り始めている。出口が見えない状況のもとで、国民の心理はみんな変化を望む方向に向かっている。金正日政権もこのような内外変化を察知し、打開策を真剣に考え始めたと思われる。

もちろん、北朝鮮の国内に限界があることも、中国は承知している。鄧小平のような偉大な戦略家が現れるかどうか。経済改革が必然的にもたらす政治分野への衝撃を覚悟するかどうか。また、小さい北朝鮮の開放が体制そのものの混乱ないし崩壊を招くリスクも、中国よりはるかに大きい。一方、韓国と中国の支援と協力はプラスとマイナス両方のインパクトをもたらしている。

4 北朝鮮の国内改革の行方

 では,この背景の中で北朝鮮版経済改革の現状と行方について中国はどう見ているだろうか。北朝鮮はいまだに米韓との対峙に多大な国力を費やしていること,政治体制は高度に集中し,人口が少ないなど,その「国情」を考慮しながらも,中国の多くの学者と研究者は自国の経験と体験に基づき,北朝鮮の経済改革の現状と行方について,以下の3点の分析をしている。

①昨今の北朝鮮における内部政策の一進一退は試行錯誤の範疇に属し,予想されるもので,一部の混乱や揺れを基に経済改革路線が行き詰まったと結論するのは早計だ,と理解されている。中国自身も1978年に改革・開放路線を始めたが,80年代末期になっても経済面で混乱と動揺が続き,政治面では天安門事件で胡耀邦・趙紫陽両首脳が失脚した。北朝鮮側は逆戻りの道が閉ざされた中で,前進以外に選択肢がないことを知っており,更に模索していくだろう。数年前に新義州(シンウィジュ)で突然,特別区を作ろうとし頓挫したが,具体的な原因はともかく,改革と発展のプロセスから見れば,ピョンヤン指導部は,一気に中国を超えた開放と成功を狙った思惑があり,それは現実的ではない,という教訓を得たと思われる。今後,北朝鮮は市場原理の導入と法整備,インフラの整備などを地味に,堅実にやっていく必要があろう。

②苦境を突破し,成功を収められるかについて鍵は「全国民の観念の転換」である。中国の成功には偉大な鄧小平のリーダーシップがあったが,国民の納得と支持という側面があったことも見逃すことは出来ない。北朝鮮の改革には最高指導部の決意が見られるが,金正日総書記を含めてどのような改革ビジョンを持っているかは見えておらず,大半の幹部と民衆はまだ苦境脱出,金儲けといった意識で追随しているに過ぎず,真の理解と支持をしているとはいえない。経済学者による大胆な分析・提案ないし論争もまだ見られない。小さい国で高度に集中した体制であるがゆえに,トップダウン方式で市場経済と開放政策への転換を全国民に理解させられ

るかどうかがその成功いかんを左右するだろう。

③北朝鮮が中国と異なる改革路線を見出して成功することも十分に可能である。国土面積が狭く，人口が少ないことを逆に活用して，まとめて迅速な方向転換を実現できる。貧困問題は存在するが，教育水準が高く，韓国と中国の支持と支援を得ている。07年，北朝鮮はベトナムとの関係を強化し，ベトナムの改革の成功を学ぶ姿勢を見せており，08年に金正日総書記がハノイを訪問するかもしれないと伝えられている。自分の国と規模が近いベトナムの経験に着目することはいい方向である。

しかし肝心なのは，その改革は現行体制維持のための手段と見なすのか，それとも最終的には政治改革や世界への門戸開放も視野に入れたビジョンを持っているか，である。ベトナムも中国も，自国の改革と発展を世界の文明発展の一環として位置づけ，先進国との対等な交流を念頭に置いている（そのため，年間4000万人近くの中国人が海外旅行に出かけても，多くが亡命する心配はなくなっている）。鄧小平は100年後を見越した3段階の発展戦略を構想し，その中で現段階の改革措置を位置づけた。胡錦濤指導部も，2050年までの長期ビジョンを示しつつ，その中で2020年まで中国は何をすべきかの「ロードマップ」を国民に明示している。北朝鮮指導部も，最終的には現在の特異な政治体制と権力継承のやり方を変え，ベトナムや中国のように経済も政治もソフトランディングし，世界に門戸開放していく，という決意とビジョンをもって政策を展開していけるかどうか，見守っていきたい。

5 六ヵ国協議の性格変更

六ヵ国協議の枠組みはもともと北朝鮮の核開発封じ込めを主眼として始まったが，米朝直接交渉が先行した結果，07年は春と秋2回の六ヵ国協議の会合も米朝間の合意を確実に実施するための認知・保障の儀式だったと見ることができる。そのため，中国は六ヵ国協議の議長国として肩透かしをされ，内心で不満を持っているのではないか，また六ヵ国協議の枠組み自体が崩

壊・不用に向かうのではないか，という観察が現れた。

　その過程で中国側は内心，何も不満がなかったというのはうそだろう。しかし内政と外交に自信をつけてきた中国指導部は，自国の基本原則を再度点検した上で，核問題に関しては米朝交渉をサポートする役に徹してよいのではないかと，冷静に考え直すようになったと中国の外交筋は分析する。

　そもそも六ヵ国協議を提起したのは，核問題をめぐる交渉の形式について米側は二国間協議を拒否するが，北側は二国間協議にこだわるという深刻な溝があったためで，それを克服するのに三ヵ国，続いて六ヵ国の交渉スタイルを提案したものであった。中国から見れば，問題を解決する主役は，今も昔も米朝両者であり，彼ら同士が今，直接交渉を始めた以上，中国などはそれをフォローし，後退・決裂に向かわせないようにすればよいわけで，何も先頭に立つ必要はない。

　中国は最初から，自分は朝鮮半島問題の当事者，主導者にならないことを決めていると思われる。中国外交部の幹部に聞いたことがあるが，「私たちは朝鮮半島問題の主役になる能力もなければ意図もない。北朝鮮側はもともと交渉の相手，問題解決の鍵をアメリカと見なしており，米側も北朝鮮の核問題の解決を最重視し，現在，北朝鮮との直接交渉が問題解決の近道と認識している。中国が下手に深入りすると，アメリカから北の核問題で北京が保証人になってくれと要求されかねない。あるいは半島で混乱が生じた場合，何十万もの難民を受け入れる義務をあらかじめ負うことになる。国際的な支援が保障されないまま難民を引き受けてしまったら，大きな重荷を抱え続けていくことになる」との本音を漏らしている。70年代末，北ベトナムが南部を統一した後，西側へ逃れだす「ボードピープル」のことはよく報道され，各国から支援を受けたが，実は中国に逃れた難民の数ははるかにそれを上回り，今でも20万人以上が広西チワン族自治区に収容されている。中国に来た難民には西側は誰一人として支援の義務を負おうとしなかった。中国はそのような歴史的な教訓を覚えているだろう。

　そのような背景があるため，07年の米朝交渉で北側の代表は「中国は私たちに対して影響力を持たない」などと発言したと伝えられ，南北朝鮮の合意

で休戦協定を平和協定に変えるのに「三ヵ国もしくは四ヵ国の交渉」と表現したことは中国を排除したものではないかとも観測されるが，それに対して，中国側は内心，不快感がないわけではないが，特に表情を顔に出すことをしなかった。米朝双方の交渉で主要な問題を解決してくれればいいじゃないか，中国や六者協議そのものも，脇役に甘んじていいじゃないかと決めていると思われる。

　しかしこれは六ヵ国協議の不要論にはならない。米朝両者だけでは到底すべての問題を解決できないし，けんかすれば六ヵ国協議の出番はまた来るし，新しい合意が必要であれば，六ヵ国の枠で保証・支援を提供する必要もある。

　他方，中国は六ヵ国協議の役割転換も目指していると考えられる。07年の合意で，地域全体の安全保障問題を協議する小委員会の設立も含まれた。今後，核問題をめぐって従来の役割を果たしながら，関係各国の理解と同意を得た上で，六者協議という枠組みが地域全体の安全保障問題を協議する公共財として発展していくかどうか，それは注目に値する次の焦点となろう。

6　北朝鮮は特殊な「友好国家」に

　中国と北朝鮮との関係はここ数年，脱北者問題，核問題などの試練を受けた。大量の脱北者を防ぐため，中国は国境線の警備を武装警察から軍に切り替えて強化し，監視が困難な地域では鉄条網を長く敷設している。ここ数年，北朝鮮内部の経済状況の改善に伴い，貧困のための脱出が減ったが，代わりに，密輸などの犯罪活動が国境線を挟んで暗躍している。

　他方，核問題に関して，2002年秋，中国外交部のチームが「北朝鮮の核開発を放任すると，朝鮮半島の核兵器所有の既成事実化と東北アジアの核開発競争をもたらし，米朝間の軍事的緊張ないし武力衝突を招きかねない」との危機感を示した内部報告書をまとめ，上層部に伝えたと言われ，それで03年春以降，まずは米朝と中国の三ヵ国協議，続いて六ヵ国協議を推進し，自ら議長国の役も引き受け，核開発の封じ込めと米朝，日朝間の緊張緩和と対立解消に努めてきた。06年10月，北朝鮮が核実験に踏み切ったのに対し，中国

は国連安保理で制裁決議案に賛成票を投じ，北朝鮮の核兵器保有を絶対認めないというデッドラインを明示した。

　08年1月，米外交シンクタンクＣＳＩＳの報告書は，「北朝鮮で混乱が発生した場合，中国は軍隊を派遣して介入する計画を持っている」との「中国情報」を披露した。90年代中期から後半は中国が北朝鮮の内部状況を強く懸念する時期があったが，近年はむしろその経済状況の改善，対米緊張の緩和を評価しており，混乱する北朝鮮に介入する計画を作っているとは思えない。06年10月の核実験強行で中国は強い不快感を示したが，07年3月4日，金正日総書記がピョンヤンの中国大使館を訪れ，食事会に参加し，対中重視の雰囲気を盛り上げた。それは米朝交渉への中国の協力，経済と政治など各領域における中国の支持と支援を必要とするなどの理由によるものと中国サイドは分析した（『世界知識』2007年第7号）。両国関係はこれで核実験によって生じた対立関係をある程度解消し，その後も改善・強化に向かっており，今後も，中国は，核問題や脱北者問題では一線を画すが，ある種の「特殊な友好関係」を維持し，北朝鮮の内部改革と外交の打開を支持する，という北朝鮮政策をとっていくと見られる。

　朝鮮半島の行方は第一義的に朝鮮民族，韓国と北朝鮮の双方の努力と協力で決まる。他方，国際関係が一段と密接化し，中国の存在が一段と大きくなった中で，何重もの輪を同時に描いて，重層的にこの地域の情勢緩和と交流促進にかかわっていくことも可能だと思われる。すなわち，日米韓協力，米朝対話，六ヵ国協議などとともに，中国と南北朝鮮の三ヵ国協力，日中と南北朝鮮の四ヵ国協力も可能になってきた。次は，主要関係国とも，広い視野をもち，建設的でかつ現実的な努力を積み重ねていく連係プレーをする，という行動に移すことだ。

三部　和解・協力政策10年の評価

第1章　相生・共栄政策と包容政策の比較・検討
　　　——関与（engagement）の観点から——

中戸祐夫

はじめに

　金大中政権が1998年に発足して以来，韓国の対北朝鮮政策はそれまでの対北朝鮮政策を大きく変化させた。すなわち，強固な米韓同盟や自主防衛を基軸として戦争を抑止するとともに，南北の和解と協力を通して北朝鮮の変化を導くいわゆる太陽政策を推進してきたのである[1]。太陽政策は盧武鉉政権下でも平和繁栄政策として発展継承されて，韓国政府は過去10年にわたって対北朝鮮包容政策を実施してきたことになる[2]。この包容政策はこれまでの南北関係に大きな変化をもたらせたといえよう。この間，離散家族の面会や社会文化交流の活性化など南北間の交流は飛躍的に増大した。そして，なによりも6.15共同宣言と10.4合意という南北首脳間の2つの合意が公表されるなど歴史的な展開を遂げたのである。

　しかしながら，このような対北朝鮮包容政策は次の2点から多くの批判を受けてきたことも事実である。まず，2006年10月に北朝鮮が核実験を行ったことで，対北朝鮮包容政策の効果に対して疑問が提起されるようになったという点である。とくに，対北朝鮮支援が核開発に転用されているのではないかという疑念を生むことになった。次に，過去10年にわたって韓国は対北朝鮮支援を継続してきたが，こうした政策は北朝鮮の改革・開放といった変化を生み出すことに十分な成果を得ることができなかったという点である。こうした問題意識のもとに，過去10年にわたる包容政策の批判的な検討をもとにして李明博政権の対北朝鮮政策は「相生共栄の対北朝鮮政策」として概念化されたのである。

　本章の目的は関与（engagement）という観点から過去の太陽政策および

平和繁栄政策と相生共栄の対北朝鮮政策とを比較・検討することである[3]。とくに，李明博政権の対北朝鮮政策について，関与という一定の枠組みから次の2点について明らかにする。第1に，李明博政権の対北朝鮮政策を関与の一環として位置づけることが可能かどうかという点である。第2に，関与を実施する際の運用原則に着目して，李明博政権の「相生共栄の対北朝鮮政策」と既存の包容政策との相違は何かという点である。こうした比較を通して，李明博政権下の対北朝鮮政策のパラダイムシフトは理念や方向性よりも，運用原則に顕著な相違があることが明らかになろう。

　以下，本章の構成は次のようになる。まず，1では本章で議論する関与（engagement）を定義し，他の政策との相違を明らかにしよう。そして，関与政策を実施する際の運用原則について類型化する。2においては，李明博政権の相生共栄の対北朝鮮政策について概観しよう。ここでは相生共栄の対北朝鮮政策で提示された政策目標や接近方法を整理するとともに，「非核・開放・3000構想」の論理について明らかにする。3では，李明博政権の対北朝鮮政策を1で類型化された運用原則の点から包容政策と比較・検討するとともに，李明博政権の対北朝鮮政策が直面している問題点について明らかにする。最後に，本章の議論を要約しよう。

1　対北朝鮮政策：関与（engagement）の観点から

（1）関与とは

本章においては，まず，関与（engagement）を以下のように定義する[4]。

　　多様な問題領域に渡る対象国との継続的対話と交流・協力の拡大を通した相互依存の強化と戦略的な誘因（incentives）を活用して，平和的に対象国の政治的行動のパターンに影響を及ぼそうとする試みである。

こうした定義を用いることで，まず，関与とは何かについて明確な概念として把握することができる。また，関与を手段として捉えることによって，

他の政策との相違が明らかになるばかりでなく，それらの政策との比較を可能にしよう。そして，関与という共通の枠組みで李明博政権の「相生共栄の対北朝鮮政策」とこれまでの政権の対北朝鮮政策の特徴を比較・検討することが可能になろう。

では，関与を以上のように定義し，手段として捉える場合には，他の選択しうる政策との相違を明確にする必要があるが，ここではとくに，宥和（appeasement），封じ込め（containment），孤立（isolation）との関係について明確にしておこう[5]。

まず，関与と宥和政策は概念的混乱が見られるために，これらの概念の明確な区別は重要であろう。宥和政策は対象国に対して領土や地政学的影響圏を譲渡することで，対象国の行動のパターンの変化を誘導する政策である[6]。したがって，第1に，宥和政策は関与とは異なって長期的視点に基づいた継続的な対話や交流・協力および相互依存関係の設立は必ずしも必要ではなく，ポジティブインセンティブに重点を置いた短期的な戦略になり得る[7]。また，関与は相手国との多様な問題領域における対話や交流を促進し，相互依存関係を構築するために，その性質は包括的（comprehensive）かつ浸透的（penetrative）であるが，宥和は領土の譲渡など分野は限定的であり，地政学的影響圏の譲渡は相手国内部への浸透を必ずしも必要とはしないであろう。

第2に，宥和政策は領土や地政学的影響圏の譲渡することによって，その結果，主体国と対象国との間の軍事的，政治的，外交的，経済的な勢力均衡の変化をもたらし，宥和政策を実施する国はこれを想定しながら政策を使用することになる[8]。一方，関与は少なくとも短期的には，領土の譲渡や地政学的な影響圏の変化をもたらすことなしに，遂行することが可能である。ただし，重要な点は，関与に基づく様々なインセンティブの提供が自国と相手国との相対的なパワー配分の変化をもたらしたり，相手国の地政学的影響圏の拡大を形成したりする場合に，結果として，宥和的になりうるという点である。このような場合，関与と宥和は異なる概念であるが，関与がいつ宥和に転化し得るのかといった基準が政策内容それ自体から起因するものでなくても，政策の結果もたらされた状態によって規定されることになるのである。

韓国の対北朝鮮支援が北朝鮮の核実験に活用されて，南北間の勢力バランスに変化がもたらされる場合には，宥和として批判されうるであろう。実際に，こうした要素が関与と宥和の境界を不明確にしている点は否定できない。したがって，こうした状況を形成しないために，関与する側は抑止や懲罰的措置（punitive measures）を含めて，地政学的な影響圏の変化をもたらさないような政策をとることになろう。

次に，封じ込め政策についてみてみよう。封じ込め政策は対象国の領土的拡大や地政学的影響力の拡大を防ぐ政策である。封じ込めには抑止や懲罰の脅威（ネガティブサンクション）が政策として含まれる[9]。封じ込め政策は関与政策の反対語として使用され，対中国政策や対北朝鮮政策をめぐっても，関与か封じ込めかといった二項対立式に議論される場合が多い。しかしながら，これらは対立した概念ではなくて，理論的には封じ込め政策を行いつつ，関与することが可能である。むしろ，関与政策を実行する場合に，抑止が十分に機能していない状況においては，関与を行うことが単純に宥和政策となってしまう可能性が存在するために，関与を継続させるためにも抑止は必要である。したがって，太陽政策が宥和ではないとするのは，強固な安保体制に依拠した強者の論理であるという点からである。一方，封じ込めと宥和を同時に推進することはできない。なぜなら，領土や地政学的影響圏の譲渡とそれらの拡大を防止という政策は対立概念であり，両立することは矛盾が生じよう。

そして，関与の対立概念は封じ込めではなくて，多様な問題領域において継続的な対話および交流・協力を縮小したり，インセンティブの撤回を意味したりすることになるので，むしろ，こうした政策はいわゆる孤立政策といえよう[10]。たしかに，このような政策はこれまで提供していたものを撤回することになる為に，実質的効果としては，ネガティブサンクションにもなり得るが，封じ込め政策のように直接的に地政学的な手段を活用して行うわけではない。したがって，対象国との継続的対話や交流・協力の拡大およびインセンティブの活用とこれらの縮小は同時に行うことはできないために，関与と反対概念を孤立政策と規定するのが妥当である[11]。また，理論的には，

孤立して対象国との関係断絶をしつつ,領土や地政学的影響圏の譲渡を行うことは可能であるために,孤立と宥和は理論的には両立しうるものと捉えられよう。

以上のように対北朝鮮政策で選択しうる政策を見てきたが,金大中政権および盧武鉉政権によって実施されてきた包容政策は関与を基本的な政策基調としていることがわかるであろう。むろん,朴正熙政権で締結された7.4南北共同宣言や盧泰愚政権の北方外交などは関与政策の一形態として捉えることが可能であるが,それぞれの関与政策は質的に異なっている。したがって,それぞれの政権の対北朝鮮関与政策の相違を明らかにするためには,関与を実施する際の運用原則や実施手段に着目してその相違を検討する必要があろう。こうした点を明らかにするために,次節では,関与の運用原則について分類してみよう。

(2) 対北朝鮮接近方法

連携戦略と並行戦略

南北協力をめぐる論点の一つは核問題と南北協力を連携させるのか,あるいは核問題の展開とは別に南北協力を並行して推進するのかという点である。1つ目のアプローチは連携戦略である。これは関与政策を推進する際に,核問題と南北協力や交流を連携させる戦略である。すなわち,南北協力を進展させるためには,まず,北朝鮮の核問題を解決し,その後に南北関係の改善や交流が促進されることになる。たとえば,1990年代初期に発生した第1次核危機において,当時の金泳三大統領は「核をもった相手とは握手ができない」として南北協力を拒否したのはこの立場である。しかし,連携戦略は北朝鮮の核問題に進展が見られない状況では,南北関係の進展に向けて効果的な政策を打ち出すことができず,この場合には,韓国が南北関係でイニシアチブをとることが難しいばかりでなく,北朝鮮の「通米封南」策に陥る可能性も生じよう。

2つ目は並行戦略である。これは核問題への対処とともに,南北協力や交流を並行して実施する戦略である。とくに,南北協力と交流を活性化させて

南北関係の信頼構築や関係改善によって核問題の解決に寄与しようという戦略である。この発想はリベラリズムの系譜にある機能主義に立脚した政策である。したがって，並行戦略では核問題を理由として南北関係がこう着状態に陥ることは望ましくないと考える。むしろ，核問題は核問題として対応していくのと並行して，南北交流や協力を推進していくことを追求する。盧武鉉政権下における平和繁栄政策の基本的推進方法は並行戦略にあったといえる。ただし，北朝鮮の意図や核問題の進展の有無に拘わらず対北支援が継続されるために，それが核開発に転用される可能性などがあるであろう。

2つの相互主義

次に，南北協力を進める際の原則としてしばしば論じられる相互主義について考えてみよう。相互主義については次の2つの点から考える必要があろう[12]。第1に，特定的相互主義（specific reciprocity）である。特定的相互主義は交換の同時性，等価性，対称性を要求する。したがって，特定的相互主義は相手国による約束の不履行といった行為を防ぐことが可能である。しかし，厳密な等価の交換を要求するために，合意しうると考えられる交渉を制限することもありうる。また，厳密な相互主義の要求は二国間関係であっても相互の敵対心を引き起こすこともあり得る。たとえば，6ヵ国協議の推進原則である行動対行動（action for action）は特定的相互主義の例として捉えることが可能である。

第2に，拡散的相互主義（diffuse reciprocity）がある。拡散的相互主義のパターンはその義務の履行において柔軟な意味での相互主義を適用することによって維持される。拡散的相互主義に基づいて行われる交流は非同時性，非等価性，非対称性が一般的である。また，この相互主義は厳密な互恵性を意味しないために，交渉の促進をもたらす。さらに，拡散的相互主義は不必要な対立の可能性を削減するが，相手国に搾取される可能性を排除できない。和解協力政策や平和繁栄政策では南北協力や交流を促進に重点を置いたために，拡散的相互主義を適用してきたといえよう。

以上のように，核問題との関係および南北交流の推進原理をまとめると以

図1　対北朝鮮接近方法

	特定的相互主義	拡散的相互主義
連携戦略	Ⓐ	Ⓑ
並行戦略	Ⓒ	Ⓓ

出所：筆者作成

下のようになろう。次の4つのパターンを想定できる。なお，それぞれのパターンはあくまでも理念型であり，同一政権下でも時期や問題領域によって他のパターンに移動することもあるし，他の政策と組み合わされて実施されるのは言うまでもない。

まず，Aの場合では，核問題の解決あるいは進展と南北協力・交流を連携する。また，南北協力においても厳密な互恵性や同時性を追求する。したがって，核問題の進展を南北協力の条件とし，また，南北協力においては等価の互恵性を追求するという点で，南北交流の進展に対してもっとも厳しい条件が設定されているといえよう。

次に，Bのアプローチは南北協力を核問題などに従属させるが，南北協力および交流においては厳密な互恵性や同時性を追求しない。北朝鮮の核実験後の盧武鉉政権がこれに妥当しよう。平和繁栄政策では並行戦略と拡散的相互主義を追求しようとしたが，北朝鮮の核実験などがあったために，連携と並行を行ったり来たりした[13]。

そして，Cでは，南北協力を核問題や政治問題と分離して進展させるが，韓国と北朝鮮の交流や協力においては厳密な互恵性を要求するパターンである。盧泰愚政権下では，南北基本合意書の採択の際に，核問題と南北交流を分離し，並行戦略を採用して南北交流を進展させたが，南北交流それ自体には特定的相互主義により重点が置かれていたといえる[14]。

最後に，核問題と南北協力を分離させてそれぞれ対応し，また，南北協力および交流においては拡散的相互主義を適用するアプローチがDである。このアプローチは南北交流がもっとも進展しやすいと考えられる。なぜなら南北協力や交流に対する制約条件がもっとも緩やかであるからである。しかし，このアプローチは国内的には互恵性の欠如との批判を受けやすく，また，北

朝鮮の核問題の浮上に拘わらず南北協力の進展を進展させるために，自国の安全保障の脅威になったり，関連国からの批判や懸念を招来したりする可能性も存在する。金大中政権の対北朝鮮政策は並行戦略と拡散的相互主義を適用したDのパターンであったといえる。

　以上のようなアプローチの相違は次の２つの点に関する韓国政府の対北朝鮮認識と大きく関連していると思われる。第１に，北朝鮮の核に対する認識である。北朝鮮は核を保有すること自体が目的であるという見解と北朝鮮の核開発は安全保障の不安に起因ものであり，その脅威が解消されれば核を放棄しうるという見解である。前者の場合には，核開発を継続していく状況において対北朝鮮支援の増大は自国の安全保障を脅かすことになる。したがって，南北協力は非核の進展を前提としなければならず（連携），対北朝鮮経済協力もその進展段階に応じて拡大することになる。一方，後者の場合には，安全保障の側面で北朝鮮の脅威削減に重点を置くとともに，それと並行して南北協力を推進することが南北間の信頼醸成と核問題の解決に寄与するという論理につながる。

　第２に，北朝鮮の変化に関わる問題である。北朝鮮が変化している場合に，その要因は南北協力や交流の結果なのか，あるいは北朝鮮自身の内在的論理や必要性によるものなのかという点である。前者の場合には，南北協力を進展させて北朝鮮自らが変化できる条件と環境を作ることが北朝鮮の改革・開放を導く道であると捉えている。また，量的な変化が蓄積されればそれは北朝鮮の構造的変化がもたらされるであろうと考える。したがって，南北協力が進展しやすい拡散的相互主義を選好するであろう。一方，後者の場合には，北朝鮮は自ら韓国が望むような変化（改革・開放）をしないために，経済妥当性や非核といった条件を付したり，インセンティブを提供したりすることで改革・開放を導く必要が説かれる。それぞれの政策はその理論的前提となっている対北朝鮮認識に起因するものであり，どのアプローチがもっとも効果があるのかについては実証されてはいない。

2 相生・共栄の対北朝鮮政策の構想

(1) 政策課題と目標

　李明博政権の相生共栄の対北朝鮮政策は過去の政府の対北朝鮮政策の批判的検討に基づいて形成されてきた[15]。まず、これまでの南北協力や対北支援においてはその支援や協力に相応する北朝鮮の変化もたらすことができなかったと認識している。北朝鮮は先軍政治に固守しており、経済協力に対して軍事分野の緊張緩和と信頼構築には消極であり、その結果、開放と変化をもたらすことができなかったという点である。次に、北朝鮮の核問題を過去の政府は国政の最優先課題として扱ってこなかったと批判的である。北朝鮮の核問題は朝鮮半島の平和を危険にさらす要因として残っており、また、南北関係の発展を妨げるものとなっていると捉えている。したがって、これまでの対北朝鮮政策ではこうした問題に対処することもできず、また、北朝鮮の核やミサイルによって国民の批判が増大していったと認識する。

　こうした評価に基づいて、李明博政権の相生共栄の対北朝鮮政策の1つ目の目標は「新しい平和構造」の形成であり、そのためにはまず、北朝鮮の核問題の完全な解決が不可欠であるとする。次に、韓国の確固たる安全保障を基盤として南北間の軍事的緊張緩和と信頼構築を作り上げることである。そして、平和統一を志向する「新しい平和構造の形成」段階に進むとされる。なお、朝鮮半島における「平和体制の構築」は盧武鉉政権下においても最優先課題として位置づけられていた。平和体制の構築とは過去50年にわたって朝鮮半島の秩序を規定してきた不安定な停戦状態が平和状態に転換されて、これを保障する制度的発展が成し遂げられた状態を意味する。これは1995年の金泳三政権以来推進されてきた韓国の対北朝鮮政策の課題であり、その意味では李明博政権の戦略目標もこの系譜に位置づけられるが、非核化に重点が置かれ、非核化の結果として「新しい平和構造」が形成されるとしている点に特徴がある。

　第2に、相生と相互補完的な性格をもつ南北協力を追求することである。これまでの経済協力は支援の性格が強かったが、南北間の経済協力がお互い

にとって助けになる生産的な経済協力を推進するとしている。これは北朝鮮の経済問題を改善するとともに韓国経済の回復にも寄与するような関係を意味している。したがって，これまでの経済協力事業に見られる不合理性を改善し，高費用な南北協力構造を解決して互恵的な南北協力を拡大しなければならないとする。南北協力推進を実質的なものとするために，①北朝鮮核問題の進展，②経済的妥当性，③財政負担能力，④国民合意──の4種類の原則に従って進行するとしている。ただし，こうした原則を固守しつつも南北間合意と北朝鮮の態度にしたがって柔軟に推進するとし，原則に立脚しつつも柔軟性をもった実用主義的な方法をとるとしている。さらに，新たな民間協力事業は市場原理にしたがって自律的に進行されるようにするという。そして，これは究極的には南北経済共同体の構築を目指すことになる。

　第3に，社会文化交流の活性化である。まず，南北間交流を通して民族共同体意識を高揚させるという点である。次に，民間の交流を積極的に支援するとともに，形式よりも内実を重視した交流にまで発展させることである。そして，社会文化交流が安定的に拡大されるように制度化の基礎を準備する。このような多様な分野における接触と交流拡大は過去の包容政策を継承しているといえよう。ただし，相生共栄の対北朝鮮政策はこうした交流の中身を重視し，また，交流を制度化することによってより多様な交流を推進しようという試みとなっている。

　第4に，人道的問題の解決である。離散家族・拉北者・国軍捕虜など人道的問題に対しては政治的な接近よりも人類普遍的価値の次元から解決していかなければならないという問題意識のもとで，まず，離散家族常時再会の体系構築を追求する。次に，国軍捕虜および拉北者問題解決の進展，そして，北朝鮮の人権改善を人類普遍的価値の次元から接近するとしている。ここでは国連など国際社会と協力することが強調されている。なお，人道的支援の原則としては，政府は条件なしで推進することを表明している。ただし，北朝鮮に対する食糧援助は同胞愛と人道的見地から推進するが，北朝鮮の要請がある場合に北朝鮮住民に対して実質的な助けになる方法で検討し直接支援しようというものである。また，人道支援の趣旨にあうように分配の透明性

を重視するとしている。

　以上のような李明博政権の対北朝鮮政策の特徴をここで振り返っておこう。まず，北朝鮮の非核化に明確な重点を置いている点である。過去の政府と比べると，北朝鮮が核を放棄し，互恵的な協力関係を追求することで持続可能な南北関係発展を実現することを重視している。また，南北協力においては，一方的な対北支援よりも北朝鮮の発展的な変化を推進し，南北双方にとって利益になる相生の協力を推進する。これは包容政策に対する典型的な批判的見解であり，これまでの南北協力は北朝鮮側により利益を提供してきたと捉えている。そして，人権問題を普遍的基準にもとづいて重視し，国際社会との協力を明記している点である。過去の政権は平和体制の構築と経済協力については明示したが，人権問題を普遍的価値として国際社会の協力とともに取り組もうとするのが相生共栄政策の特徴といえよう。

（２）推進戦略：「非核・開放・3000構想」

　李明博政権下における対北朝鮮政策の推進戦略の中核は「非核・開放・3000構想」である。この構想は北朝鮮の非核化問題で進展がみられて開放政策を推進した場合に，北朝鮮の一人当たり国民総生産が10年後には3000ドルに到達するように経済的支援と南北協力の進展を進めるという対北朝鮮政策構想である。すなわち，同構想は北朝鮮に核を放棄した場合に受けることができる利益を明示することで北朝鮮の選択を誘導しようという戦略的な方法である。北朝鮮の非核化や改革開放を対北朝鮮政策の目標とする点については保守も進歩も相違はなかろう。しかし，その目標を達成するための接近方法について異なる見解が存在し，保守と進歩の間で激しい対立が繰り広げられてきた。以下ではこの「非核・開放・3000構想」について概観してみよう。

　「非核・開放・3000構想」は南北経済共同体形成のための具体的な実行計画である。北朝鮮の核問題の進展に応じて経済，教育，財政，インフラ，生活向上など５大重点プロジェクトを段階的に推進しようとするものである。第１段階においては，北朝鮮が核施設を無能力化し検証を通して確認されると即刻「非核・開放・3000構想」の稼動準備に着手する。第２段階では，既

存の核兵器および核物質の廃棄の履行過程が速やかに進行する場合には，5大プロジェクト中の教育・生活向上のためのプロジェクト稼動に着手する。そして，第3段階は北朝鮮の核廃棄完了にともない5大分野の協力を本格的に稼動するが，そのために400億ドルの国際協力資金の助成を明確にしている。

図1は「非核・開放・3000構想」の概念図である。ここで留意すべき点は「非核・開放・3000構想」は非核・開放を前提とする政策ではなくて，非核・開放化を推進するための手段と位置付けられている点である。換言すれば，非核は核問題が完全に解決された状態ではなくて，核問題が解決していく一連の過程として捉えられているのである。したがって，「非核・開放・3000構想」は北朝鮮が核問題を完全に廃棄した場合に稼働するものではなくて，非核化というプロセスのなかでその状況に応じて展開されていく。とくに，非核化（denuclearization）は不能化（disablement）から核廃棄（dismantlement）に至る10年にわたって転換される一連の過程を包括する概念であるという点である[16]。同様に，開放も北朝鮮が市場経済化を進めて世界市場に編入されていくための一連の過程として捉えられているのである。

李明博政権が発足後，同政権の対北朝鮮政策を関与（engagement）と規定できるのかという問いはひとつの論点であったが，1で提示した関与概念に照らし合わせてみると相生共栄の対北朝鮮政策の政策構想と方向性は関与政策の一環として捉える事が可能であろう。とくに，「非核・開放・3000構想」は5大開発プロジェクトの推進というインセンティブを明示し，非核化にむけた北朝鮮の決断と行動を促そうという段階的な戦略である。とりわけ，経済面でのインセンティブと大規模支援が核をなすために，同政権の対北朝鮮政策構想は経済的関与に重点が置かれているといえる。実際に，李明博大統領自身は金大中大統領と会った際に「自らの政策は大統領と同じである」と述べたという[17]。その意味では，李明博大統領自身が相生共栄の対北朝鮮政策は太陽政策と同じ枠組みであると自らが認識しているのである。

むろん，李明博大統領のこうした発言は前政権の政策をそのまま踏襲することを意味していない。李大統領は2008年9月8日にソウルの新羅ホテルで

図1　「非核・開放・3000構想」の概念図

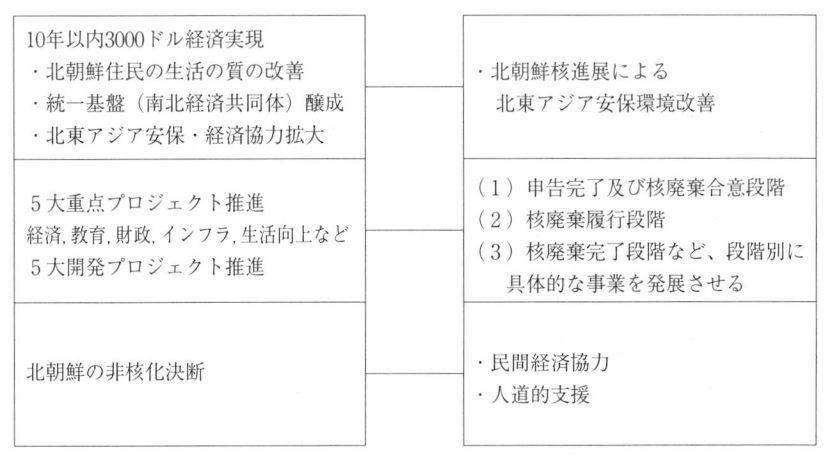

10年以内3000ドル経済実現 ・北朝鮮住民の生活の質の改善 ・統一基盤（南北経済共同体）醸成 ・北東アジア安保・経済協力拡大	・北朝鮮核進展による 　北東アジア安保環境改善
5大重点プロジェクト推進 経済,教育,財政,インフラ,生活向上など 5大開発プロジェクト推進	（1）申告完了及び核廃棄合意段階 （2）核廃棄履行段階 （3）核廃棄完了段階など、段階別に 　　具体的な事業を発展させる
北朝鮮の非核化決断	・民間経済協力 ・人道的支援

出所：統一研究院, p.26.

開かれた「中央グローバルフォーラム2008」に出席し，参加者との懇談会で「(太陽政策は) 原則的に良いもので，北朝鮮を軟化させ開放させようという趣旨は良いが，韓国が考えていた方向での結果は出なかった」と語った[18]。李大統領のこの発言は，過去10年にわたる金大中・盧武鉉政権の包容政策の方向性に同意しつつも，包容政策の限界を認識していることを示している。こうした認識のもとに形成されたものが「非核・開放・3000構想」ということになろう。その結果，これまでみてきたように，金大中および盧武鉉政権下では，関与することによって非核・開放を導こうと試みてきたのに対して，相生共栄政策では非核や開放の進展に応じて関与することを提示し，非核や開放を導こうとしているのである。その意味では，相生共栄政策では，関与は目的を達成する手段から目的を達成した結果として得られるインセンティブに変容しているのである。

3　相生・共栄の対北朝鮮政策の特徴──包容政策との比較

ここでは以上のような相生共栄政策と過去10年にわたって展開されてきた

包容政策とを表1で提示された枠組みに基づいて比較・検討してみよう[19]。

（1）連携戦略と相互主義の原則

　まず，李明博政権の対北朝鮮政策は「非核・開放・3000構想」に見られるように，南北協力と核問題との連携戦略を推進している。これは金大中政権の和解協力政策や盧武鉉政権下の平和繁栄政策が政経分離原則および核問題との並行戦略を追求してきた点とは明確に異なる。金大中政権の太陽政策では過去の南北関係においては政治的対立と軍事的緊張が南北関係の進展に障害となってきたと把握してきた。したがって，政治・軍事問題と経済協力を分離して，むしろ南北経済協力の進展を政治軍事分野での緊張緩和に役立てようとしてきたのである。政経分離原則は「ＤＪドクトリン」の主要な運用原則の1つであり，盧武鉉政権下でも第2次核危機が発生したにもかかわらず，この立場を堅持しようと努めたために，米韓関係に齟齬が生じたりもした。

　しかしながら，李明博政権はこうした政経分離原則や核問題との並行戦略は北朝鮮の変化をもたらすことができなかったばかりではなくて，北朝鮮の核問題に対して十分な効果をもつことができなかったと理解している。これまでに見てきたように，相生共栄の対北朝鮮政策の推進方法では核問題の解決に重点が置かれている。もちろん，盧武鉉政権下でも核問題の解決を最優先課題として設定してきたことは相違ない。しかし，その方法は「対話を通した問題解決」や「韓国の積極的な役割」を原則として核問題の解決に取り組んだが，核廃棄にむけた十分なインセンティブの提供や戦略を持ち得なかったとの批判を受けてきた。以上の点はいわゆるリベラリズムの系譜にある機能主義的な立場をとるか，それともリアリズム的な立場をとるかという点と関わっていよう。また，北朝鮮の政治体制に対してこうした理論が妥当なのかという点も含めて合意はできていない。

　次に，相生共栄の対北朝鮮政策と和解協力政策および平和繁栄政策は南北協力において相互主義の適用原則が異なるといえよう。和解協力政策および平和繁栄政策は南北の経済協力において拡散的相互主義を適用してきた。林

東源長官は金大中政権の太陽政策では持てる者として「先与後得」を適用したという[20]。この原則は盧武鉉政権にも受け継がれて、丁世鉉統一部長官も北朝鮮との相互主義は南北関係の現状に照らし合わせて、非同時性、非等価性、非対称性によって規定されなければならないとしていた。なお、金大中政権下の和解協力政策においても特定的相互主義の要素がないわけではない。金大中政権の対北朝鮮政策の3つの原則のひとつに「いかなる武力挑発もけっして容認しない」という原則があるが、西海での南北海軍艦艇が交戦する事態が発展した際に見られたように、安保分野での韓国の断固たる措置は厳格な相互主義を適用しているといえる[21]。

一方、李明博政権の対北朝鮮政策では特定的相互主義を選好している。「厳格な相互主義」は同時性、均等性、対称性を追求する相互主義である。相生共栄の対北朝鮮政策はこれまでの南北協力を一方的な支援策として捉えて、より互恵的な南北協力の拡大を目指している。対北朝鮮政策における拡散的相互主義はかつて人道主義の問題に相互主義の原則を適用しようとして北朝鮮から強い反発を受けた経緯があったという。金大中政権下において韓国側が肥料支援と離散家族再会を連携させようした際に、北朝鮮はこれを拒絶し、交渉が決裂した。したがって、林東源はこうした経験則から対北朝鮮政策では「先与後得」をすべきであるとの結論に至ったという[22]。しかし、拡散的相互主義に批判的な勢力はこうした姿勢を「ばらまき」と批判してきたのであり、李明博政権においてはこうした反省にたって政策が形成されている。

特定的相互主義は相互に十分な信頼関係を構築できていない関係において、1つ1つ確認しながら交渉を進めていく際には有効であり、6ヵ国協議における「行動対行動」という行動原則になっている。また、国交正常化を実現していない米朝関係や日朝関係については特定的相互主義が妥当であろう。ただし、南北関係を通常の国家関係ではなく、特殊な関係として捉える場合やこれまでの対立関係から急速な転換を目指して南北関係の改善と発展をもたらすためにとられた方法が拡散的相互主義であり、DJドクトリンはそれまでの南北関係からのパラダイムシフトとして規定された。その意味で

は，李明博政権下で提唱されたパラダイムシフトはＤＪドクトリン以前のパラダイムへの回帰という側面もあろう。

　なお，金大中政権や盧武鉉政権による拡散的相互主義の適用が南北関係の特殊性に起因するものであれば，李明博政権が特定的相互主義を選好する理由は次の２点にも関わってこう。まず，李明博政権の対北朝鮮政策では普遍主義に力点が置かれているという点である。和解協力政策や平和繁栄政策は普遍的基準よりも民族の特殊性に比重を置いていたといえる。とくに，国際的基準に合わせて経済改革・開放を推進し，したがって，南北協力を普遍的原理である経済妥当性や市場原理により重点を置いたり，国際的基準に基づいて人権改善や人道問題を対処しようとしたりしているという点である。これは南北問題を人為的あるいは政治的原理あるいは南北間の特殊な基準を重視してきた過去の政権との相違がみられる。

　次に，李明博政権では南北協力と国際協力との位置が相対化されているという点である。金大中政権と盧武鉉政権下では6.15共同宣言や10.4宣言に見られるように，「わが民族同士」に比重が置かれていた。とくに，盧武鉉政権下では「南北当事者原則に基づいた国際協力」を推進しようとし，ブッシュ政権が強硬な対北朝鮮政策をとったこともあって北朝鮮問題をめぐって米韓の間で政策上の齟齬も生じた。しかし，李明博政権では南北の自主的な役割や民族の特殊性を認識する一方で，国際社会との協力を重視している。わが民族同士は排他的なものではなく開かれたものでなければならず，また，南北問題は民族問題であると同時に，国際問題であるとの立場である。

　以上みてきたように，李明政権の相生共栄の対北朝鮮政策は図１のＡのアプローチに相当しよう。これは南北交流の進展という点では制約条件がもっとも厳しいものとなっている。理論的にみても核問題との連携戦略は核問題の進展に依存するために，核問題をめぐって硬直状態にあれば南北関係も同時に進展しにくい。核問題は核問題として対応する一方で，南北協力を進めていくことでその波及効果を安全保障の側面にまでもたらせると考える並行戦略とはその点で大きく異なる。また，南北協力それ自体についても拡散的相互主義を適用し，厳密な互恵性を追求しなかったこれまでの政権と比べて，

互恵性や経済原理が適用されており，南北協力においてより厳格な基準が設定されることになる。

（2）相生・共栄の対北朝鮮政策の課題と展望

以上のように，相生共栄の対北朝鮮政策は目指すべき方向性よりもそれを実現する運用原則の点において包容政策と顕著な相違がみられる。李明博政権が発足して以来，相生共栄の対北朝鮮政策は必ずしも成果を上げてきたとは言えない。ここでは相生共栄政策の問題点や課題を明らかにすると共に，今後の展開を展望してみよう。

第1に，核問題と南北協力の連携戦略は北朝鮮の非核化の進展に応じて経済的な支援を段階的に拡大していくというものであったが，核問題で膠着する場合には南北関係の進展が見込めないという点である。とりわけ，北朝鮮にとって核問題は南北間の協議内容というよりも米朝間の敵対関係の産物であるという点である。実際に，北朝鮮は米国の対朝鮮敵視政策が撤回されない限り，米朝国交正常化が実現しても核を放棄することはあり得ないとしている[23]。したがって，北朝鮮の立場からすると，李明博政権の「非核・開放・3000構想」で掲げたの非核化それ自体は対米交渉の懸案であり，韓国と直接議論する問題ではないのである。

また，「非核・開放・3000」は拡散的相互主義に基づいた対北支援が北朝鮮の非核や開放に導くことができなかったとの判断のもとに，北朝鮮の決断を求めるが，これは北の行動を先に求める政策であり，北朝鮮は呼応せず南北関係は停滞してきた。結局，非核を条件として提示した場合には，南北関係の展開は米朝関係の転換の従属変数にならざるを得ず，核問題で進展が見られない状況においては南北関係を進展させることには多くの制約が加わることになろう。一方で，非核化が進展する場合，韓国はすでに明示したロードマップにしたがって対北朝鮮支援が稼働されるために南北関係が急進展する可能性はある。ただし，非核化が進展してもそれは「非核・開放・3000構想」の結果というよりも，むしろ米朝関係の改善によって非核化が進み，それに合わせて韓国が経済支援を積極化するという可能性が高い。その際には，

米韓の共同関与が形成されてそれぞれの関与政策が共鳴してシナジー効果を生むこともありえよう。

　第2に，李明博政権下における南北関係の位置づけに対して，北朝鮮側に強い不信感が存在するということである。これは6.15共同宣言および10.4宣言に対して李明博政権がとっている態度に関わっている。南北関係は分断国家という特殊性を備えていることは言うまでもない。南北基本合意書の前文においても南北関係は「国と国の関係ではない統一を志向する過程で暫定的に形成される特殊な関係」であると規定されている。したがって，南北関係を通常の国家関係として把握することはこうした特性に対する十分な配慮がなされていないことになる。6.15共同宣言および10.4宣言では「わが民族同士」が明記されており，特殊な関係から普遍的な基準や「国際関係」としての南北関係という観点から北朝鮮政策を形成する場合には，北朝鮮からの反発も必至であろう。

　しかしながら，李明博政権は南北間の特殊性を考慮しつつも，普遍的原則に力点が置かれている。これは南北関係を人為的および政治的観点からよりも普遍的原則から南北関係を扱おうとする李明博政権の認識が表れている。とりわけ，政権発足時に統一部と外交通商部との統合が試みられたこともそうした認識の表れであると見ることができよう。特殊な関係を有する南北問題を扱う統一部が外交通商部に統合されるということは南北関係の特殊性よりも通常の国家間関係として南北関係を処理しようという色彩が強まることを意味する。金大中大統領を始めとして前政権の閣僚が李明博大統領に対して6.15共同宣言および10.4宣言の履行表明を要求しているのもこうした点と関わっていよう。

　第3に，「非核・開放・3000構想」によって南北関係の停滞が長期にわたった継続する場合には，国内での反発が拡大し，世論や政治勢力間の分裂が生じる可能性があるという点である。実際に，韓国国内において李明博政権の対北朝鮮政策に対する批判が高まっている。もとより韓国国内においては対北朝鮮政策をめぐって保守と進歩の間で激しい南々葛藤が繰り広げられてきた。とりわけ金大中政権および盧武鉉政権下で進められた和解と協力の10

年を「失われた10年」と規定した李明博政権で南北関係が停滞すれば，今度は進歩勢力からの批判は避けられない。

　また，こうした状況は北朝鮮に対して付け入る隙を与えることになるという点である。いわゆる「通民封官」もこうした揺さぶりとして活用されている。最近では，現代グループの玄貞恩会長が北朝鮮を訪問した際に，金正日総書記と会談を行い，合意文を公表した。そのなかで，6.15共同宣言および10.4合意の遵守を明記しており，こうした「通民封官」政策は南北間の緊張緩和に寄与する一方で，これらの声明に対して明確な姿勢を表明していない李明博政権に対する圧力になっている。なお，金大中大統領の死去にともなって訪韓した北朝鮮からの特使弔問団が南北首脳会談に言及したが，世論調査によると「核問題に関係なく南北首脳会談を行うべきである」（61.9％）が「核問題が進展した後，会うべき」（36.5％）を上回った[24]。世論調査の結果は連携戦略とは異なる様相を示している。

　それでは今後，柔軟性をもった実用主義を標榜する李明博政権の対北朝鮮政策は柔軟な対応を示すのであろうか。李明博大統領は2009年の光復節での演説において〈いまや対話をしなければならない時〉として，北朝鮮への対話の呼びかけを行った。そこでは「北朝鮮が（核廃棄の）決心を見せてくれるなら，」と述べて，「決心」さえ表明すれば対北協力を推進するという解釈の余地を与えたともいえる[25]。しかし，いずれにせよ，他の条件が同じであれば，北朝鮮の核廃棄を前提においた対北朝鮮支援政策は北朝鮮にとってインセンティブにはなりにくいであろう。なぜなら，体制存続は経済的支援よりも上位に置かれており，また米朝間の敵対的関係が転換していない状況において核放棄を先に進めることは北朝鮮の原則から考えにくいからである。

おわりに

　本章において展開された議論を要約すると以下の4点となろう。

　第1に，李明博政権下の「非核・開放・3000構想」は本章の定義に照らし合わせてみても関与（engagement）政策の一環として位置づけることが可能である。金大中政権および盧武鉉政権下の対北朝鮮政策は関与を通して南

北関係の改善と緊張緩和や北朝鮮の変化を導くものと位置づけていたが，李明博政権の相生共栄の対北朝鮮政策は非核・開放の進展に応じて提供するインセンティブとして関与を活用しているのである。したがって，前者はまず関与することから始まるが，後者は非核・開放のプロセスが開始されない場合には関与それ自体が深化しえないという相違がある。

　第2に，李明博政権の「非核・開放・3000構想」は核問題への取り組みと南北協力とを同時に並行して進めていこうとする和解協力政策や平和繁栄政策とは異なり，核問題と南北協力を結びつける連携戦略を適用している。政治問題と経済協力を分離することで南北関係の改善を推進した包容政策は核問題の解決や北朝鮮の改革・開放を導くことができなかったという判断のもとに，連携戦略は非核・開放に応じた段階的な経済協力をインセンティブとして提示することで，核問題や改革開放に対する北朝鮮の決断を求める政策を追求しているのである。

　第3に，相生共栄の対北朝鮮政策はこれまでの政権とは異なって，特定的相互主義を選好している。過去の政権で推進された南北協力は人為的かつ政治的基準に基づいた一方的な経済支援をその基本としていたととらえており，韓国側にとっても利益となる互恵的な南北関係の構築を目指している。また，李明博政権は南北関係を扱う際に，市場原理や国際的な基準に基づいて人権問題を扱うなど，普遍的基準を重視したりしている。同様に，南北関係では民族の特殊性や南北当事者原則を意識しつつも，開かれたわが民族同士を標榜し，南北問題を国際問題として捉える比重が相対的に増大した。

　第4に，相生共栄の対北朝鮮政策は連携戦略と特定的相互主義をその運用原則として適応しており，南北関係の発展や関係改善という点では和解協力政策や平和繁栄政策と比べてもっとも厳しい制約条件を付しているために南北関係の進展に制約が加えられている。しかし，「非核・開放・3000構想」は北朝鮮の非核化および開放と大規模経済支援が具体的な計画として示されており，核問題の進展次第では南北関係が急速に進展する可能性を内包している。ただし，北朝鮮の核問題は米朝関係の産物であり，その意味では南北関係の進展は米朝関係の従属変数になる可能性はたかい。

●注

1) 林東源『南北首脳会談への道』（波佐場清訳）岩波書店，2008年，p. 198.
2) 本章では，金大中政権と盧武鉉政権の対北朝鮮政策をそれぞれ和解協力政策（あるいは太陽政策），平和繁栄政策と表記するが，両政権の対北朝鮮政策を述べる場合には包容政策と表記する。なお，韓国語ではengagementを包容として訳し同義語として捉えているが，本章では関与（engagement）は包容政策の手段としてその一部を構成するが，同義とは見なしていない。したがって，本章の目的は李明博政権の対北朝鮮政策を関与（engagement）の一環として捉えてその特徴を描き出すことにあるが，包容政策と同じではないことはいうまでもない。
3) 李明博政権の対北朝鮮政策については韓国の統一研究院をはじめとして幾つかのまとまった研究がだされている。たとえば，最近のものとしては남성욱서제겨외〈한도상 샘프로젝트〉님2009년などがある。本章もこうした研究に多く依存しているがあくまでも関与（engagement）という観点から考察を加えようとするものである。
4) 拙稿「関与（engagement）からみる日米韓の対北朝鮮政策」『北朝鮮は核を放棄するか』徐勝・康宗憲編　晃洋書房　2008年，p. 155. とくに，以下の点でこれまでの関与の定義とは異なる。まず，政治的行動を政治的行動のパターンとすることで一回限りの戦術的変化ではなくて行動のパターンの変容に影響を及ぼすことを意味している。また，戦略的インセンティブの概念を導入し，ここではポジティブおよびネガティブンサンクションの両方を効果的に使い得る点を明確にした。以下の文献を参照。Randall L. Schweller, "Managing The Rise of Great Powers: History and theory," in Alastair Iain Johnston and Robert S. Ross, eds., *Engaging China*, (New York: Routledge, 1999), p. 14, and Evan Resnick, "Defining Engagement," *Journal of International Affairs*, 54, no. 2, (Spring 2001), p. 564.
5) 本節の記述は主として同上，pp. 155-157を参考にして補足修正している。
6) Resnick, p. 562.
7) Stephen R. Rock, *Appeasement in International Politics*, (Kentucky: The University Press of Kentucky, 2000), pp. 21-23.
8) 정재성 "관여(engagement) 정책의 국제정치이론적 기반과 한국의 대북정책" 〈国際政治論叢〉제43집 1호, (2003), pp. 231-251.
9) Victor D. Cha, "Japan's Engagement Dilemmas with North Korea," Asian Survey, 41: 4, p. 549.
10) Deon Geldenhuys, *Isolated States: A Comparative Analysis* (New York: Cambridge

University Press, 1990), pp. 17-18. 日本語で孤立という用語がもつニュアンスからみると必ずしも適切な表現ではないが、そのまま訳語として活用した。

11) とりわけ、クリントン政権では、engagement を isolationism の反対語として使用していたという。Robert L. Suettinger, "The United States and China: Tough Engagement," in RichardN. Haass and Meghan L. O'Sullivan, eds., p. 18.

12) Robert O. Keohane, International Institutions and State Power: Essays in International Relations Theory (Westview Press, 1989), pp. 146-147, p. 152.

13) 林『南北首脳会談への道』, p. 429

14) 同上, p. 129.

15) 以下の記述は主として次の文献に依拠して整理したものである。〈이명박정부 대북경책은 이렇습니다〉. 통일연구원 2008년.

16) 조민 "비핵개방3000구상의 기본방향과 추진전략: 평화와 협력을 향한 도약" 〈이명박정부 대북정책 비전및 추진방향〉 통일언구원2008년pp.49-50.

17) 本書二部第 1 章, p. 51

18) 「グローバルフォーラム」2008年9月

19) この節は以下の文献を参照した。Sachio Nakato, "South Korea's Paradigm Shift in North Korean Policy and Trilateral Cooperation among the U.S., Japan and Korea," *International Journal of Korea Unification Studies*, Korea Institute for National Unification, vol. 17. No.1, 2008, pp. 41-61. 박정철대"북포용정책과 상생공영정책의 비교: 도전과 전략적 선택,"〈이명박정부 대북정책 비전및 추진방향〉통일언구원2008년 pp.32-44.

20) 林『南北首脳会談への道』, p. 209.

21) Chung-in Moon, "The Kim Dae-jung Government and Changes in Inter-Korean Relations-In Defense of the Sunshine Policy-," *Korea and World Affairs*, Vol. XXV, No. 4, Winter, 2001, p. 520.

22) 林『南北首脳会談への道』, pp. 208-209.

23) *Korea Times*, January 23, 2009.

24) 『中央日報』2009年8月27日

25) 제64주년 광복절 경축사 광복의 빛,더큰 대한민국

［付記］本章は文部科学省科研費補助金（平成20 〜 22年度）基盤研究（C）（課題番号：20530144）「日米韓の対北朝鮮関与政策の比較研究：何が相違と変化をもたらすのか」の成果の一部である。

第2章 「金大中，盧武鉉」和解・協力政策の再照明
―― 歪曲を乗り越えて真実へ[1]

文 正 仁
(ムン ジョン イン)

1 序論

　2007年12月の大統領選挙の主な話題は「失われた10年」に関する保守の総攻勢だった。国民の政府〔金大中政府〕と参与政府〔盧武鉉政府〕による10年間の進歩志向の国政運営全般，その中でも特に，金大中政府の太陽政策と参与政府の平和・繁栄政策が標榜した和解・協力政策に対する批判は非常に大きかった。10余年にわたる「ポジュギ」〔見返りなしの大盤振る舞い〕の対北朝鮮包容政策の結果，北朝鮮の開放・改革はかえって立ち枯れ，むしろ親北左派勢力の優勢，韓米同盟の亀裂，そして北の核武装というブーメラン現象となって返ってきたというのだ。

　保守の批判に一理がないわけでもない。しかしこのような批判の背後には，10年ぶりに政権を交代させようとする保守層の政治的切実さと，それによる対北朝鮮包容または和解・協力政策の政争化が潜んでいる。対北朝鮮和解・協力政策が朝鮮半島に永久平和と共同繁栄をもたらさないのは周知の事実だが，だからといって保守側が主張するように，一方的な総体的失敗であると断定することはできない。多くの国内外的な制約にも関わらず，和解・協力政策は二度の頂上会談，そして広範囲な交流協力を通じて朝鮮半島に大きな地形変化をもたらしたのである。

　本稿は，過去10余年間の対北朝鮮和解・協力政策のテーマに再び照明を当て，この政策に対して提起されているさまざまな問題点と批判を再点検すると同時に，今後の南北関係に与える含意を導き出すことを基本目的としている。

2 和解・協力政策のテーマ——平和主義,漸進統一,交流協力

太陽政策批判論者たちの主張に触れながら感じるのは,彼らが太陽政策や平和・繁栄政策のテーマを十分に理解しているのかどうかという疑問である。金大中(キムデジュン)政府と盧武鉉(ノムヒョン)政府の対北朝鮮政策は,三つの大きなテーマに基づいている。一番目は,戦争不可論を基礎とした平和優先主義であり,二番目は吸収統一と武力統一を共に排除する漸進的合意統一論であり,最後は平和統一の手段としての交流・協力の極大化である。

(1) 平和優先主義

金大中大統領は1998年の就任後,在任中ずっと「北朝鮮のどんな武力挑発も受けつけない」という立場を固守してきた。このような主張は二つの含意を内包している。一つは,どのような手段を使っても朝鮮半島に戦争が勃発することを防がなければならないという意志の表明であると同時に,もう一つは,万一,北朝鮮が武力挑発をしてきた場合,これを強力に懲しめるということである。西海(黄海)交戦でも見られるように,北朝鮮の軍事挑発には強力に応戦し,北朝鮮が平和的態度を見せたときにはこれに相応する態度を取ってきた。金大中大統領の平和共存,平和交流,平和統一という「平和三原則」にもこれはよく現れている。

金大中政府の平和優先主義は,盧武鉉「参与政府」〔盧大統領は国民参与(参加)政治をモットーとし,自らの政府を「参与政府」と名づけた〕にもきちんと継承され発展してきた。盧武鉉大統領は彼の平和哲学を次のように要約,整理している。「対北朝鮮政策の核心は,朝鮮半島の平和と安全です。統一はその次です。統一のために平和を壊すようではいけません。戦争が起こらないようにするのが最上の安保です」[2]。このように平和が参与政府の対北朝鮮政策の核心テーマを構成していたのである。

より具体的な和解・協力政策の平和基調は,三つの軸によって構成されていると評価することができる。一つは平和維持(peace-keeping)である。平和維持は朝鮮半島での戦争の勃発を予防し,このために軍事的抑止力を確保

するのである。国民の政府〔金大中政府の呼び名〕と参与政府が国防力の建設と韓米同盟の維持発展を強調してきたことも，まさに戦争勃発を予防し，平和を維持するための歩みだと言えるだろう。二つめは平和づくり（peace-making）だ。平和づくりは朝鮮半島の不安定な平和を南北間の信頼構築，軍備統制，そして平和体制構築を通じて安定的に管理していくことを意味している。最後に平和構築（peace-building）を挙げることができる。平和構築は市場経済と民主主義拡散を通じて類似した価値を共有し，窮極的に統一と安保共同体を形成していく段階を指している。和解・協力政策において弱点を持つ平和テーマは，二番目の段階である平和づくり（peace-making）である。六者会談を通じて北朝鮮核問題を解決し，南北基本合意書によって軍事的信頼構築と軍備統制を模索し，これとともに（朝鮮戦争）終戦宣言を通じて休戦協定体制を平和協定体制へと転換させるのが，核心課題であるといえる[3]。市場経済，民主主義という価値共有を通じた平和構築は，長期・大乗的目標となるだろう。

（2）吸収統一，武力統一の拒否

　和解・協力政策の二番目のテーマは，漸進的な合意統一構想である。金大中大統領はドイツ的統一方案である吸収統一に対して反対の立場をとってきた。痼疾化した南北間の異質化現象，高い費用と不安定性，そしてこのような政策を推進する時に予想された南北間の不信の増幅などをかんがみたとき，吸収統一論が現実的な代案にはなりえず，ベトナム式の武力統一はそれ以上に受け入れることができないということである。統一は朝鮮民族の平和と共同繁栄のための手段であり，それ自体が目的にはなりえないのである。従って平和と繁栄を破壊する戦争を通じた民族統一の達成は，的外れな統一至上主義の発露だといえるだろう。

　これと関連して，金大中大統領は持続的に三段階の統一論を強調してきた。第一段階は，南北が現在のような独立国家の資格によって交流協力する南北連合制方式であり，第二段階はアメリカやドイツのような連邦制形態によって中央政府が外交権と軍事権を持ち，南北自治政府が大部分の内政権を持つ

方式である。最後の段階は，北朝鮮の経済がある程度回復し，南北の国民の心がある程度近づき，安心してともに暮らすことができるようになったとき，完全統一の道を行くというものである。この三段階統一論は，漸進主義的接近を通じて分断を平和的に管理し，窮極的に国民的合意に基づいた民族統一を模索するのである[4]。

盧武鉉参与政府も統一政策においては国民の政府と脈を同じくしている。盧武鉉大統領は，吸収であれ武力であれ「平和を崩す統一は，今は適切ではない」と指摘し，「統合の時間は十分に余裕を持って，漸進的に，段階的に行わなければならない」と，明らかにしたことがある[5]。また，南北関係は経済統合，文化統合そして政治統合の順で段階的に接近しなければならないと主張している。ここでひとつ注目する点は，金大中大統領が国家連合，連邦そして民族統一という手順を提示するのとは対照的に，盧武鉉大統領は統合を好んでいるという事実である。厳格な意味で南北連合はEUと類似した統合の性格を持つものとして，連邦制，単一民族国家に先行する段階として理解することができる。単一国家への統一が短時間に成されることなく，忍耐を持って努力しなければならないという点で，和解・協力政策は現実的政策代案として評価することができる。

(3) 交流協力の拡大と「事実上の統一」

和解・協力政策の三つめのテーマは，交流・協力が拡大と事実上の統一だ。南北朝鮮は冷戦の渦の中で熾烈な体制競争に臨んできたし，その結果，相互不信と否定の感性を育ててきた。不信と拒否の悪循環関係を克服し，信頼の新しい地平を開くために，交流協力は必須である。そして交流協力に対する南北間の合意は，1992年の南北基本合意書を通じて具体化したことがある。南北基本合意書は経済，社会文化，政治分野における交流・協力を強化していき，南北朝鮮の間の軍事的信頼構築に対する具体的な方向を提示している。

金大中，盧武鉉政府は，まさにこの基本合意書に基づいて，南北間の交流協力を拡大させてきた。政経分離と先民後官の原則に従って，政治，軍事的緊張関係にも関わらず，南北交流・協力を持続的に推進してきた。西海〔黄

海〕が「戦争の海」になり，軍事的緊張が高潮したときにも東海〔日本海〕では南側の観光客が金剛山(クムガンサン)訪問を続けるなど，「平和の海」が造られた。このような努力の結果として，南北間交流・協力は驚くほど進んだ。文民政府の時代だけでも，ほとんどなかった人的交流（1993年，24人訪北）が，2007年には15万9,000人に増加し，南北朝鮮の交易額も文民政府〔金泳三(キムヨンサム)政府〕の12億3,000万ドルから，国民の政府〔金大中政府〕では20億ドル，そして参与政府〔盧武鉉政府〕では38億3000万ドルに伸びた。南北経済協力事業も1991-99年の期間中の16件から，2007年の1年間だけで176件の事業へと拡大し，金剛山の観光客数は総173万人に達している。特に開城(ケソン)工業団地が着手されて以来，2008年2月現在，65個の南側企業が進出，その生産額は年間1億8,400万ドルにのぼり，2万3,500人の北側の勤労者が参加している[6]。

　伝統的に北朝鮮は統一戦線戦略の一環として南の当局者たちを排除し，民間部門との交流，協力を模索してきた。しかし2000年の第1回南北首脳会談以後，長官級会談を含めて，南北朝鮮の当局者会談が活性化している。そして1993年の場合，4回にわたる南北の接触にも関わらず合意文がひとつも作成されなかった反面，2007年に5回開催された当局者会談では39件の合意文を導き出した。何よりも2007年1月4日の第2回南北首脳会談では，首脳会談の随時開催，総理会談の定例化，副総理級の南北経済共同委員会の構成，国防長官およびその他の長官級会の開催に合意することで，南北連合という「事実上の統一」へ向かう制度的装置を整えた。2006年7月5日の北朝鮮ミサイル試験発射，2006年10月9日の地下核実験にも関わらず南北間交流協力はこれほど活性化したのであり，その意味は大きいと言うことができるだろう。

3　和解・協力政策の重要争点――歪曲と真実

　これまでの10年間，国民の政府と参与政府は平和優先主義，漸進的合意統一，そして交流協力の強化という三大テーマのもとに，和解・協力政策を一貫して展開してきた。しかし，この二つの政府の対北朝鮮政策に対する批判

はやはり侮ることはできない。和解・協力政策に対する世間の批判を主要争点別に分けて、その歪曲と真実の実態を究明してみよう。

（1）相互主義とポジュギ論争

　和解・協力政策に対する最も代表的な批判として、相互主義を無視した一方的ポジュギ（大盤ぶるまい）を挙げることができる。「ポジュギ、太陽はそれぐらいにして……これからは合理的な包容へ」[7]という朝鮮日報の特集記事の見出しが要約しているように、一方的ポジュギが太陽政策失敗の核心だということだ。この記事によると、1998－2007年のあいだ、韓国政府の北朝鮮側に対する支援は、公式的に8兆6,173億ウォン、そして非公式的支援まで合わせた場合、10兆ウォンを超えているということである。このような莫大な支援にも関わらず、北朝鮮はひとつも変化しておらず、むしろ核開発、ミサイル実験発射などの軍事的脅威と、改善する気のない高姿勢に戻ってしまった。従ってこれからは一方的なポジュギの幻想から抜け出して、徹底した相互主義の原則に立脚し、対北朝鮮政策を展開しなければならないというのである。

　しかし金大中・盧武鉉政府の相互主義は、保守陣営が主張する相互主義と概念的に異なるだけでなく、保守側が提示する数値にも問題があるということに注目する必要がある。Peter Blauという社会学者は、相互主義をふたつの脈絡で見ている。そのひとつは、経済的交換関係としての相互主義であり、もうひとつは社会的交換関係としての相互主義である。経済的相互主義は、市場取引に見られるように、即時性（immediacy）、等価性（equivalence）、同種性を特徴とする反面、社会的相互主義は非即時性、非等価性、非同種性を基本前提としている。簡単に言うと、富裕な友人から一流ホテルで高価な食事に招待された貧しい友人がずいぶん経った後に、屋台で安い焼酎をおごっても相互主義の等式が成立するということである[8]。

　和解・協力政策の相互主義は、まさに後者の社会的交換関係の相互主義として規定しても無謀ではないだろう。まさにこのような理由で金大中、盧武鉉両大統領政府では、対北朝鮮政策を「まず提供して、後で得を取り（先供

第2章 「金大中、盧武鉉」和解・協力政策の再照明

后得)」「簡単なことからはじめて，難しいことは徐々に行っていく（先易后難）」と同時に，「経済交流をまず行って，政治交流は後でする（先経後政）」の基調の下で運営してきたのである。特に非同種または異種原則の視点から見るとき，北朝鮮はそれなりに互恵的な反応を見せてきた。対北朝鮮肥料および米の支援は，離散家族の再会，長官級会談開催そして軍事会談など，北朝鮮の会談参加を誘導してきたのである。

「ポジュギ」の数値も問題視されている。先に指摘した朝鮮日報の報道とは違い，過去10年間の対北朝鮮支援の規模はそれほど大きくはなかった。南北協力基金が8兆ウォン程度造成されたのは認める。しかしその細部項目を見ると「ポジュギ」主張の虚構性があらわになる。8兆の協力基金の内，4兆は南北交流協力と民族共同体回復支援に割り当てられており，残りの4兆は軽水炉会計に使われた。軽水炉会計の4兆の内，実際の執行額は1兆3,700億に過ぎず，残りの2兆6,000億ウォンは，債務差替え方式の金融費用として使われた。おまけに軽水炉会計はアメリカ側の要請によって金泳三文民政府が作ったものであり，これを和解・協力政策による「ポジュギ」として見るのは難しい。また，南北協力事業に割り当てられた4兆の場合も，その執行額は3兆6,000億ウォンで，この内2兆3,000億ウォンは米，肥料など人道的支援に，7,000億ウォンは鉄道・道路連結事業（この内5,500億が南側区間の建設費用に当てられた）に，そして残りは開城工団関連の経済協力事業に割り当てられたのである[9]。特に参与政府以後には北に対する現金支援をしておらず，現物支援が主軸を成しているので，北朝鮮のみならず南側の米穀生産農民，肥料生産業者なども受恵者になっているという点に注目する必要がある[10]。このように見ると，「ポジュギ」批判は多分に政治的に誇張されている側面がある。

（2）安保不干渉，主敵論，南南葛藤

和解・協力政策に対するもうひとつの強力な批判は，金大中，盧武鉉政府が包容政策という美名のもとで安保不感症を蔓延させ，主敵概念を誤って認識させ，同時に南南〔韓国内での〕葛藤というイデオロギー的両極化をもた

らしたという。従って，北朝鮮がミサイル実験発射を行い，地下核実験を行っても韓国の人々は無関心，無対応で一貫しているというのである。特に過去10年の間，北朝鮮を主敵概念から除外することによって，将兵たちの精神武装を解体したと主張している[11]。さらに興味深いのは，前陸軍士官学校長のキム・チュンベの証言だ。国防部傘下の国防研究院の院長として，参与政府の平和・繁栄政策を積極擁護したキム院長が陸士校長時代の2004年，仕官生徒たちを対象に主敵に関するアンケートを行ったのだが，生徒の34％がアメリカを主敵として答え，そして北朝鮮を主敵として答えた生徒は33％に過ぎなかったということである。同じ年に国防部の政訓〔思想教育・広報〕企画室の「入隊将兵の意識性向調査」では，95％の入隊将兵が反米感情を示したということである。そしてその理由を親北反米の和解・協力政策の結果へ帰している[12]。もともと代表的な対北朝鮮強硬論者で，最近の統一部長官として内定されていながら脱落したナム・ジュフン教授は「6・15共同宣言は対南統一戦線戦略用工作文書に過ぎない」とそしり，「6・15式の統一は統一ではない」と規定している[13]。

　金大中・盧武鉉政府は，このような現象を安保不感症や安保不安症ではなく，安保自信感として解釈している。これは金大中前大統領の次の発言によく現れている。「過去の板門店では，銃声が一度聞こえただけでも全員逃げる準備をしていた我々が，今は緊張が緩和され，核実験を行っても動揺しない緊張緩和体制が形成された」[14]。事実，1968年の1・21事態（北朝鮮のコマンド部隊が大統領府である青瓦台を襲撃しようとした事件）直後，韓国民がラーメンを買い込んだり，アメリカに大規模移民，脱出を図ったりした時と比較すると隔世の感がある。盧武鉉前大統領もこれを明らかにしている。2007年1月23日に行った特別新年演説で盧大統領は，平和・繁栄政策に対する自信を次のように表現している。

　「軍事的な対備は確実にしなければなりません。包容はたとえ相手がだますことがあっても，狼狽しないほど力を持っている強者だけができることです。我々はどのような場合にも対備できる適切な抑止力を持っています。そして顕著に対備しています。これが我々の包容政策です」[15]

第2章 「金大中、盧武鉉」和解・協力政策の再照明

　盧大統領のこのような発言は，単なる修辞的な表現ではない。脱冷戦以後，盧武鉉参与政府が国防改革を最も果敢に推進すると同時に，国防費を増加させた政府であるという事実に注目する必要がある。

　主敵論争だけをとってもそうだ。国防白書に特定国家または相手を主敵だと表現する国がこの世界のどこにあるだろうか。相手を主敵として看做せば，相手もやはりこちらを主敵として見做し，不信と対立の悪循環をもたらすので，公開文書には主敵を明記しないものである。すでに国防白書では北の在来式〔兵器の〕脅威と，核脅威を最も核心的安保脅威として規定しているのだが，主敵概念を敢えて使う必要はないと考える。事実，主敵概念は金泳三文民政府のとき，政治的理由から使われた用語である。1994年12月1日，平時作戦統制権がアメリカから返還されて，このような動きが安保体制を弱化させているのではないかという国民的憂慮を払拭するために，当時の国防白書に北朝鮮を「主敵」として記載したのだ。主敵概念の歴史的淵源から見るとき，この概念の使用の有無が国論分裂の原因になってはならないのである。

　金大中・盧武鉉政府を親北，左派勢力として罵倒し，それに属する一部の進歩的人士たちを北朝鮮の統一戦線戦略を誠実に遂行する工作員と看做す保守陣営にとっては，和解・協力政策が敗北主義的融和政策であり，韓国社会を保守と進歩に両分化する国論分裂の政策として映るかもしれない。しかしこれは，国家安保と南北問題を政争化し，政治派閥の利益を得ようとする術策だといっても無理はないだろう。政権交代のために保守勢力を結集しようとする政治的言辞，それ以上でも以下でもない。新自由主義の改革路線で1997-98年の経済危機を克服した金大中政府と，アメリカとのＦＴＡ締結という決断を下した盧武鉉政府を親北，左派と罵倒するのは理解しがたい。特に韓国での市場経済と自由民主主義はすでに不可逆的な歴史・制度的構造物として定着している。韓国はもはや特定勢力の陰謀と工作によって，この二つの理念軸を瓦解させるような，そんな国ではない。立場を変えた視点によって明らかにされないだけであって，包容政策の大乗的テーマは市場経済と民主主義の拡散にあるという点を強調したい。

（3）国際協調と南北関係

　和解・協力政策に因縁をつけて批判する勢力は，南北関係と国際協調の不協和を，太陽政策のもうひとつの問題点として浮き彫りにしている。「太陽政策が窮地に陥った理由は，国際気流の変化に適応できず，これを十分に読めなかった外交安保政策の無気力にある」[16]，「我々〔南北〕だけの熱い感動を追及する太陽政策は「韓国」を東北アジア四強外交の孤児に転落させた」[17]，「韓国の唯一の同盟国アメリカは過去のそれではない。この政権のもとで同盟の鉄の絆は錆びついてしまい，同盟の壁はひび割れてしまった」[18]。

　結局，批判の核心は，対北朝鮮和解・協力政策が民族共助を過度に強調したあまりに，韓米同盟の亀裂をもたらし，あげくに国際的孤立を自ら招いたということである。それだけでなく，冷戦構造の解体を通じて，朝鮮半島の平和をもたらすという太陽政策の基本構想は，虚構に過ぎないというのである。韓国がそれほど力と影響力がないだけでなく，何かの弾みで現状維持の構図を壊した場合，朝鮮半島の安全が危うくなりうるのと言うのである。

　本当に理解できない批判である。まず，民族共助という主張にうなずくことは出来ない。なぜならば，民族共助は存在しなかったからである。北側が望む「我々民族だけで」が具体化されたためしがない。共助は信頼に基づいている。南北間に共助できるほどの信頼が築かれたとは考えにくい。まさにそのような意味において，対北朝鮮包容政策を推進しているのではないのか。また，南北関係と韓米関係は決して相反するものではない。アメリカ政府の対朝鮮半島政策の性格によって，衝突と補完を反復した。事実，1999年のクリントン政府下でペリー・プロセスが可視化され，南北，韓米関係は相互補完的な良循環関係を維持してきた。ブッシュ政府に移り，北朝鮮核問題が表面化し，アメリカの一方的な対北朝鮮強硬政策が朝鮮半島の緊張を高潮させるなかで南北，韓米関係は対立，衝突関係へ変貌したのである。そしてこのような現象は，特に国民の政府と，参与政府に限られたことではない。保守的な金泳三文民政府〔それまでの軍事政権から脱した金泳三政府を文民政府と呼んだ〕の事例を見てみよう。1994年の第1次核危機のとき，アメリカの

第2章 「金大中、盧武鉉」和解・協力政策の再照明

対北朝鮮軍事制裁の可能性に対して、文民政府が強力に抗議した点を見ると、いくら同盟だと言っても、北朝鮮の問題に対して韓米がいつも同じ立場をとることはないのである。なぜなら同盟と言うのは国益実現のための手段であり、目的それ自体にはならないからである。

保守論客たちは、盧武鉉政府発足前後の、反米感情とデモの拡散を太陽政策のせいにした。これにもやはり同意できない。反米キャンドル・デモが広がり、盧武鉉候補が政治的に反射利益を得たのは、対北朝鮮和解・協力政策のせいではない。二人の女子中学生の〔米軍装甲車に轢かれるという〕悲劇的な死、9・11以後のネオコンが主軸を成すブッシュ政府の覇権的単独行動主義と対北朝鮮強硬政策、そして朝鮮半島に軍事的衝突や戦争の勃発を望まない韓国社会の情緒が反米感情を増幅させたのである[19]。

そして金大中、盧武鉉政府共に朝鮮半島の問題の解決において、国際共助の重要性を一貫して強調してきた。朝鮮半島の分断と紛争は冷戦の産物である。従って冷戦構造の終息は朝鮮半島の平和と統一の前提条件なのである。冷戦構造の解体、終息のために国際共助は必須である。特に周辺四国との協力は絶対的必須だといえる。アメリカと日本が、北朝鮮との関係を正常化し、南北米中が相互協議を通じて既存の休戦協定体制を平和協定体制へと転換すると同時に、南北間に平和共存体制が制度化されたとき、はじめて朝鮮半島の冷戦構造が終息するのである[20]。それだけでなく、北朝鮮核問題の解決のためにも国際共助が必要である。すでに韓国政府は六者会談の枠の中で、国際共助を積極的に推進してきた。盧武鉉大統領はこのような政策のテーマを次のように整理している。「参与政府の平和政策は、遠くを見ながら進んでいます。南北関係と韓米同盟という現在の狭い枠でなく、米中日露間の関係を含む、未来の東北アジアの秩序を見越しながら、現在と未来の安保を調和のとれたものにするため努力しています」[21]。

このように国際共助と南北関係は、朝鮮半島の平和・繁栄のための二つの車輪だといえる。韓米関係だけうまくゆけば南北関係を含む全ての関係がうまく解決するという韓米同盟決定論や、「我々民族だけで」がうまくゆけば朝鮮半島の平和と統一を保証できるという民族共助決定論は、その双方に問

題がある。保守論客たちの主張とは違い，金大中，盧武鉉政府は決して民族共助路線を歩まなかった。韓米同盟の決定論や民族共助決定論というふたつの極端な立場を超えて，これらの関係を賢明に調和させる努力をそれなりにやってきたと評価できる。

(4) 北核問題と太陽政策責任論

太陽政策に最も致命的な打撃を与えたのは，北朝鮮核問題だといっても過言ではなかろう。保守論客たちと野党人士は2002年10月，アメリカが北朝鮮の高濃縮ウラニウム疑惑の提起を契機に触発された第2次北朝鮮核危機に対する責任を全面的に対北朝鮮包容政策に転嫁しはじめた。体表的な保守論客であるナム・シウクは「太陽政策が北朝鮮の変化どころか，核武器開発というとんでもない災難として我々に戻ってきた……結局残ったものは，まやかしの平和に対する幻想とその副作用だけ」だと難じた[22]。また，ニューライト系列の市民団体は2006年8月10日に出した声明書で「対北朝鮮支援を通じて北朝鮮政権に，より強力な核武器とミサイルのみを育てた野蛮政策が太陽政策」だと，非常に露骨な批判を加えた（文化日報 2006.8.10）

2006年10月9日の北朝鮮の地下核実験以後，批判はいっそう強まった。2006年10月16日の東亜日報の社説は「包容政策が北の核保有を防ぐことができなかったにもかかわらず，包容政策にだけ固執するなら，次の段階では北朝鮮核の奴隷になるしかない」と釘を刺した。2006年10月11日の朝鮮日報の社説は，はじめから太陽政策による対北朝鮮現金支援は「先軍政治のための軍資金」であるとまで，非難のレベルが高まった。2006年11月25日，256人の代表的元老保守人士が採択した「朝鮮半島の平和のための時局宣言文」では，参与政府が「口では北朝鮮核反対を言いながら，陰では北朝鮮核を容認」する二重人格として描写されている。北朝鮮の核実験の原因を提供しただけでなく，これを防ぐこともできないのが太陽政策だと責め立てたのである。

これは多分に度の過ぎた批判である。第2次北朝鮮核危機の一次的責任が，第1期ブッシュ政府の間違った政策にあるというのは，すでに広く知られて

いる事実である[23]。まず，第2次北朝鮮核危機の原因として指摘されている，北朝鮮の高濃縮ウラニウムプログラム（HEU）に対する情報〔収集の〕失敗の可能性が大きく首をもたげている。北朝鮮がパキスタンから遠心分離器を獲得し，ロシアから高強度アルミニウム鋼管を輸入したことには物証がある。だからといって，当時のブッシュ大統領やジョージ・テネットＣＩＡ局長が主張した稼動可能なプログラムを北朝鮮は保有してはいなかった。アメリカがそのように急いで制裁モードに入る段階ではなかったということである。そして北側はアメリカとの二者間対話を希望してきたのに，アメリカはこれを拒否し，三者会談や六者会談という迂回的な方法をとることで，北が核武器を開発し，地下核実験を行う時間まで与えてしまった。あるのかどうかもわからない未来の核問題（HEU）に執着しつつ，ジュネーブ合意によって凍結されたプルトニウム核弾頭という現在の核問題をパンドラの箱から出すという愚を冒してしまった。これは未来の蓋然性のために現在の危機を自ら招いた，逆のファウスト的取引だということができる。

　さらに理解しがたいのはアメリカの交渉のありようである。もともとアメリカは北に対する軍事的行動まで考えていたと言われている。しかし2003年3月イラク侵攻以後，ブッシュ政府の対北朝鮮政策は孤立，封鎖，そして体制転換（レジームチェンジ）であった。やむを得ず六ヵ国会談に参加しながらも北朝鮮との二者間接触は避け，時間を稼ぎながら北に対する圧力を加えていった。アメリカのネオコンたちは金正日（キムジョンイル）体制の耐久性を過小評価したのである。それだけでなく，このような対北朝鮮圧殺政策が金正日の対内的伝統性を高揚させ，北朝鮮の軍部の戦略的位相を強化させ，北の強硬対応を触発しているという事実を全く感知できないでいた。北朝鮮専門家たちが排除されたまま，反拡散専門家たちが対北朝鮮政策を主導して，惹き起された政策の誤謬だったのである。北朝鮮がミサイルを実験発射し，地下核実験を強行した後になってようやくアメリカは北朝鮮との直接交渉に入っていった。「失われた5年」の責任は明らかにアメリカにある。これを参与政府の対北朝鮮包容政策のせいにするのは理に合わない。

　結局，北朝鮮核問題を解決する方法は和解・協力政策以外にない。強圧は

強圧的反応を惹起し，不信，対立，軍事緊張の悪循環をもたらすだけだ。また，軍事活動は朝鮮半島から大規模戦争への拡張を招き，我々全ての安全を危うくする。幸いにも，濃縮ウラニウム問題と，シリアとの核連携説にも関わらず，アメリカは対話と交渉を通じて北核問題解決に積極的に出ている。北朝鮮もまた「不能化と申告」という2・13協議の2段階移行処置を比較的誠実に遵守していっている。3段階の検証可能で不加逆的核廃棄をできるだけ初期に誘導するためには，対北朝鮮包容政策をさらにいっそう，前向きに推進しなければならない。そうすれば北朝鮮内部で軍部強硬勢力の立地を弱化させ，北朝鮮が早い時期に安心して開放，改革の道へ向かうことができる条件を作ることができたからだ。

(5) 太陽政策と変化失敗論

太陽政策が袋叩きにあっているもうひとつの理由は，そのそもそもの目的である開放・改革を通じた北朝鮮の変化を誘導できず，むしろ韓国の変化のみを招来したということにある。いくつかの代表的な批判を見てみよう。

——「太陽政策は北朝鮮ではなく，韓国を変化させた。韓国の住民たちは混乱に陥り，誰が敵なのか，誰が友邦なのか，確信できないでいる」[24]

——「彼らは今，核まで持った。南側の安保観は綻びてしまい，韓国社会はすっかり北朝鮮のスパイ天国であり，南側の主要機密は北朝鮮に続々と流れ込み，南側の政治家，文人たちが，先を争って北に手を振り，馳せ参じると北朝鮮が考えるだろう」[25]

——「中途半端な左派イデオロギーによって，国を丸ごと変質させ，金正日集団に捧げようとする意図がないとするなら，包容政策は再考しなければならない」[26]

北朝鮮は何があっても変わらないのだろうか？ 明らかに変化した。最も大きな変化は南を見る北の態度だ。仮に最近の李明博(イミョンバク)に対しては敵対的な砲

火を浴びせているが，南に対する態度は全般的に大きく改善されたところがある。敵対的態度が消え去り，南側との交流協力に積極的である。二度の首脳会談，そして総理級会談を含む多くの当局者会談に，北側が応じてきたという事実だけでもその意味は大きい。中国やベトナム式の体系的で大規模な開放・改革を推進しているわけではないが，経済部門においても変化が現れている。2002年7月1日の経済管理改善措置以後，賃金，レート，物価の現実化，そして利潤とインセンティブ・システムが導入された。そして北朝鮮政府は中央統制経済の失敗を認め，部分的ではあるが市場（農民市場，売店など）機制を活用した経済難克服方案を模索しているのが実情である。すでに北朝鮮社会は開放と改革，そして市場経済に向かっており，引き返せぬ道を歩んでいる。北を訪問してみた者なら誰しも，そのような大きな流れを感じるはずだ。従って我々が望んでいるほどの変化ではないが，北朝鮮は明らかに変化している。もちろん，太陽政策がこのような変化をもたらしたのではない。我々は北に開放・改革を強制できないからだ。しかし，そのような選択ができる条件を提供したことは否定できない事実である。対北朝鮮包容政策は北の指導部に，開放・改革を推進しても体制安保に脅威にはならないという信頼のメッセージを送る役割を担ってきたのだ。

　もちろん北朝鮮の人権改善問題に関連して，和解・協力政策に限界があるのは明白な事実である。金大中，盧武鉉政府共に民主主義と人権を上位価値として設定し，その実現のために努力してきた。しかし北朝鮮の人権問題に対してだけは，消極的立場を取ることによって国内外の批判を受けてきた。なぜなのか？　これにはそれなりの理由がある。太陽政策の一次的目標は，南北間の平和共存体制の構築だ。南側が北の人権問題を論じれば，北はこれを内政干渉とみなすことになり，南北間の緊張は高調せざるをえない。このような人権と平和の間の相殺関係を見逃すことはできない。

　また，人権と生存権の間の摩擦も問題視される。過去にもそうだったが，南が北の人権問題を取り上げれば，北は南の人道的支援すら拒否することもあった。結局，犠牲になるのは，人道的支援の恩恵を受けている大多数の北朝鮮の住民である。このようなジレンマのせいで北朝鮮の人権問題を強く提

起できなかったのである。最後に，北朝鮮の人権を見る認識上の差異もある。国民の政府と参与政府は北の人権が外から与えられるものではなく，内部から勝ち取らなければならないという認識を共有してきた。そのためには開放・改革の促進を通じて，市場経済が早く定着し，中産層が生まれ，北朝鮮の政治が内部から変化しなければならないと考える。まさにこのような理由からメガフォン人権外交よりは，信頼構築を通じた開放・改革の誘導により大きな力点を置いてきたのである。

一方，南の変化はどうか？ 本当に国民の政府と参与政府が「北朝鮮の宣伝論理が韓国で平和の名前で再生産」（526人の保守系人士の「朝鮮半島平和のための時局宣言文」，2006年11月25日）されるように許容した親北左派政府なのか？ 到底納得できない主張である。現職大統領とその参謀たちを北朝鮮の工作員のように貶めても何のとがめもなく許される政府を自由と民主に反する親北・左派政府として責め立てることができるのかと問いたい。これは保守の傲慢であり，歪曲の極致である。国際基準からすれば，金大中，盧武鉉政府は共に新自由主義の改革路線に近いが，市場経済を拒否する左派政権ではない。万一，親北左派勢力が我々の社会のいたるところに浸透し，我々の運命を思うままに牛耳っていたとしたら，2007年12月の大統領選と2008年4月の総選挙で，ハンナラ党が圧倒的な勝利を収めることはなかっただろう。実際，我々が北の統一戦線戦略を恐れるというよりは，吸収統一の罠にかかってしまうことを案じて，北朝鮮が我々の攻勢的包容政策を恐れていると見るというほうが，より正確だろう。今，アカか白かの論争を終わらせねばならない時点に来ている。

4 おわりに

平和優先主義，漸進的合意統一，そして交流協力の強化――これがまさに和解・協力政策のテーマである。戦争，吸収統一，そして武力統一はみな，代案になりえない。ただ包容政策だけが唯一の代案であるといえるだろう。李明博政府も例外ではないだろう。「非核・開放3000」の要諦は，北が

核問題で進展を見せれば，過去の二つの政府よりももっと積極的に北朝鮮との交流・協力を強化していくというものだ。条件付きではあるが，包容というテーマの大きな枠からはずれたのではない。

　しかし，和解・協力政策を推進するにあたって，いくつか留意しておかなければならない事項がある。その一つめは，相手の立場になって考えるみる努力である。北も南の立場を理解する必要があり，南も北が直面している立場をより深く理解しつつ，慎重に扱わなければならないだろう。プライドは高いが「破綻国家」の崖っぷちに立っている北朝鮮の現実を，立場を変えて感じとり，接近してこそ，win-winの相生関係を築くことができるだろう。二つめに信頼構築なくして北との関係改善は現実的に難しい。しかし信頼は簡単に築くことはできない。北は持続的に李明博政府に対して直接・間接的な方法を通じて信頼と忍耐テストを課してくるだろう。これを賢明に間違いなく処理していかなければならない。最後に，与・野，保守・進歩のわけ隔てなく，南北関係の政争化を避けなければならない。政争化すればするほど，南北関係だけでなく，南南関係もこじれることになる。大乗的観点によって和解・協力政策を推進していかなければならない。

【翻訳】稲葉真以

●注
1）本稿は2008年5月30日の立命館大学コリア研究センターが開催する第6回国際シンポジウム「朝鮮半島の和解協力10年――評価と展望』での発表のために準備されたものである。
2）盧武鉉大統領の2007年新年辞。
3）2007年10月の第2回南北首脳会談で論議された終戦宣言と朝鮮半島平和体制に関しては次の文献を参考にされたい。"Symbols vs. Substance: the Inter-Korean Summits." *Global Asia* Vol.2, No.3(2007), pp. 76-88.
4）金大中「朝鮮半島の平和と統一の展望」，全北大学校名誉法学博士授与特別講演，2007年4月6日，p.61，亜太平和財団，『金大中の三段階統一論』（ソウル：ハンウルアカデミー，2000）
5）盧武鉉「戦略的思考によって未来を準備する」，2006.6.16，鶏龍台での演説：「青瓦台ブリーフィング」，「南北関係の優先順位は安全，平和，統一」，

2006. 6. 17.

6) 統一部「南北朝鮮統計資料」, unikorea.go.kr

7) 朝鮮日報, 2008年1月1日, 北朝鮮関連特集。

8) Peter Blau, *Exchange and Power in Social Life* (New York: Wiley, 1954), pp. 93-97. アメリカの経済学会長を務めた Kenneth E. Boulding という経済学者は, 我々が通常使用する相互性 (reciprocity) をはじめから「無条件的な供与 (unconditional grant)」と規定している。原文を直接引用してみよう。"A gives something to B out of the sheer goodness of his heart and his benevolence for B, and B gives to A out of the sheer goodness of his heart and his benevolence towards A, yet the two acts are not formally related since neither is a formal condition of the other." Kenneth E. Boulding, The Economy of Love and Fear (Belmont, CA: Wardsworth Publishing House, 1973), p. 25. または Robert Keohane, "Reciprocity in International Relations," *International Organization*, Vol. 40, No. 1 (Winter 1986), pp. 1-27.

9) 統一部南北交流協力局, 南北協力基金統計 (2008年3月31日)。

10) 問題視されるのは, 2000年の首脳会談時に, 現代(ヒョンデ)グループを通じて北に送金した4億5,000万ドルである。しかし開城工団への入金や, 金剛山観光収入などは民間部門事業であり, 政府のポジュギとし言えない。

11) パク・スンチュン「政治行為から生死の分かれ道へと変わる大統領選挙」, 自由知識人宣言, 2007. 12. 6　http://www.freedomkorea.org.

12) ユ・ソクチェ「陸士校長が企画した軍の代案教科書」, 朝鮮日報, 2008. 4. 4.

13) シン・デウォン「'統一部'に対北強硬論者のナム・ジュフン内定…南北関係梗塞憂慮」ポーリニュース, 2008. 2. 18.

14) 2007年の創作人フォーラム「金大中前大統領特別講演文」2007. 11. 22. p. 4.

15) 盧武鉉大統領「特別新年演説」2007年1月23日。

16) チェ・ギュチョル「'太陽', 外でもぬけていた」, 東亜日報, 2002年2月28日。

17) 朝鮮日報, 2008年1月1日。

18) 朝鮮日報, 2006年10月10日社説,「大韓民国を守る大決断を」。

19) Katharine H.S. Moon, "Challenging U.S. Military Hegemony: "Anti-Americanism" and Democracy in East Asia," in John Ikenberry and Chung-in Moon (eds.), *The United States and Northeast Asia* (Lanham, MD: Rowman and Littlefield, 2008), pp. 167-192.

20) Chung-in Moon, Odd A. Westad, Gyoo-hyung Kahng (eds.), *Ending the Cold War in Korea* (Seoul: Yonsei Univ. Press, 2001)

21) 盧武鉉「済州平和フォーラム開会式演説文」, 2007.6.22.
22) ナム・シウク「ＤＪ式太陽政策を破棄しろ」, 東亜日報, 2003年5月14日。
23) Charles L. Pritchard, Failed Democracy (Washington, D.C.: The Brookings Institution, 2007); Chung-in Moon, "Managing the North Korean Nuclear Quagmire: Capability, Impacts, and Prospects," in Ikenberry and Moon (eds.), The United States and Northeast Asia, op. cit. pp. 231-262.
24) 連合ニュース, 2006年6月20日。
25) 金大中〔朝鮮日報論説委員で金大中大統領とは別人〕「南側の社会がいつ崩れるのか知らないのか」, 朝鮮日報, 2006年11月2日。
26) 東亜日報, 社説「'戦争しよう' ということで国民はまた騙されるのか」2006年10月16日。

第3章　構成主義（constructivism）の視角から見た韓国の対北朝鮮包容政策[1]

木宮正史

はじめに

　2007年12月の韓国大統領選挙の結果，野党ハンナラ党の李明博（イミョンバク）候補が与党鄭東泳（チョンドンヨン）候補を大差で破り大統領に当選し，10年ぶりの「保守」への政権交代が実現した。韓国において，「保守」と「進歩」の対立軸は何かについて，いろいろな議論があるが，本稿では，①対北朝鮮政策，②広義の経済社会政策，③韓国の現代史に対する見方，以上の3点が主要な対立軸ではないかと考える。ここで3点について詳細な議論は省略するが，対北朝鮮政策が「保守」と「進歩」を分ける主要な対立軸の一つであるということについて，韓国社会においてそれほど異論はないようだ。

　李明博政権および「保守」勢力の多くは，過去5年の盧武鉉（ノムヒョン）政権だけでなく，それ以前の金大中（キムデジュン）政権を含めた期間を，「左派」政権もしくは「進歩」政権による「失われた10年」であったと主張する。金大中政権の「太陽政策」，盧武鉉政権の「平和繁栄政策」は，北朝鮮の言いなりに経済協力の果実だけを与えたにもかかわらず，結果的には北朝鮮の核保有を防ぐことができなかった。その意味で，そうした政策は「宥和政策（appeasement policy）」でしかなかったと批判する。

　李明博政権の成立にともなって，韓国の対北朝鮮政策はどのように，そして，どの程度変わり得るのか。この問いに答えるためには，韓国の対北朝鮮政策がどのように形成されてきたのか，より具体的に言うと，どのような構造的条件に制約され，どのように選択されたのか，そして，その結果，そうした選択が構造的条件にどのような影響を及ぼしたのか，以上のように政策の形成と展開の過程を明らかにする必要がある。

1 構成主義(constructivism)的アプローチ

　国際政治学さらには比較政治学において，従来から存在していた，「構造主義 (structuralism)」対「個人主義 (individualism)」という方法論における対立を止揚する立場として構成主義的なアプローチが提示されるようになっている。ここでは，国際関係における政策分析における構成主義的アプローチはどのようなものであるのかについて考察を加えたうえで，韓国の対北朝鮮包容政策を分析するのに，構成主義的アプローチが，なぜ必要であるのか，またなぜ有効であるのかについて論じることにする[2]。

　国際関係において，一国の政府がある政策をなぜ選択するのかという問題を設定するとき，その国が置かれた構造的条件による制約という側面を重視するのか，それとも，その国の政治指導者が何を国益であるのかを考え選択したという側面を重視するのかという対照的な二つの見方が考えられる。韓国の対北朝鮮政策に即して言えば，韓国の置かれた国際的な条件から帰結されたという側面を重視するのか，それとも，ある特定の政治指導者による国益に基づく政治的選択という側面を強調するのか，という問題である。

　前者によれば，大陸勢力と海洋勢力との勢力角逐の場になりやすく，周囲を自国よりも強大な国によって包囲されているという地政学的条件，さらには，冷戦構造の下，米韓同盟関係を基軸として北朝鮮との体制競争を勝ち抜くことを与件とした場合，そうした構造的条件は，韓国の対北朝鮮政策を非常に強い制約のもとに置くことになる。ただ，そうした構造的条件による制約を強調すると，韓国の対北朝鮮政策は不変で一貫していたのかという疑問が生じる。韓国の対北朝鮮政策は，それほど不変のものではなく，例えば，1970年代初頭に起こったような，南北間の力関係の変化，米中接近による冷静構造の緩和など，構造的条件の変化によって変容を余儀なくされたこともある。ここで問題になるのは，こうした構造的条件の変化は一つの特定の政策を帰結させることになるのかということである。この点について，1970年初頭の韓国の状況は，構造的条件の変化が韓国の対北朝鮮政策を一義的に決定するという見方に対する，重要な反証を提示するはずだ。詳しくは後述す

るが，同様な構造的条件の変化にもかかわらず，複数の政治指導者が，構造的条件の変化に対する異なる認識を持ち，それに基づいて対照的な政策を提示したからだ。

このように，一方で，南北朝鮮の政策変化は，単に構造的条件の変化がもたらした必然的な帰結ではなかった。他方で，そうした構造的条件の変化とは無関係に起こった，政治指導者による選択の帰結だけでもなかった。そうした構造的条件の変化をそれぞれの政治指導者がどのように認識したのか，そして，それに応じて自国の利益を増大させるために，そうした構造的条件にどのように働きかけるのか，そうした枠組みで分析する必要がある。その意味で，韓国の外交政策，特に，対北朝鮮政策の分析には，構造主義的なアプローチでも，個人主義（合理主義）的アプローチでもなく，構造的条件に対する各行為者の認識とその変化に注目し，政策を構造的条件の維持としてだけでなく，その変化をも志向した働きかけとして理解するような，構成主義的アプローチが必要かつ有効になると考えられる．

2 金大中の統一政策の変遷過程

①1960年代の金大中：ベトナム戦争への対応

1960年代半ば，韓国外交における重要な選択の一つが韓国軍のベトナム派兵であった[3]。ただ，韓国の野党は必ずしも韓国軍のベトナム派兵それ自体に反対したわけではなかった。韓国にとってベトナムは反共の第二戦線であるという政府の主張に真っ向から反対することは，反共主義に立脚する限り困難であったからだ。金大中もその例に漏れず，ベトナム派兵に当初から反対したわけではなかった（金大中，1995，p.220）。しかし，次第に，国際世論がベトナム戦争に対して批判的になってきたことを重視して，ベトナム派兵が韓国の国益をむしろ阻害しているのではないかという批判を展開するようになった（金大中，大韓民国とアメリカ合衆国間の相互防衛条約第四条による施設と区域および大韓民国と合衆国軍隊の地位に関する協定の締結に関する批准同意案質疑討論（1966年10月14日）第58回第29次本会議，後廣金大

中大全集13巻, pp. 96-97)。

　さらに，1964年の時点で中国の国連加盟を既定事実として朝鮮半島の統一方案を考える必要があるという主張を展開したり，共産主義国との交流を通して自国の利益を図るべきだという主張を展開したりしたことも，当時の韓国においては斬新な発想であった（金大中，現下国際情勢に関する質問（1964年10月26日）第45回第18次本会議，後廣（フグヮン）金大中大全集13巻, pp. 160-165)。反共イデオロギーに基づく硬直的な冷戦認識ではなく，共産主義対反共主義という二分法では世界が割り切れなくなっていることを前提とした，冷戦に対する柔軟な認識の萌芽がすでに芽生えていた点は興味深い。

②朴正熙と金大中：1970年代米中和解への対応をめぐって

　1970年代初頭の朝鮮半島を取り巻く構造的条件変化の中で，朴正熙政権の対北朝鮮政策に対抗し，ある意味でそれを先取りする形で代案を提示したのが金大中であった。金大中は，1970年，翌年の大統領選挙の野党新民党候補に選出されると，その選挙公約の一つとして，平和共存・平和交流・平和統一という三段階からなる「南北間の平和交流を通した南北関係の改善と漸進的平和統一方案」とともに，「4大国（日米中ソ）不戦保障論」を公約として掲げた。これは，「四大国が他国の領土である朝鮮半島を舞台に，日清戦争や日露戦争のような戦争を行わないということと，南北双方をけしかけて戦争をおこなわせたりしないという約束を成立させようとすることであった。言い換えれば，四大国に一種の不可侵条約を要求するという構想であった（金大中，1995, pp. 265-266)。」当時は，まだ，中ソは北朝鮮を支援する敵国であると考えられていたために，そうした中ソに韓国の安全を保障させるというのは斬新な発想であった。

　金大中の発想として興味深いのは，1970年代の国際政治の流れを「現状維持」ととらえている点である。それまで，アメリカが中国を承認しなかったが，アメリカが中国の存在というありのままの現状を認め中国との共存を図るように，朝鮮半島も南北に分断されている現状から出発し平和共存を図る方向に進むべきだという主張である（金大中「変化する世界と朝鮮半島

(1972年3月11日)」後廣金大中大全集第3巻, pp. 56-59)。朝鮮半島をめぐる国際政治の現状を変革するということではなく，米中和解という国際政治の変化の流れに韓国も順応するべきだという発想である。

では，それと比較される朴正熙政権の対応はどのようなものであったか。この「四大国不戦保障論」に対して，朴正熙は「敵対関係にある中国やソ連邦に自国の安全の保障を求めるのは，国の基礎を危うくするものである。発案者の真意を疑わざるをえない（朴正熙「非現実的な『四大国保障論』（1972年1月11日）」大統領秘書室, 1976, pp. 62-70)」と批判した。しかし，実際には，朴正熙政権もこうした国際環境の激変に対する対応を迫られていた。その結果，70年代の後半には朴正熙政権の南北統一政策は，70年代初頭に金大中が提唱した政策に類似する方向，換言すれば，対共産圏外交を活発にし，中ソとの関係改善をも模索するという方向に向かうことになった。しかし，北朝鮮が，分断の固定化につながるという理由を掲げて南北国連同時加盟やクロス承認に真っ向から反対し，連邦制による統一を先行させることを主張した。その結果，統一政策をめぐる南北間の乖離は埋まらなかった。

朴正熙政権は，米ソデタントや米中和解への対応として，そして，南北間の力関係の拮抗という条件変化を念頭において，従来ほとんど考慮しなかった民族的枠組における南北対話に積極的に取り組むようになった。これに対して，金大中は国際的枠組みを重視しながら，それと民族的枠組みとが両立しうることを強調した。金大中は南北対話に関して，朴正熙政権がそれを国内体制引き締めのために利用することを警戒しながらも，南北対話という民族的枠組みを支持した（金大中, 1995, pp. 328-332)。しかし，ニクソン政権によるグアム・ドクトリンや駐韓米軍削減などの動きに対しては，それが拙速すぎること，したがって現状の流動化に拍車をかけてしまうという批判を提起した（金大中「アジアの安定と新たな米韓関係の樹立（1970日3月10日)」後廣金大中大全集第9巻, pp. 15-16)。

国際的枠組みと民族的枠組みとを相互補完的なものとして両立しうると，金大中が終始一貫して楽観的に考えていたのに対して，朴正熙は，一旦は民族的枠組みに傾斜し，それが挫折した後，再び国際的枠組みに回帰した。但

し，こうした国際的枠組みへの依存も，朴正熙政権にとっては必ずしも満足のいくものではなかった。一方で，結果的には挫折したが，駐韓米軍の撤退が米韓間の本格的な議題となり，韓国の防衛に関するアメリカの関与が相対的に減少するとともに，他方で，人権弾圧などの韓国批判がアメリカ議会で高まった（US Congress, 1978）。その結果，米韓関係の先行きは，よりいっそう不透明さを増し，朴正熙政権もアメリカからの自立という姿勢をより明確にすることになる。したがって，必ずしも，韓国をとりまく国際条件が韓国の方に有利になるとも考えられなかった。朴正熙政権にとっては，国内体制を引き締め，産業構造の高度化と自前の軍事力増強によって，北朝鮮に対抗する国力を，たとえ単独でも構築することを優先することになった（朴正熙「平和保障の唯一の力は国力（1974年3月1日）」大統領秘書室，1976, pp. 158-162）。

　このように，1970年代初頭，米中和解によって触発された北東アジア冷戦体制の緩和に対する朴正熙政権の対応と金大中の代案提示を見てきたが，そこでは，民族的枠組みと国際的枠組みとの両立を模索する金大中の楽観的な姿勢と，両者の両立に対して相対的に悲観的な朴正熙政権の姿勢との対比を読み取ることができる。民族的枠組みと国際的枠組みとの両立という課題設定と，その課題達成に対するある意味では楽観的とも言える金大中の信念は，政権掌握後の対北朝鮮包容政策にも継承されていくことになる。

③民主化以後の南北関係と金大中

　金大中は，1987年，1992年の2回にわたる大統領選挙での敗北後，一旦は政界を引退し自らの統一に関する構想を集大成することで，対北朝鮮包容政策の基本型を完成させた。その過程で，盧泰愚(ノテゥ)政権の北方外交や金泳三(キムヨンサム)政権の対北朝鮮政策を批判し，それと自らの統一政策に関する構想との差別化を図ることになった。

　まず，盧泰愚政権の北方政策を金大中はどのように評価したのか。政治的なライバル関係にあっただけに，次のような批判を展開した（金大中「わたしの統一政策を語る」（金大中，1994, pp. 358-9））。まず，南北国連同時加

盟や日朝国交正常化交渉の開始などの成果があがったことは評価するが，元来北方政策がそれを意図したのか，さらには，北方政策がその原因になったのかについては懐疑的であった。むしろ，冷戦の終焉という大状況の変化によってもたらされたことを強調した。さらに，コストが非常に大きい点も批判した。金大中は，盧泰愚政権の北方政策の根幹をなす7・7宣言を「自分たちも開放するからお前たちも開放しろということだが，北朝鮮の要求する不可侵宣言については何も受け入れていない」と批判した。結果として，北朝鮮の従来の行動様式を変化させることになったことを評価しながらも，それは，韓国政府の一方的な姿勢に北朝鮮が従ったからではないと指摘する。そして，これは，盧泰愚政権の北方政策が，自らは中ソとの関係改善を志向しながらも，北朝鮮と日米との関係改善に助力するわけではなく，むしろ北朝鮮の孤立感を深めることになったという批判につながる。換言すれば，盧泰愚政権の北方政策は，国際的枠組み，特に中ソとの関係を重視するが，それに比べて対北朝鮮という民族的枠組みを相対的に軽視したという批判である。

また，1990年代に入ってドイツ統一を目撃した韓国社会では，統一コストの問題が盛んに議論されるようになったが，金大中は，いち早くドイツ型の吸収統一がもたらす莫大なコスト負担を指摘し，吸収統一ではない方式を志向するべきであるという主張を展開することになった。さらに，侵略国・敗戦国として分割されたドイツとは対照的に，朝鮮は分割されるべき正当な理由はなく，また南北統一によって周辺諸国に脅威を与えることもないので，南北統一は「権利」であることを前提とし，そのうえで周辺四大国に対して朝鮮半島の統一に協力させるような環境をいかに作っていくかが重要であると指摘した（金大中「わが民族について語る」同上書，p. 75)。

ところが，朝鮮半島をめぐる国際政治は，1993年の第一次核危機以後，その危機を解決するためのジュネーブ枠組み合意が米朝の枠組みで行われたように，韓国を素通りして米朝の枠組みが軸になって展開されることになった。北朝鮮が核開発をカードとして，国際的枠組みによって自体制の生存のための国際的保障を獲得する戦術に出たからである。それに対して，金泳三政権は国際的枠組みが民族的枠組みに先行することに焦燥感を感じ，それを民族

的枠組みの方向に向けさせることに固執した（Oberdorfer, 1997, p. 358）。その結果として日米と北朝鮮との関係改善にブレーキをかける役回りを演じる場合が多々あった（Ibid. pp. 373-374）。金泳三政権は，米中を巻き込んだ四者協議の枠組みを提唱したが，それは，あくまで韓国が主導権を握ることを前提とした戦略であり，朝鮮半島をめぐる政治の軸を，米朝関係を軸とする国際的枠組みから南北関係の民族的枠組みへと引き戻そうとする試みであった（Ibid. p. 383）。しかし，そうした試みは四者協議が何の成果もなく消滅したことに端的に現れたように，失敗に終わったと言わなければならないだろう。

3 対北朝鮮包容政策の展開

1998年2月の大統領就任演説で，金大中は「いかなる武力挑発も決して容認しない。我々は，北朝鮮を崩壊させたり，吸収したりする考えはない。南北朝鮮間の和解と協力を可能な分野から積極的に推進していく」という対北朝鮮包容政策の三つの基本原則に言及した。そして，引き続き「我々は，北朝鮮が日米両国など我々の友邦国や国際機関と交流協力を推進しても，これを支援する用意がある」と，北朝鮮と日米との関係改善に韓国が尽力する用意のあることを明確にした。但し，ここでは「南北間の交流協力が実現する場合」という前提条件を付している（金大中「第15代大統領就任辞（1998年2月25日）」韓国統一部，2003, pp. 112-113）。

金大中が対北朝鮮包容政策を念頭に置いて，まず着手したのが，対日関係の改善であった。金大中政権は1998年10月の大統領の訪日を契機として，日韓関係のあり方に一線を画する重大な転機を準備した。それまで，金大中と日本の自民党政権との間には，拉致事件における日韓政府間の政治決着という問題もあり，金大中は与党自民党との間にそれほど太いパイプを持っていなかった。したがって，日本政府の中には，金大中政権になると特に歴史認識の問題などに関して対日強硬姿勢を強めるのではないかと「危惧」する声もあった。しかし，金大中政権は経済危機克服のためには日本政府の協力

が必要であるという認識を示し、そうした「危惧」は現実のものとはならなかった。金泳三政権時代に、日本の閣僚の「妄言」問題や日韓関係の進展に対する韓国の警戒などから、相対的に摩擦を含んだ関係であった日韓関係が、金大中政権になってからはむしろ好転した。それを決定的にしたのが、1998年10月の金大中大統領の訪日であった。そこで示された日韓共同宣言は、その「21世紀に向けた新たな日韓パートナーシップ」という副題が示すように、従来とは異なる画期的なものであった。しかも、その「行動計画」では援助に関する実務的な協力が重視されたが、これは近い将来において本格化することになる北朝鮮に対する支援を念頭に置いたものであると位置づけられた[4]。

こうした「発想の転換」の背景には、日韓双方の条件の変化があったが、特に、金大中政権は、北朝鮮の経済破綻を緩和するためには、豊富な経済的資源を持ち、しかも日朝国交正常化によって多額の資金が導入される可能性の高い日本の関与が必要であるという現実的な認識を持つようになったのである[5]。

次に取りかかったのが、アメリカの対北朝鮮政策を韓国の対北朝鮮包容政策に接近させることであった。アメリカのクリントン政権は、1993年から94年にかけての核危機を、カーター訪朝とジュネーブ枠組み合意によって一旦は克服したが、その後、今度は、北朝鮮のミサイル問題に直面した。そこで、ペリー前国防長官を責任者に任命して対北朝鮮政策の包括的な再検討作業を進行中であった。これは、後にペリー・レポートとして機密部分を除いて公表されることになる（Perry, 1999）。金大中政権は、このペリー・レポートの内容を自らの対北朝鮮包容政策との整合性を持つように働きかけを強めていくことになる。金大中政権の対北朝鮮包容政策の実質的な責任者であった林東源（イムドンウォン）（大統領外交安保首席補佐官）は、1999年1月を皮切りに2000年9月に至るまで、計6回以上ペリーと会っている[6]。また、1999年3月にペリーがソウルを訪問したときも、金大中大統領は直接ペリーと会って、南北首脳会談に向けた秘密接触が進行中であることを告げたと言われている（チェ・チョン、2000, pp.164-166）。つまり、アメリカとの間での対北朝鮮政策をめ

ぐる調整を行うことで，対北朝鮮包容政策に関するアメリカのよりいっそう積極的な支持を取り付けることにより，民族的枠組みと国際的枠組みとの調整を主導したのである。

ペリー・レポートの内容を分析すると，金大中政権の対北朝鮮包容政策との整合性を随所に見出すことができる。このレポートでは，金大中政権の対北朝鮮包容政策を指摘し，次のように言及した。「非常に高い国際的権威を持った同盟国の指導者であり，駐韓米軍37,000名の受入国として，金大中大統領の識見は，朝鮮半島におけるアメリカの政策目的を実現するための中心となる。アメリカのいかなる政策も，韓国の政策との調整なくしては成功しない。今日の韓国の包容政策は，アメリカの政策にとって94年とは非常に異なる条件と機会を準備した（Perry, 1999）。」そして，北朝鮮の核・ミサイル問題を包括なアプローチによって解決するために，対話と協力を通した関係改善を追求し，対北朝鮮政策総括高位職の任命，日米韓3者調整監督グループ（対北朝鮮政策調整グループ会議：TCOG: Trilateral Coordination and Oversight Group Meetings）の定期化，議会内の超党派対北朝鮮政策の推進，北朝鮮の挑発可能性に対する準備などを盛り込んだ。ペリー・レポートは，金大中政権の対北朝鮮包容政策に対してアメリカの立場から「便乗」しようとする選択であったと言っても過言ではないだろう。

ペリー・レポートの特徴は，いろいろな可能性のある選択肢を考慮して，その中でも最も低コストで目標を達成できる方法を選択しようとしたことである。その他の政策の選択肢には，北朝鮮の体制変化を促進するというようなものもあったが，そうした動きが北朝鮮の内部から発生する気配はなく，時間がかかるという理由を掲げ，北朝鮮との関係改善を進めながら北朝鮮の核・ミサイル脅威を解決する方が現実的であると結論を下した。北朝鮮の改革・開放への変化の可能性に関しては，金大中政権ほど楽観的ではないが，ともかくも現状では金正日体制を認めたうえで，それと交渉するしかないという認識が，金大中政権との間で共有された。そして，従来，北朝鮮がある程度期待していたような，日米韓，特に米韓関係に対北朝鮮関係をめぐって楔を打ち込むことが非常に困難な情勢になった。

第3章 構成主義(constructivism)の視角から見た韓国の対北朝鮮包容政策

　そして，中国上海を舞台にした秘密交渉の末，2000年6月12・13両日に平壌で南北首脳会談を開催することに合意したと発表された（チェ・チョン，2000, p.15）。南北朝鮮の両首脳による直接対話が実現することは，それまで米朝関係を軸として展開されてきた朝鮮半島をめぐる国際政治を，南北間という民族的枠組みに回帰させるものであったことは間違いない。しかも，この過程は国際的な枠組みの進展と民族の枠組みの進展とが本格的に並行した事例である。

　南北首脳会談は，その秘密接触が上海を舞台にして行われたことが示すように，中国による仲介によるものであって，必ずしも日米に熟知されて実現されたというわけではなかった（チェ・チョン，2000, pp.286-296）。しかし，それに対しては日米ともに少なくとも表向きは歓迎せざるを得ない関係が，すでに米韓間，日韓間に醸成されていたという点で，南北という民族的枠組みと対日米関係という国際的枠組みとが相互補完的に進んだ事例として位置づけることができるだろう。これは，両者の関係ができるだけ対立的もしくは相互排他的な関係にはならないようにした，金大中政権による対日外交および対米外交の成果であると言える。韓国が日朝および米朝関係の枠組みを側面から支援し進展させることで，日米韓の緊密な連携と南北関係という民族の枠組みとを相互補完的に連携させた成果が，南北首脳会談の開催という結果をもたらしたのである。

　南北首脳会談後，一方で南北の民族的枠組みにおける機能的な協力や軍事的な緊張緩和に向けた取り組みが始まった。それと並行して，米朝関係においても，2002年10月，趙明禄（北朝鮮国防委員会第一副委員長）が金正日の特使として訪米し，さらにオルブライト国務長官の訪朝などを通してミサイル問題妥結に向けた交渉が，クリントン政権の最終段階になって急ピッチで進められた。しかし，大統領選挙の結果，次期大統領がブッシュに決まったこともあって，交渉は妥結には至らず，ブッシュ政権に引き継がれることになった。

5 ブッシュ政権の登場と対北朝鮮包容政策の「行き詰まり」

　米朝関係の進展は，クリントン民主党政権からブッシュ共和党政権への政権交代を契機に急速にブレーキがかけられた。金大中政権はブッシュ政権の誕生に直面して無策であったわけではなかった。ブッシュ大統領就任直後の2001年3月，金大中大統領が訪米し，米韓首脳会談において，対北朝鮮包容政策に関する理解を求めた。その共同宣言では金大中政権の対北朝鮮包容政策に対するアメリカの支持が確認されたが，実際は，北朝鮮の変化可能性の認識に関して，米韓間で明確な温度差が確認され，ブッシュ政権の対北朝鮮政策がクリントン政権のそれとは相当異なることが明確になった（朝鮮日報2001年3月9日付）。さらに，ブッシュ大統領は，金正日個人に対して「国民を飢えさせても何も思わない」指導者であると批判を加え，北朝鮮の変化の可能性に関しても楽観できないという立場を明らかにした（ハンギョレ新聞，2001年3月25日付）。対北朝鮮政策をめぐって米韓関係に亀裂が生じ始めたのだ。

　その後，9・11テロに対する「対テロ戦争」によって，アメリカの対北朝鮮政策には具体的な進展が見られなかった。そして，2002年1月ブッシュ大統領の一般教書演説の中で，北朝鮮はイラク，イランとともに「悪の枢軸」に位置づけられた。これらの国を，大量破壊兵器を開発するだけでなく，それを輸出することで兵器の拡散に手を貸し，アメリカや世界の安全保障にとって非常に危険な存在であると位置づけた。韓国国内では，保守的な層も含めて，この発言には批判的な世論が高まった（ハンギョレ新聞2002年1月31日付）。他方，アメリカ国内では，北朝鮮は核開発を放棄していないのではないかという疑惑が維持され，北朝鮮が核開発を放棄した見返りに北朝鮮に対する軽水炉型原発の建設と建設までの電力用の重油供給を約束したジュネーブ枠組み合意への批判が高まった（ハンギョレ新聞2002年3月19日付）。

　こうした膠着した米朝関係を打開するために，2002年4月，林東源（イムドンウォン）（大統領外交安保特別補佐官）による訪朝が行われた。この訪朝を契機に，金正日が日米との対話再開の意向を明らかにした（ハンギョレ新聞2002年4月8日

付)。ここでは，日米との対話再開を促した韓国の勧告に北朝鮮も応えた格好になった。また，北朝鮮はアメリカのプリチャード（KEDOアメリカ執行理事兼国務省対北朝鮮交渉担当大使）特使の訪朝を受け入れる用意があると伝えた（ハンギョレ新聞2002年4月8日付）。後に，特使をケリー（国務省東アジア太平洋担当次官補）に格上げすることになった（ハンギョレ新聞2002年6月29日付）が，軍事境界線を挟んだ海上における韓国と北朝鮮との衝突などもあって，結局，特使派遣は延期された（ハンギョレ新聞2002年7月4日付）。日朝関係に関しては，日朝赤十字会談の開催に引き続き，2002年9月，小泉首相が訪朝し，金正日との首脳会談が実現した。首脳会談で，金正日は，いままで否定してきた日本人拉致事件を認めるとともに，日朝共同宣言によって日朝国交正常化交渉の再開が合意された。このようにして，北朝鮮と日米との関係改善のための金大中政権による「仲介」努力は，ある程度までは実を結ぶかに見えた。金大中政権にとって，機能的協力を中心としてある程度進捗した南北の民族的枠組みに，日朝や米朝の国際的枠組みを接合させる試みであった。

　ところが，その後，日朝関係は，拉致問題をめぐる日本国内世論の硬化を主たる原因として，国交正常化交渉は停滞を続けた。米朝関係に関しては，米朝対話の再開を模索して2002年10月に訪朝したケリー国務次官補は，北朝鮮が実質的に核開発を放棄せず，濃縮ウランの抽出を行ってきたことを示唆したと，帰国後明らかにした（ハンギョレ新聞2002年10月18日付）。これをきっかけに，北朝鮮の核開発疑惑が再浮上することになった。北朝鮮はNPTからの脱退を宣言，IAEAの査察官を国外に追放し，濃縮ウランの抽出だけでなく核兵器に転用可能なプルトニウム再処理の再開を宣言した。北朝鮮は，自らが核武装をする権利があることを前提としつつ，核・ミサイル問題の解決のためには米朝の直接対話が必要であると主張した。それに対して，ブッシュ政権は，そうした北朝鮮の要求に応えることは，北朝鮮による核開発の「脅迫」に報償することになってしまうという理由で，あくまで，国連などの多国間の枠組みで北朝鮮の核開発問題に対応する姿勢を堅持した。

　北朝鮮の核開発疑惑の再燃とそれに対するアメリカの強硬な対応に直面す

ることで，金大中政権は，金正日のソウル訪問が果たせなかったばかりか，任期末には，それまである程度順調に進んでいた機能的な協力に関しても可視的な進展が見られなくなった。対北朝鮮包容政策とは全く異なる目的，つまり北朝鮮の現体制自体の急激な転換をブッシュ政権が現実的なオプションとして持ったとき，もしくは，北朝鮮があくまでこうした米韓関係の対北朝鮮認識の違いを自らの瀬戸際外交のために利用しようとしたとき，対北朝鮮包容政策は「無力化」せざるを得なかったからだ。韓国にとって最悪のシナリオは，対米関係を優先させるのか，対北朝鮮関係を優先させるのか，そのどちらか一方の二者択一的な選択を迫られることであった。民族的枠組みと国際的枠組みとの両立を図る，もしくは，少なくともその両者が妥協不可能な葛藤関係に陥らないようにすることが，対北朝鮮包容政策の成否にとって最も重要な条件であった。ところが，ブッシュ政権の登場によって，そうした条件が成立しがたくなったのである。

結び

　対北朝鮮包容政策の強みは，たとえ，それが初期の目的を必ずしも達成できないとしても，それに代わる現実的な代案が存在しないという点である。韓国政府も，当初，ドイツ型の吸収統一の可能性を考えたが，結局負担するコストの膨大さに直面して，その可能性が現実化するのを，むしろ恐れた。また，ペリー・レポートでも，現状維持から北朝鮮の体制転換にいたるまでいつくかのシナリオを念頭に置きながらも，結局，関係正常化までを視野に入れた北朝鮮との対話と交渉によって核・ミサイル問題を解決するという選択肢を採用した。あれほど北朝鮮に強硬姿勢を示し無視政策を続けようとしたブッシュ政権でさえ，2005年以降は対北朝鮮関与政策に舵を切ったと言ってよいだろう。日本政府は依然としてそうした政策に同調してはいないが，そうした対北朝鮮政策の結果，得たものはほとんど何もないと言ってよいだろう。このように，対北朝鮮包容政策は忍耐が必要であり，それなりの時間的コストや交渉コストがかかるが，軍事的手段による解決よりも少ないコストで済むという共通了解があることの意味はどんなに強調しても強調し

すぎることはないだろう。

●参考文献
日本語文献

林東源（波佐場清訳），『南北首脳会談への道』岩波書店，2008年

木宮正史「一九六〇年代韓国における冷戦外交の三類型——日韓国交正常化・ベトナム派兵・ASPAC」小此木政夫・文正仁編『市場・国家・国際体制』（慶應義塾大学出版会，2001年），91-145ページ。

木宮正史「日韓関係の力学と展望：冷戦期のダイナミズムと脱冷戦期における構造変容」東海大学文明研究所監修，金慶珠・李元徳編『日韓の共通認識：日本は韓国にとって何なのか？』東海大学出版会，2007年，pp.47-72.

金大中（ＮＨＫ取材班構成・訳）『わたしの自叙伝―日本へのメッセージ』（ＮＨＫ出版，1995年）

英語文献

Green, Daniel M. ed., *Constructivism and Comparative Politics*, New York, M. E. Sharpe, 2002.

Oberdorfer,O., *The Two Koreas: A Contemporary History*（Addison-Wesley, 1997）

Perry,W., "Review of United States Policy Toward North Korea: Findings and Recommendations: Unclassified Report by Dr. William J. Perry, U.S. North Korea Policy Coordinator and Special Advisor to the President and the Secretary of State,Washington, DC, October 12,1999" http://www.state.gov/www/regions/eap/991012_northkorea_rpt.html

US Congress, *Investigation of Korean-American Relations: Report of the Subcommittee on International Organizations of the Committee on International Relations, US House of Representatives*（US Government Printing Office,1978）

Wengt, Alexander, *Social Theory of International Politics*, Cambridge, Cambridge University Press, 1999.

Wight, Colin, *Agent, Structures and International Relations: Politcs as Ontology*, Cambridge University Press, 2006.

Zehfuss, Maja, *Constructivism in International Relations:The Politics of Reality*, Cambridge University Press, 2002.

韓国語文献（配列はハングルの順序に基づく。なお，ハングル表記のものについては，原語の後の括弧の中に日本語訳を加えた。）

金大中『後廣金大中大全集第3巻』（中心書院，1993年）
金大中『後廣金大中大全集第9巻』（中心書院，1993年）
金大中『後廣金大中大全集第13巻』（中心書院，1993年）
金大中『나의 길 나의 사상（わたしの道　わたしの思想）』（한길사，1994年）
大統領秘書室編『平和統一의大道：朴正熙大統領演説文集』（大韓公論社，1976年）
동북아평화연구회（東北アジア平和研究会）『국민의 정부　대북포용정책（国民의 政府　対北朝鮮包容政策）』（밀레니엄북스，1999年）
外交通商部『金大中大統領日本公式訪問結果（共同宣言，演説文等主要記録）1998. 10. 7～10』（外交通商部，1998年）
최원기 정창현（チェウォンギ・チョンチャンヒョン）『南北頂上会談600日』（김영사，2000年）
韓国統一部『国民의 政府 5年　平和와 協力의 実践』（韓国統一部，2003年）

●注

1）金大中政権の対北朝鮮政策に関しては，「包容政策（engagement policy）」のほかに「太陽政策（sunshine policy）」という呼称もよく使われた。これは，「北風と太陽」の童話で，北風ではなく太陽が旅人の外套を脱がせたことにちなんで命名された。双方とも，力ずくで北朝鮮を屈服させるのでなく，温かく包容して，人的，物的な交流を進め，北朝鮮を改革・開放路線に導くことによって，南北の平和共存を定着させようというねらいを持つという意味で，ほぼ同義語として使われた。但し，「太陽政策」という言葉が，北朝鮮に対するある種の宥和政策を意味するのではないかという誤解を避けるために，政府の公式文書などでは「包容政策」という呼称が一般的には使われるようになった。本章でもそれにしたがって，主として「包容政策」という呼称を用いることにする。

2）国際政治における構成主義的アプローチに関しては多くの著作があげられるが，本稿の分析において重要な影響を受けたと考えられる「行為者―構造問題（agent-structure problem）」を中心にした以下の著作を参照されたい。Wendt（1999），Wight（2006），Zehfuss（2002）などを参照されたい。また，比較政治学における構成主義アプローチの可能性に関しては，Green（2002）を参照されたい。

3）韓国軍のベトナム派兵に関しては，（木宮正史，2001）を参照されたい。
4）金大中大統領の訪日の成果に関しては（木宮正史，2007）を参照されたい。
5）但し，訪日前の八月下旬，北朝鮮によるテポドンミサイル発射があり，日本国内の対北朝鮮世論は強硬論に旋回していた。また，金大中政権も，対北朝鮮関係についての本格的な行動を開始したわけではなかったので，日韓両首脳（小渕恵三首相と金大中大統領）の間での対北朝鮮政策に関する主要議題はミサイル問題であり，対北朝鮮支援に関する日韓協力に関して具体的なやりとりがあったわけではなかった。
6）金大中政権の対北朝鮮包容政策の展開とペリープロセスとの相互補完的な関係については，林東源の回顧録（林東源，2008）を参照されたい。

第4章　日本の対北政策転換の展望と和解協力政策
—— 和解協力政策と東アジア

岡本　厚

1

　金大中政権，盧武鉉政権で採用された対北和解協力政策は，日本の対北政策にも大きな影響を与えた。2002年9月に行われた小泉総理訪朝と日朝首脳会談，日朝平壌(ピョンヤン)宣言の署名は，金大中政権の和解協力政策がなければありえなかった。金大中政権以前，日朝の対話，交渉の最大の反対者は韓国政府だったからである。金大中政権は，日朝首脳会談を歓迎したばかりか，その実現のために尽力したことが明らかになっている。金大中大統領は金正日(キムジョンイル)国防委員長に対して，何回も日朝関係の改善の重要性を説き，拉致問題の解決について忠告したという[1]。02年4月に大統領特使として訪朝した林東源(イムドンウォン)・大統領特別補佐官も，金正日総書記と会談した際，米特使の受け入れと日朝正常化の重要性を強調し，拉致事件を認め，植民地支配への補償は韓国方式（経済協力）に妥協するよう促している[2]。

　小泉総理は，2001年10月，ソウルで行われた日韓首脳会談で金大中大統領と話をした際，北の情報や金正日委員長についての見方を伝えられたり，日朝関係改善の説得を受けた可能性がある。小泉総理が2004年5月の2度目の訪朝から戻ったとき，語った言葉は「敵対から和解へ，対立から協力へ」であった。この言葉はまさに和解協力政策そのものである。

　日本政府が朝鮮民主主義人民共和国（北朝鮮，DPRK）政府との間で，国交正常化交渉を開始したのは，1990年（正式の第1回会談は91年1月）のことである。これは，盧泰愚(ノテウ)政権の「7.7特別宣言」（88年）を受けたものであるが，東アジアにおいて，もっとも早い脱冷戦の動きのひとつであった。

90年9月、平壌を訪れた自民党の金丸信・副総裁を団長とする自民・社会両党訪朝団に金日成主席が持ちかけたといわれ、調印された「自民党・社会党・労働党共同宣言」には、「日朝間に存在している不正常な状態を解消し、できるだけ早い時期に国交関係を樹立すべきである」とされていた。

当時、自民党の最大の実力者は金丸信であり、日本政治を動かす中枢ともいえ、その実力者が海部総理（自民党総裁）の書簡を携え、また第1野党であった社会党も共同宣言に署名していることから考えれば、国交正常化はそう遠くないと考えて不思議はない。ＤＰＲＫの側もそう予想したであろう。しかし、政府間で始まった交渉は、その後何回もの中断と再開を繰り返し、17年を経た2008年の現在にいたるまで、両国は国交正常化を成し遂げていない。

その後も、ＤＰＲＫが交渉のパートナーとして選んだのは、野中広務や加藤紘一、森喜朗ら当時の自民党政権の中枢ともいえる政治家であり、その選択は誤っていなかった。にもかかわらず、交渉は進展しなかった。

その要因の第1は、日本政府の植民地支配に対する認識であり、正常化条約に謝罪と補償をどうするかの問題である。要因の第2は、東アジアの冷戦体制であり、とりわけ米国と韓国の対北政策の問題である。要因の第3は、日本人の対北蔑視と敵対意識、国民感情の問題である。ここには、メディアも大きな役割を果たす。

これらが相互に影響しあいながら、また当然ＤＰＲＫの側にもこれらと対応する問題があり、また硬直した対応、強硬な態度・発言などもあって、「不正常な状態」をこれほど長く続けることになった。

21世紀に入り、「韓流ブーム」などもあって、韓国に対する親しみの感情は日本社会に広く行き渡ったが、それと反比例するように、ＤＰＲＫに対する恐怖、嫌悪、軽蔑の念が蔓延している。

なぜ、ここまで「不正常な状態」が放置されるのか、なぜ和解が成立しないのか、転換するためには何が必要か、金大中、盧武鉉政権の和解協力政策は日本の対北政策にどのような影響を与え、韓国の政権交代は何をもたらす可能性があるか、検討していきたい。

2

　日本と朝鮮北部の間の不正常な関係は，ＤＰＲＫが成立した1948年から始まったのではない。すでに1910年の植民地統治以来，あるいはさらに遡って，明治政府が朝鮮を圧迫した江華島事件（1875年）以来，日本と朝鮮北部の間に正常な関係（すなわち対等互恵の関係）はなかったといえる。それはすでに130年を超える年月であり，隣国同士の関係としてきわめて異常な状態と言っていい。

　朝鮮南部とは，1948年に大韓民国が成立し，1965年に日韓基本条約が締結されて以来，40数年の間に，経済関係も人的交流も盛んになり，曲りなりにも正常な関係が築かれてきた。日韓間には年間480万人以上の往来があり，それぞれにとって第3位の貿易相手国となっている（2007年）。

　しかし，韓国との間においても，1951年から1965年までの，14年もの長い正常化交渉が必要であった。その間，日本政府代表のいわゆる「妄言」によって，交渉はたびたび中断された。「妄言」とは，日本の植民地支配（1910～1945）を正当化する発言のことである。しかし当時は，閣僚や政治家のみならず，外務省にも，またジャーナリズムや国民の間にも，朝鮮植民地に対する認識，反省はほとんどなかった。

　その結果として，1965年6月に結ばれた日韓基本条約には，植民地支配への謝罪と補償の言葉はなかった。日本政府は，1910年の韓国併合条約を「対等の立場で，また自由意思で締結された」（佐藤栄作総理）と言い張り，またそういう認識でもあった。したがって植民地支配への補償ではなく，「独立お祝い金」の名目で，「経済援助」が行われることになった。締結当時，基本条約を「屈辱」と考える韓国民の激しい抵抗，反対運動があり，非常戒厳令まで布かれた。韓国の朴正熙政権に妥協を強いたのは，経済成長政策のために日本の資金を導入する必要があったことと，ベトナム戦争に深入りして苦境に立った米国の要請である。しかしこのような条約には，今日にいたるまで韓国民に大きな不満を残し，折に触れてそれが噴出する構造的要因になっている。両国のよって立つ条約の基盤は，実は脆弱である。

さすがに1990年代に始まった日朝交渉では，少なくとも政府当局者においては，植民地支配に対する認識は深まり，反省の念は持っていた。それは，朝鮮史の研究者や韓国の民主化運動に連帯する市民運動などから，植民地支配の実態の認識と反省が表明され，次第に社会に浸透していった結果でもある。

たとえば，自民党の金丸副総裁は，「日本と朝鮮との関係において，朝鮮半島を日本が植民地化して，相当な乱暴狼藉をやってきたことは認めざるをえない。朝鮮民族の人たちが日本を恨んでおることには，切なるものがあると私は思います」[3]と述べている。

金丸訪朝団の舞台裏で動き，小泉訪朝の推進者であった外務省の田中均は，日本外交の原点は朝鮮半島と述べ，「日本による植民地支配で苦しんだ人がいたり，数十万の朝鮮半島出身者が日本にいたり，そしていまでは日本にとって最大の軍事的脅威であったりという様ざまな問題点が含まれている。これからは朝鮮半島問題について，日本が能動的に外交しなければならない」という思いで動いたと語っている[4]。

その田中を政府で支えた官房副長官（官僚のトップ，政権の中枢）の古川貞二郎は，難航する交渉に弱音を吐いた田中に対して「田中さん，大義ってものがあるよ。日朝正常化は大義ですよ」と励ましたという[5]。

日朝関係の正常化が，日本の植民地支配の清算として，また，ロシアとの間の「北方四島」問題とともに残された「戦後処理」問題の一つであり，なされなければならない課題であり，大義があるという認識は，ある程度共有されていたと見ることができる。

その結果として，1989年3月の竹下総理による「過去におけるわが国の行為が近隣諸国の国民に多大の苦痛と損害を与えたことを深く自覚して，このようなことを二度とくり返してはならないとの反省と決意」表明があり，それを受けて，90年9月の3党共同宣言の「朝鮮人民に対する日本の過去の植民地支配に対して深く反省する謝罪の意を表明」があった。この流れは，1993年の細川総理による「侵略と植民地支配への反省」発言[6]，1995年の村山談話[7]に連なり，2002年9月の日朝平壌宣言において，「過去の植民地支

配によって，朝鮮の人々に多大の損害と苦痛を与えたという歴史の事実を謙虚に受け止め，痛切な反省と心からのお詫びの気持ちを表明」という文言に結びついた。

国交正常化以後の対北経済支援は，補償ではなく，「平壌宣言の精神に合致する」基本認識のもと，日韓条約と同様，経済協力の形をとることにはなったが，ここでは，少なくとも，日本側から植民地支配の認識と謝罪の表明はなされたのである。そして，この認識と反省の表明は，その後もすべての政権（右派と言われる安倍政権を含めて）に継承された。

3

では侵略や植民地支配の認識や反省が日本社会に広く行き渡り，共通のものとなっているのかといえば，必ずしもそうとはいえない。細川政権，村山政権の謝罪表明に対して，自民党内の右派勢力が危機感を募らせ，日本の近代史を正当化する動きを活発化させ，またほぼ同時期に，民間においても，「新しい歴史教科書をつくる会」などが結成され，侵略・植民地支配を正当化し，反省，謝罪を拒否・否定する動きを作っていく。日本の右傾化は，政府の侵略・植民地支配認識や反省・謝罪に対する，いわばバックラッシュとして形成された。

同時に，右傾化は，冷戦崩壊後のグローバリゼーションの中で，多くの国，地域で噴出した「アイデンティティ」の不安に根差す「自分探し」と同様の動きでもあり，バブル崩壊以後，経済的な優位が失われていくことへの不安，非正規雇用の拡大などによる生活・将来への不安などが，反中国，反韓国（あるときは反米）などという形で表出したものともみることが出来る。

右派の動きは，とりわけ出版メディアなどで活発であるため，耳目を引きやすいが，その思想，行動に大多数の日本国民が共感したかといえば，2001年，2004年に行われた教科書採択で，「新しい歴史教科書」の採用が1％にも満たなかったことからも，決してそうではないことが分かる。日本国民の多くは，侵略，植民地支配について認識しており，その責任についても認め

ている。

　たとえば，ＮＨＫが2000年5月に行った世論調査においては，「先の戦争（満州事変以降の対中国戦争と太平洋戦争）」について，「アジア諸国に対する侵略戦争だった」と認識している日本人は全世代平均で51％，「そうではない」とする15％を大きく上回っている。また，「資源の少ない日本が生きるためのやむをえないものだった」と認識する日本人は，戦中・戦前世代（1938年以前生まれ）のみが41％と，「違う」20％を上回っているが，戦後世代（1939～1958年生まれ）は30％（「違う」36％），戦無世代（1959年以降生まれ）は20％（「違う」45％）と，次第に「やむをえなかったとは思わない」意見が増えている。さらに「戦後に生まれた世代は，先の戦争で日本が行った行為の結果について責任を引き継ぐべきか」との問いには，全体の50％，戦後世代の52％，戦無世代の60％が「引き継ぐべき」と答えている（「必要なし」は全体の27％）[8]。

　しかし，その認識は強いものではなく，自分の問題として，どうしても解決しなければならない問題であるとは意識されていない。朝日新聞，東亜日報，中国社会科学院が2005年に行った日韓中3カ国の世論調査によれば，「植民地時代の被害者に対する日本の賠償の問題は，すでに解決したと思いますか」という問いに，日本の回答者は60％が「解決していない」と答えている。では，解決のために何が最も有効か，という問いには，「韓国・中国が納得する日本の謝罪」13％で，他の2国と大きく意識の差が出た（韓国43％，中国48％）。「歴史の共同研究」は22％でほとんど同率（韓国23％，中国19％）であるが，衝撃的なのは，「韓国・中国の対日意識の改善」に23％もの回答があることだ（韓国5％，中国4％）。また「国民同士の幅広い交流」に29％が期待を寄せているのも2国と大きな差で（韓国6％，中国12％），問題は存在するが，それは自分が解決すべき自分自身のテーマではないと考えていることが分かる[9]。

　日朝交渉の過程で，植民地支配に対する反省の言葉が入ったことに，日本国民からの違和感は少ないと思われる。しかし同時に，国民世論は，日本政府に対して強く交渉の成立，国交樹立を促す力にもならなかった。（中国と

の国交正常化には，1950年代から60年代にかけて，野党だけでなく，財界やジャーナリズムなど国民的なバックアップが存在した。）

　外交の場では，2002年の平壌宣言において，日本から植民地支配の反省が表明され，ＤＰＲＫはそれまで一貫して主張し続けてきた補償方式を取り下げ，経済協力方式を受け入れた。謝罪はしながら，日韓条約などへの波及を防ぐため，経済協力方式にしたのは，日本の外務当局にとってみれば，「勝利」といえるであろう。ＤＰＲＫにとってみれば，日韓条約同様，経済的な窮地の中で日本に足元を見られたと「屈辱」を感じても不思議はない。

　にもかかわらず，「勝利」した側が推進力を失い，それ以降，国交樹立に積極的に動こうとしなくなる。ＤＰＲＫは，2002年中の国交樹立を予定し，経済開放政策が2002年夏に取られたのも，日本からの資金流入を前提にしていたといわれる。そのため，それまで決して認めてこなかった日本人拉致を認め，謝罪し，被害者もその家族も日本に返し，日本の主張に大きく譲歩した。和解協力政策をとり，多大な支援をしている韓国が，拉致（拿捕）された人びとの返還を実現していないのに比べれば，日本が獲得した成果は大きい。逆に，譲歩したＤＰＲＫの側は，ほとんど何も獲得していない。

　なぜこうした結果になったのか。「拉致問題」の発覚とそれへの国民の怒りが大きな要因（後述）だが，それ以前に，歴史の清算に対する日本国民の「弱い認識と弱い反省」があったのではないかと考える。

4

　第1に，日本は植民地を「失う」という痛み，苦しみを体験していない。植民地（台湾，朝鮮，「満州」）は，敗戦に伴って一瞬にして目の前から「消えた」のであって，イギリスやフランス，オランダその他の帝国主義国が戦後，植民地の独立運動と対峙し，国内においても大論争を戦わせ，あるときは戦争をし，傷つきながら植民地の独立を受け入れていくという過程を知らない。日本の場合，それは「敗戦」という大きな打撃のごく限られた局面でしかない。したがって，植民地の問題は，ごく一部の旧植民地出身者の問題

であり、その人びとも、戦後、植民地の体験を個人的な「懐かしさ」の対象として語ることで済ませてきた。国民全体が加害の認識を獲得するには至らなかった。

また日本の戦争犯罪などを裁いた東京裁判は、裁いた側が植民地宗主国であったため、日本の植民地支配を問題にしなかったことはよく知られている。

第2に、そこに1940年代後半からの米ソ冷戦と分断が重なった。東アジアにおいては、米中の対立であり、冷戦でなく熱戦であった（朝鮮戦争、ベトナム戦争）。日本は、侵略や植民地支配を意識化する前に、米国を盟主とする冷戦体制の一部に組み込まれ、分断の一方に加担し、支援する。「反共」が最優先する結びつきの中で、日本は「同盟国」から、侵略と植民地支配の清算を強く迫られることはなかった。

国交樹立に際して、中国は賠償を放棄したが、それも冷戦の存在なしには考えられない。

冷戦が終わり、東アジアの分断国家が冷戦体制を克服して民主化をとげ、それまでの「反共同盟」の呪縛を解いて、侵略と植民地支配の清算を日本に迫り始めるまで、ほぼ半世紀が経っていた。脱植民地意識を持てず、半世紀の間、日米安保体制の中で生き、冷戦の後背地として政治的な自由と経済的な繁栄を享受してきた日本国民にとっては、なぜ冷戦の終焉以降、これまでの「同盟国」が過去の清算を迫ってくるのか、理解することが難しかった。

最も安易な解釈は、「それは相手国の問題だ」と切り捨てることである。実際、上述した3ヶ国世論調査が示す、「相手が対日意識を改善すればいい」であったり、「国民同士が交流すれば解決する」であったりする日本人の意識は、端的にそれを表している。相手国のナショナリズム勃興のせいにするのも同じである。

日本の学校教科書に、多少とも加害の記述が現れるのは、「教科書問題」が起きた1980年代に入ってからである。

侵略、植民地支配への反省、脱植民地化は、このように、きわめて弱いものであったがゆえに、被害国からの批判に対しては、「逆切れ」というしかない反応を示したのである。

金丸訪朝団から日朝平壌宣言までの十余年間，日本国民にとっては，意識を脱植民地化させる絶好のチャンスでもあった。しかし，その時期は同時に，核問題を中心に，激しく朝鮮半島周辺の国際関係が揺れ動いた時期でもあった。日本はこの時期，その動きを，主体者としてでなく，傍観者，ないし米国の協力者として過ごすことになる。

5

　日朝正常化の動きが，米国と韓国の対北政策に左右されたことは事実である。

　日本にとっては，安保条約を結ぶ米国の意向に反して日朝交渉を進めることは難しいし，ＤＰＲＫにとっては，自国の安全を脅かす最大の存在が米国であり，米国との交渉が何よりも優先される。米国は，政権交代のたびに，強硬政策と関与政策の間を揺れ動いた。

　韓国は1987年の民主化抗争で民主化を果たし，冷戦勢力であった軍政が後退した。88年に発足した盧泰愚政権は北方政策を掲げ，南北で対話を進め，また友好国がＤＰＲＫと交易することに反対しない，と表明した。その結果として，金丸訪朝団を契機に日朝間でも正常化交渉が開始された。しかし，両国間の交渉は92年11月で中断する。日本側が日本人拉致問題を持ち出したことにＤＰＲＫが反発したものだが，背景には，ＤＰＲＫの核開発を懸念する米国の強い牽制があった。

　米朝の対立は，93年〜94年にかけての第1次核危機として表面化し，米国の対北攻撃，第二次朝鮮戦争の寸前まで緊張が高まっていく。

　この頃，ソ連の崩壊や大水害などで経済的な崩壊状態に陥ったＤＰＲＫに対し，韓国の金泳三政権は「吸収統一路線」を追求したため，南北間もまた厳しい対立に戻った。

　戦争寸前の緊張の後，米朝は交渉を行ない，1994年10月，枠組合意（ジュネーブ合意）にいたった。この合意とそれに基づく国際的コンソーシアム（ＫＥＤＯ）が，その後10年にわたる地域の平和と安全を保障するものと

なったが，クリントン政権の関与政策は，ＤＰＲＫが近いうちに崩壊することを前提としていたといわれる。

この間，日朝交渉は，7年半にわたって中断していた。再開に動くのは，和解協力政策を掲げた金大中政権の発足以降（1998）である。クリントン政権も，金政権の和解協力政策を支持した。しかし，2000年4月に始まった日朝交渉は，その年のうちに中断した。

01年に発足したブッシュ政権は，ネオコンの強硬路線を追求し，クリントン外交を否定した。9.11を受けて，ブッシュ政権はＤＰＲＫを「悪の枢軸」の一つと位置付け，先制核攻撃の可能性にまで言及した。02年10月，ＤＰＲＫのウラン濃縮疑惑を指摘したブッシュ政権は枠組み合意を崩壊させ，反発したＤＰＲＫは核再処理を再開，厳しい対立に戻る（第2次核危機）。

03年に発足した盧武鉉政権は，金大中政権の和解協力政策を継続した（平和繁栄政策）。その一貫した韓国の姿勢は，ブッシュ政権への抑制として働き，第2次核危機以降，積極的に朝鮮半島の核問題に関与し始めた中国とともに，地域の「安定装置」として，最も危険な時代を乗り切る有効な力となった。ブッシュ政権は，6カ国協議においてもＤＰＲＫとの対話を拒み，交渉しない姿勢をとり続けたが，06年10月の核実験の実施を受け，イラク政策の失敗でネオコンが政権から去ったこともあって，07年初めから，対話と交渉による核問題解決の方向に転換した。6年ぶりの関与政策への復帰と考えられる。

小泉訪朝は，金大中がまだ政権に就いており，ブッシュ政権が対北政策を議論していた時期に，間隙を縫うようにして行なわれた。和解協力政策が成果を挙げ始め，その権威と勢いがあったときに，その勢いを借りて行なわれたと言ってもよい。国交のない国に，首相がいきなり飛ぶという外交も異例中の異例（しかも2回）だが，日本の戦後外交において，米国の意向を踏まえない，あるいは米国の懸念と反対を突破して進められたという意味で，小泉訪朝は稀有な例である。

それまでの日朝交渉が，米国，韓国の意向と政策に振り回され，主体性を欠く形で行なわれてきたことを考えれば，小泉訪朝と日朝平壌宣言の署名は，

日本の主体性が発揮された画期的な外交といえる。(同時に小泉総理は，靖国参拝を毎年行ない，中国と韓国との間の関係を極度に悪化させた。東アジア政策としての整合性については，謎である)

　しかし，その後日本は，6カ国協議の中でも主体的な役割を果たせていない。日本はＤＰＲＫとの間に特別な課題をもっている。植民地支配の清算と日本人拉致事件の解決という2つである。6カ国協議は，地域にとって共通の問題である「核」と安全保障の問題を議論する場であり，当然そこにも日本は大きな役割を果たさなければならない。しかし，2つのテーマは日朝2国だけの問題であり，米国や韓国，中国，ロシアとは関係がない。日本は他の国と関係なく，このテーマについて，ＤＰＲＫと話をすることも可能である。日本に主体性と一貫した政策，戦略があれば，米韓が反対しようと，独自にＤＰＲＫと対話し，交渉することが出来たはずである。米韓はそれぞれのテーマについて，独自にＤＰＲＫと対話し，交渉している。ＤＰＲＫが交渉を有利に進めるため，米日韓中などそれぞれとの交渉を前進させたり中断したりしていることは事実であるが，それを勘案しても，米韓の反対，批判は，ＤＰＲＫと対話，交渉をしない日本政府の「言い訳」でしかない。問題はむしろ日本の主体性のなさ，前向きに問題を解決していこうとする推進力の不足である。

　小泉政権を継いだ安倍政権は，対北強硬政策をとった。もともと安倍自身，対北強硬発言などで注目され，首相にまで登りつめた政治家である。日本の対北外交は「対話と圧力」を基本にすると政府は言うが，小泉政権の政策が「対話」を中心にしていたとすれば，安倍政権は「圧力」に偏した。06年7月のミサイル発射実験，同年10月の核実験に対し，制裁措置が強化された。ＤＰＲＫからの船の入港禁止，輸入の全面禁止，公務員の入国禁止などであり，在日朝鮮人や総連に対する圧迫の強化である。そこには，圧力をかければ，ＤＰＲＫは譲歩してくるという考え方があったと思われる。

　しかし圧力によってＤＰＲＫは動かなかった。対話は途絶した。

　安倍強硬路線は，対話路線に転換したブッシュ政権の政策と整合性が取れず，一説には，07年の夏，ブッシュ大統領からテロ支援国家指定解除を告げ

られたことが安倍政権崩壊の引き金になったとも言われる。ここでも，結局日本の強硬路線は，米国の後ろ盾があって初めて成り立つことが分かる。

DPRKは，しばしば強硬で脅迫的な言辞を用いるが，それは恐怖心の表現であったり，実は対話による解決を求めるものであったりする。こうした態度は，世界最大の軍事大国，核大国に半世紀も対峙しているという環境の中で培われたものであろう。常時，米国の核によって脅かされつつ，たとえ戦争になっても屈しないという姿勢を貫いているのであるから，日本が制裁を課しても屈するとは考えにくい。むしろ，DPRKの場合，どんなに強硬な発言を繰り返していても，対等な立場で対話を求め，扉を叩けば，必ず応じてくるというのが，これまでの経験から導き出されるDPRKの態度である（たとえば，94年核危機の中でのカーター元大統領の訪朝受け入れと妥協）。

DPRKとの"付き合い方"を学習するのに，米国政権はある程度の時間が必要だったといえるかもしれない。

6

内閣府が実施した世論調査において（2007年10月），「北朝鮮への関心事項」を聞いたところ，「日本人拉致問題」が88.7％，「核問題」75.1％，「ミサイル問題」58.0％と続く。「日朝国交正常化」は30.7％，「いわゆる『過去の清算』」は18.5％に過ぎない[10]。

先に示した2005年の日韓中の共同世論調査によれば，「北朝鮮をめぐる問題で最初に思い浮かぶものは何か」との問いに，日本は「日本人，韓国人の拉致」49％に対し，韓国1％，中国2％であまりに歴然とした意識の差に驚く（「核兵器開発」という答えは，日本23％，韓国53％，中国43％）。では「関係諸国は北の核開発や拉致問題などにどう対応すべきか」との問いには，「外交努力」日本47％，韓国77％，中国85％，「経済制裁など強硬策の実施」日本46％，韓国23％，中国12％と，ここでも日本の制裁志向，強硬策支持は突出している。

「北朝鮮への見方」では，「嫌い」日本79％，韓国26％，中国9％に対し，

「好き」日本０％，韓国27％，中国38％である。様ざまな世論調査があるが，０％という結果はほとんど見ることが出来ない。異常な数字である。日本では，ＤＰＲＫについての情報が圧倒的に偏り，拉致，核，ミサイルなどに集中していることが窺える。まさに「悪の枢軸」そのものと捉えられており，それに対するには「叩くしかない」（強硬策）という考えに多くの日本国民が染まっていることが明らかである。

　こういう国民世論を，交渉に当たる外交当局や政治家は背後に負っている。（日本人のこうした発想は，たとえば少年犯罪に対する厳罰化や死刑制度の支持など，国内の犯罪に対する厳罰化志向と共通したものと考えられる）

　小泉訪朝直後の世論調査では，首脳会談に「肯定的評価」81％，国交正常化に「賛成」58％であった（2002年９月18日朝日新聞）。内閣支持率は10％も上昇した。それが拉致事件が注目されると，２週間後には，国交正常化に「賛成」44％，「反対」43％と二分されるようになる（同年10月５，６日朝日新聞調査）。いかに拉致事件が衝撃的であったかが分かる。

　「日本が戦争に巻き込まれる危険性」があるかという調査では，ＤＰＲＫが弾道ミサイルを発射し，日本列島を飛び越えた1998年８月以降，「危険がある」が激増した。1997年２月21.1％が2000年１月には30.5％，2003年１月には43.2％，2006年２月には45.0％である（2007年版『防衛白書』）。この間，1999年３月に能登沖で「不審船」追跡事件が，また2001年12月には九州南西海域で「不審船」撃沈事件が起きている。

　ＤＰＲＫの行動がいかに日本人の不安を煽ったか，ＤＰＲＫのイメージが，いかに拉致，核，ミサイルに固定されていったかが分かる。日本人の植民地支配への認識，反省の弱さは克服されることなく，ミサイルや拉致の恐怖感，脅威感が，両国の間の根本的な問題から目をそらさせ，日米ガイドラインの強化などの軍事的な対応に向かわせ，意識の脱植民地化を阻むことになった。

　2002年から数年，日本のテレビ，雑誌に伝えられるＤＰＲＫの姿は，ミサイルの発射，軍隊の行進，脱北者の証言，飢餓，独裁者などだけであった。小泉訪朝当初にあった，植民地支配に対する責任や戦後補償の問題，冷戦時代には両国は敵対し，対立していたこと，それが拉致事件の要因であったこ

となどへのジャーナリズムの指摘は，ほとんどかき消された。

7

　日本人拉致事件は，もちろん，拉致された被害者の人権を侵害し，日本の主権を侵害した犯罪であって，弁解の余地はない。日本政府，国民，国際社会の糾弾は当然である。ＤＰＲＫ側も，罪を認めている。
　しかし，日本の一部にあるＤＰＲＫへの見方には，そうした批判を超えるものがあった。端的にいえば，日本人の意識の底に残る，アジア，朝鮮に対する差別，偏見が，ＤＰＲＫに対して，公然と向けられたと思えてならないのである。
　近代日本のアジア（主要には中国，朝鮮）観は，日本は文明化し強国となったが，アジアは未開のままであり貧しく弱い，というものであった。そのイメージは，貧困，専制，固陋，残酷などというものであり，日本は"盟主"として，遅れたアジアを指導し，時によっては武力に訴えても文明に導く使命があるといった「帝国意識」は，すでに福沢諭吉の「脱亜論」（明治18年，1885年）などにも見られる。「一より十に至るまで外見の虚飾のみを事として，其実際に於ては真理原則の知見なきのみか，道徳さへ地を払ふて残刻不廉恥を極め，尚傲然として自省の念なき者の如し」（「脱亜論」）。
　まさに日本の「遅れた貧しいアジア」「未開，残酷なアジア」イメージが，テレビに映るＤＰＲＫの像とぴったり重なるのである。韓国はすでに民主化し発展し，このイメージを脱しているし，中国も脱しつつある。日本人の意識下にあった伝統的な朝鮮差別，偏見が，拉致事件などを契機に呼び覚まされたと考えられる。
　戦後も日本人の朝鮮人を見る見かたは，公安・治安対策の対象として，「恐怖・警戒・厄介・複雑・理解不能」といったイメージであったという[11]。克服されていない日本人の「帝国意識」が，つまりなされていない「脱植民地化」が，このような形で現れていたのであるが，それがこの間のＤＰＲＫの言動，日本のメディアの報道によって，「やはり朝鮮は怖い」「厄介だ」

「理解できない」という形で再生産されたと考えられる。

日本の政治家や官僚にとって、日朝正常化にかかわることは高いリスクを引き受けることになってしまった。小渕政権で内閣官房長官となった野中広務は、「金丸訪朝団のときには、金日成主席が超法規的に紅粉船長らを帰らしてくれたんです。そのときに日本の人たちは感動的な歓迎をしてくれたわけですけれども、間もなく、3党合意の中にいわゆる戦後の償いが入っていたとかいうことで、金丸さんは売国奴のように言われちゃったんですね。渡辺美智雄さんが訪朝して食糧支援をやったときも、また加藤紘一さんが政調会長のとき、北朝鮮に食糧支援をやったときも、売国奴のように言われた。すべてかかわった政治家がリスクを負うようになっているんですよ」と語っている[12]。

小泉訪朝を推進した外務省の田中均は、その後メディアから激しいバッシングを受け、そればかりか自宅に爆発物を仕掛けられるという被害を受けている。同じく外務省の佐藤優が、ロシアとの間で北方四島の問題を実際に動かすために政治家とともに動いたことが、メディアから激しいバッシングを受け、逮捕起訴までされた事件を含め、外務官僚が現実を動かすために行動すること自身がリスクを負うことになってしまった。

抱える問題は、日本国民の脱植民地化という巨大なものであるにも関わらず、その解決のための推進力は極めて弱い、というのが現状である。メディアの責任が大きいが、しかしメディアに働く人々の意識も、また日本人全体の意識を反映しているともいえる。

また日朝関係正常化については、国民一般のみならず、プレッシャー・グループがほとんど不在である。冷戦時代には野党などが「日朝友好運動」を行ったが、もともと大きな規模でなく、「拉致事件」の発覚によって多くの支援者が去っていった。国会でも正常化交渉を進めるような議論は少なく、むしろ制裁の強化などの議論が優勢である。朝鮮総連は、「拉致事件」によって、多くの支持者が離れ、圧力団体としては機能しなくなった。左派、リベラル派の市民運動は、もともとＤＰＲＫのスターリン型の人権抑圧、言論抑圧には批判的であり、正常化交渉への発言は少ない。

8

　日本が，韓国の和解協力政策から得ている利益，またそこから生まれたというべき日朝平壌宣言から得ている利益は，実は大きい。

　対話と交渉が続けられている間は，安全と安心が維持されるということが，ここ数年の経験だからである。対話と交渉が途切れたとき，ミサイルの発射があり，核実験があった。安心と安全は，日本だけが享受できるものではなく，韓国，中国はもちろん，ＤＰＲＫも享受できるものでなければならない。日本が自らの安全のためと考えて軍備拡張，強硬政策をとり，ＤＰＲＫを脅かせば，その反応として，日本自身の安全も脅かされる。

　ＤＰＲＫとの間で起きた様々な問題は，すべて分断と対立の時代，敵対関係の中で起きた問題である。それは悲劇であるが，その悲劇は日本国民だけに生じたものではない。その解決のために，分断と対立，敵対の関係を変え，東アジアの冷戦を終わらせなければならない。分断と敵対を煽り，拡大するならば，さらに悲劇は拡大するだろう。安倍政権は，対立と分断を煽り，結局は失敗した。もはや方向は和解協力以外にないのである。

　そのために，東アジアの主体者（アクター）として，日本は朝鮮半島の核問題にかかわり，対話し，交渉し，妥協していく必要がある。そして，（拉致事件の）被害者であるばかりでなく，（植民地支配の）加害者でもあるという意識を，多くの国民が持つ必要がある。

　そのための，"学習期間"と考えれば，この17年は無駄ではなかったということになる。韓国は長い対立と抗争から学んで，和解協力政策を編み出した。米国も学んで関与政策に復帰した。日本も，一方的な安全，安心は決してないということを学ばなければならない。

　福田康夫総理は，小泉内閣の官房長官として，第一回の小泉訪朝を支えた政治家である。日朝平壌宣言の意義についても，日本の戦後処理の問題についても，日本の安全安心と朝鮮半島の情勢の連関についても，よく理解していると思われる。しかし，安倍政権下で決定された日本の独自制裁を，2007年10月の半年延長に引き続き2008年4月にも再延長した。制裁の解除，ある

いは一部解除は，対話再開へのメッセージとなりうるはずである。日朝正常化が福田政権にとってどの程度のプライオリティを持つのか，いまは判然としない。「衆参ねじれ国会」に苦しむ福田政権にとっては，国内問題が優先し，難しい外交は「先送り」がいいと考えているのかもしれない。

　一方，福田総理に近い衛藤征四郎が自民党の日朝問題小委員会の委員長となり，超党派の訪朝団の計画を進めている。民主党，公明党などにも日朝問題をテーマとした委員会が作られている。政治の世界では，正常化交渉を前へ進めようという動きが少しずつ出てきた。「圧力」だけでは事態が動かないことに，次第に苛立ちが生まれてきている。メディアも，少しずつ変化し始めている。

　日朝正常化は，日本国民の脱植民地化，脱冷戦意識化，脱帝国意識化がかかっているという意味で，戦後日本における最大の外交問題といえるかもしれない。日本の正しい意味での「主体性」の確立が，この問題にかかっている。問われているのは，国際関係，政界のリーダーシップ，外務官僚の士気，メディアの冷静さだけでなく，自らに正義を回復しようとする国民の意識である。

●注
1）2007年10月訪日時のインタビュー（「世界」2008年1月号）
2）船橋洋一「ザ・ペニンシュラ・クエスチョン」（朝日新聞社，2006年，322ページ）
3）金丸信・田辺誠「いま，一層の拍車を」（「世界」臨時増刊「日朝関係」1992年）
4）田中均・田原総一朗「国家と外交」（講談社，2005年）
5）船橋前掲書40ページ
6）11月7日細川護熙首相，訪韓し，「わが国の植民地支配によって，朝鮮半島の方々が，母国語教育の機会を奪われたり，姓名を日本式に改名させられたり，従軍慰安婦，徴用などで，耐えがたい苦しみと悲しみを体験された事に加害者として，心より反省し，陳謝したい」と述べた。
7）8月15日，村山富市首相は，「遠くない過去の一時期，国策を誤り，植民地支配と侵略によって，とりわけアジア諸国の人々に対して多大の損害と苦痛を与えた。この歴史事実を謙虚に受け止め，痛切な反省の意を表明し，心か

らお詫びの気持ちを表明する」との談話を出した。
8）牧田徹雄「先の戦争と世代ギャップ」2000年9月NHK放送文化研究所
9）朝日新聞2005年4月27日
10）内閣府「外交に関する世論調査」（平成19年10月）
11）安江良介「日韓条約の本質」（「世界」臨時増刊「敗戦50年と解放50年」,1995年）
12）野中広務「我々の世代の責任として」（インタビュー,「世界」1998年6月号）

四部　アメリカの対北朝鮮政策

第1章　朝鮮半島の平和プロセスと地域安保対話
――非核化への鍵

レオン・シーガル

はじめに

　北朝鮮は米国が朝鮮民主主義人民共和国（北朝鮮）を攻撃したり，政権の基盤を揺るがすことがないと確信する場合にのみ，核兵器と核計画を廃棄する用意があると言う。北朝鮮が求めるのは基本的に言って米国との新しい政治，外交関係である。北朝鮮は長い間，米国の同盟国になると言ってきた。米韓相互防衛条約と共存できる関係である。結局，北朝鮮によれば，米国は同時に二つの同盟国を持つことができると言う。

　同様に，北朝鮮は20年間一貫して，南北関係を人質に米国との和解を図ってきた。米国が敵視政策を止める措置を取るたびに，北朝鮮は2度の南北首脳会談をはじめ，韓国との和解に真剣に取り組んだ。米国が後退すると，北朝鮮は韓国との対話を拒否し，南北関係が進展しないのは米国の「敵視政策」のせいだと非難した。

　繰り返される圧力は逆効果となり，その結果として，北朝鮮を硬化させるだけであった。北朝鮮にとって圧力は米国の「敵視政策」の証拠であり，核武装の論理的根拠となり，南北和解が進展しない理由である。

　北朝鮮の基本的立場は，もし米国，韓国，日本が敵対するなら，北朝鮮は脅威を感じ，それに対抗するために核兵器とミサイルを追求するが，もし彼らが敵視政策を止めるなら，北朝鮮も核兵器やミサイルを追求しないと言う。

　北朝鮮は敵視政策を止めるという確かな証拠がない限り，核施設の不可逆的廃絶も，まして核分裂性物質の放棄も行わないだろう。その場合でも（敵視政策を止めることが証明されても），北朝鮮がそういった措置をとるかは不確かである。それ故，非核化の過程における重要な局面では，大きな交渉

力を維持する必要がある。

それは広範な経済的関与や朝鮮半島の平和へのステップを停滞させるという意味ではないし，地域の安全保障に取り組むために何もしないということでもない。北朝鮮の核兵器を廃棄する鍵は朝鮮半島の平和プロセス，地域の安全保障対話，経済的関与の3つの分野全ての同時進行である。しかし，北朝鮮がプルトニウムとそれをさらに作る能力を除去する前に，この3つの分野のいずれも進めないことが肝心である。

1　朝鮮半島の平和プロセス

南北関係に関してはどうだろう？　韓国はすでに北朝鮮の攻撃を未然に防ぐ十分な力があるが，韓国の安全保障は抑止力だけでは十分ではない。北朝鮮を説得し，核兵器を放棄させるためには保障が必要である。そのための確実な方法は朝鮮半島の平和プロセスを開始することである。

2005年9月の共同声明で6ヵ国協議の当事者たちは「直接の当事者は適当な話合いの場で朝鮮半島における恒久的平和体制について協議する」ことに合意し，2007年10月の南北首脳会談ではその内容はある程度具体化した。首脳会談では南北が「既存の休戦体制を終結し，恒久的な平和体制を構築する」ことで一致した。おそらく6ヵ国の外相会議を皮切りに，中国を議長国とする4ヵ国による作業部会がまもなく作業を開始するだろう。これについて，クリストファー・ヒル国務次官補は2007年11月2日ソウルで記者団に対し次のように的確に述べた。「長い間われわれが取ってきた，また引き続き取っていく立場は，確かな（核）無能力化の上で……平和交渉のプロセスを開始，締結させ，北朝鮮が2005年9月の合意に沿って，核兵器と核計画を放棄する場合に，最終的な平和協定が締結できることを期待している」。

そうした協議の目的は朝鮮戦争を正式に終結させる平和条約であるが，この条約は2つの理由から平和プロセスの最終段階に締結されなければならない。第1に，北朝鮮は長い間米国と平和条約を締結したいと表明してきた。そのため平和条約は核兵器と核分裂性物質と引き換えにする重要な交渉の切

り札となっている。故に、クリントンとブッシュ両大統領は平和条約調印の可能性を提供してきた。ただし、北朝鮮が核計画と核兵器を放棄する場合に限られている。また6ヵ国協議の合意の基本が、核問題の解決が朝鮮における平和への道筋であるというのもそういう理由からである。

二つ目の理由は、平和条約が単なる形式以上のものであるためには、南北の恒久的国境や非武装地帯の双方の側における軍隊の処理など、いくつかの難しい問題を解決しなければならないからである。

根本的なところで言えば、平和条約によって北朝鮮の前進配備されているミサイル発射装置や短距離ミサイルを撤去し、あるいはソウルを目標からはずすよう再編成して、朝鮮半島における偶発的な戦争が発生するリスクを低下させることができる。もし北朝鮮が核兵器を廃棄しても、そういう状況にはならないだろう。なぜなら、最大の抑止力となりうる前進配備のミサイル発射装置や短距離ミサイルは残るからだ。(つまり核放棄と共に、ミサイル発射装置やミサイル撤去などの問題に取り組まなければ、おそらく平和条約はありえないだろう)

平和条約のステップとして一連の平和合意がある。軍事的にはあまり重要ではないが、政治的には推進すべき有用な方法であるかもしれない。

米国を調印国に含む暫定的平和合意は、朝鮮戦争を正式に終結させる平和条約への足がかりになるだろう。

北朝鮮はそのような平和合意に何を見出すだろう？　北朝鮮は核放棄へとさらに進むために米国との根本的な関係改善を望むだろう。北朝鮮が求めているのは完全な外交的承認にほかならない。一方、米国の政策はクリントン政権に逆のぼって、北朝鮮のミサイル計画や人権など、その他の問題解決を外交的承認の必要条件としている。

同時に、別の方法で北朝鮮にある種の承認を与えることができる。北朝鮮が署名して米国と交わした正式の合意は北朝鮮の主権に対する象徴的な承認となる。北朝鮮は常にそのような象徴を重要視してきた。

調印した一連の平和合意は非武装地帯をはさんだ軍事的対決を終結させることはできないかもしれないが、米国と北朝鮮の関係正常化へのステップであ

る。韓国と中国もまたそのような合意の調印国になるだろう。米国の参加は不可欠である。なぜならそれこそを北朝鮮が望んでいるからだ。それは「適当な話合いの場で朝鮮半島における恒久的平和体制」について協議するという2005年9月19日の共同声明のコミットメントを履行するひとつの方法である。

そのような合意は4者が平和条約に調印し、平和プロセスを完結することを約束する平和宣言から始めることができるだろう。平和宣言は外相会議で発表することができるし、あるいは4者または6者の首脳会談においても可能だろう。明確なことは米国大統領が金正日国防委員長と会うことが外相会議よりも核放棄に対する大きな見返りとなり、それは北朝鮮が恒久的な核廃棄を始めた場合にのみ可能だろう。

北朝鮮が長い間求めてきたもう一つの合意に朝鮮戦争末期に停戦を監視するために設立された軍事休戦委員会に替わる「平和メカニズム」の構築がある。この平和メカニズムは1996年に非武装地帯に迷い込んだ米国の偵察ヘリコプター撃墜や、北朝鮮の偵察潜水艦の侵入のような紛争の解決の場として利用できるだろう。

そのような偶発的衝突の再発を避けるために、当事者は新しい場を利用して、信頼醸成措置について交渉できるだろう。つまり陸軍あるいは海軍司令部をつなぐホットライン、軍事演習の事前通告、非武装地帯に沿って偵察機の飛行を許可する「オープン・スカイズ（相互空中査察方式）」の取り決めなどについてである。このような信頼醸成措置は、その後の平和合意の議題になるだろう。

2007年南北首脳会談は信頼醸成措置のひとつを北朝鮮の経済的繁栄に独創的に結びつけ、協同漁業水域の設定に合意した。南北のカニ漁船が北方限界線（NLL）を越えて迷い込み、時折双方の哨戒艇の間で銃撃戦を引き起こした。そのような事件は新たな措置、つまり海軍の「交通規則」や米海軍も実質的に関わる可能性のある南北双方の海軍間のホットラインなどの措置によって回避できるかもしれない。北朝鮮の最近の2発の船舶対船舶ミサイルテストはそのような措置の重要性を裏付けたといえよう。

平和メカニズムには米国、韓国、北朝鮮が含まれなければならないだろう。

朝鮮半島に軍隊を置く3ヶ国である。中国はどの平和条約にも調印国の一つとなり，作業部会の議長国にも選出されると思うが，平和メカニズムへの参加を望むだろう。

2 地域安保対話

北朝鮮は今まで韓国との間で合意を交わしてきたが，常に合意を履行してきたわけではなかった。しかし今は言葉を実行するはるかによい展望があり，北東アジアの他のところで起きていることはその課題に重大な意味を持っている。

現在この地域の敵対的な状況はよい方向に変化しつつある。そのような情況にとってきわめて重要なのはブッシュ大統領の方向転換である。大統領に就任した時，中国や北朝鮮と戦いたいとうずうずしていた政権や議会の強硬派から圧力を受けていたが，2001年の米ジェット機の海南島不時着事件を始め，そのような圧力に抵抗し，朝鮮半島と北東アジアの全ての国々の安全保障にとって鍵となる中国との協力関係を維持した。

強硬派は北朝鮮に対して思い通りにしようとしたが，彼らの戦略は金正日を屈服させるどころか，軍備強化を挑発した。さらに悪いことに，韓国や日本の一部の人々はかれらの安全保障にとって米国は当にできるだろうかという疑問を持つようになった。

北朝鮮の核実験が差し迫り，米国の強硬派は中国に対する圧力を強化して北朝鮮を降伏させようとしたが，その代わりにライス国務長官はブッシュ大統領を説得し，北朝鮮と直接対話をし，核を放棄するかわりに，互いの進展を確かめながら着実に和解へと進もうとした。そうして2007年にプルトニウム計画を停止・封印するよう北朝鮮を説得し，朝鮮半島の平和への道を拓き，北東アジアの全ての国々の安全保障を強化した。

大統領の180度の転換はまた日本に肯定的な影響を及ぼした。北朝鮮の脅威を利用して日本の戦後憲法を改正し，海外でより自己主張して行動する国にしたいと考えていた民族主義者の安倍晋三首相には衝撃だった。安倍は7

月の参議院選挙で小沢一郎率いる野党に惨敗し、福田康雄に替わった。福田と小沢双方は中国との危険な対立関係を避け、朝鮮との摩擦を緩和したいと望んでいる。それはアジアの緊張を緩和し、10月の首脳会談の合意を北朝鮮が容易に履行し、韓国との関係改善を誠実に行うことに貢献するだろう。

　6ヵ国協議の当事者は2005年9月の共同声明で「地域の安全保障面での協力を促進するための方法と手段を探求する」としたコミットメントを実行することで、このような展望を推進できるだろう。

　北朝鮮が対話の対等なパートナーとしてメインテーブルにつくことによって、地域の安全保障に関する6ヵ国協議は北朝鮮の主権と地位を承認し、核を放棄するよう促す。また北朝鮮のより広範な安全保障の懸念に取り組み、安全保障と米国、中国および2つの朝鮮が調印し、日本とロシアがおそらく保証人となる平和条約を提供することで、6ヵ国協議のプロセスは非核化にとってきわめて重要な動機を与えることになるだろう。

　安全保障に関する6ヵ国協議の可能性と有効性を軽視する懐疑主義者たちはすでに起きていることの意義、つまり6ヵ国はすでにこの地域のもっとも緊急な安全保障の問題、北朝鮮の核計画の問題に取り組んでいる事実を見逃している。核計画の放棄が成功すれば、北東アジアの協力的安全保障の可能性が示され、6ヵ国協議は恒久的制度になるだろう。

　懐疑主義者たちはまた6ヵ国協議における地域の安全保障の議論の推進力を過小評価している。米国のように過去中国はアジアのほかの国々と一方的なあるいは2国間協議を好んだが、10年以上の間、中国はますます多国間協議を行い、その影響力を強化してきた。地域の安全保障をめぐる6ヵ国協議はこのすう勢の必然的結果である。

　南北の朝鮮は第2次世界大戦後、安全保障のためにそれぞれの同盟国に依存してきた。しかし朝鮮の歴史が示すように、同盟関係だけでは近隣諸国から十分に守ることはできなかった。そのため最近の韓国政府は地域の協力的安全保障を推進し、同盟関係を補強しようと努めてきた。北朝鮮が1988年以降、宿敵である米国、日本、韓国と接触しようとしてきたのもそのためである。

　日本は他の国々に比べ、この地域での多国間対話に積極的なほうではな

かったが，6ヵ国協議に最初のはずみをもたらした。小泉首相と金正日国防委員長の最初の首脳会談の準備段階で，日本は北朝鮮に核問題に関する多国間協議を受け入れるよう努力したが，失敗した。しかし2002年9月のピョンヤン宣言で「この地域の関係各国の間に相互の信頼に基づく協力関係が構築されることの重要性」と「この地域の関係国間の関係が正常化されるにつれ，地域の信頼醸成を図るための枠組みを整備していくことが重要である」ことを北朝鮮に確認させることに成功した。

そのことは6ヵ国協議にとって北朝鮮の安全保障と南北の協力を強化するだけではなく，北東アジア全体における安全保障面での協力を促進するひとつの方法である。

3 経済的関与

米国の一部の人々は2007年の南北首脳会談を非難し，韓国が北朝鮮に対して十分な見返りなしにあまりに多くを譲歩したと主張している。ところがそれとはまったく逆に，「南北関係発展と平和繁栄のための宣言」は金正日が経済的関与を最優先事項にしていることを明らかにし，核放棄における北朝鮮のより積極的な協力に対する見返りについて合意した内容を盛り込んでいる。

履行についてはこれから交渉していかなければならない。公的財政支援は国会の承認なしにはありえないだろう。民間投資のペースは政府の財政支援が用意された場合にのみ加速され，政府の財政支援が準備されるためには6ヵ国協議の進展を必要とするだろう。全てではないとしても，ほとんどのプロジェクトは北朝鮮による相互行動を条件とすべきである。一部のプロジェクトを進めるのがよいという理由の一つは，北朝鮮にたいする見返りが，ロバを動かすために目の前に食べようにも届かないようにぶらさげてあるニンジンとは違い，ニンジンは食べることができる（つまり絵に描いたもちではなく，行動に見合った見返りがある）のだということを再確認させることにある。この意味で，経済的関与は北朝鮮が関心のあるプロジェクトに北朝鮮を引き入れることができる。

さらにより重要なのは，開城工業団地の第2段階の開発と安辺(アンビョン)と南浦の造船団地の建設によって示されたように，協力をさらに進めることは北朝鮮が必要とする多くの平和的な変化をもたらす唯一の方法にもなる。

　米国もまた経済的関与をさらに進めなければならないだろう。米国はより多くのエネルギーを供給し，その他の支援を行い，北朝鮮を説得して（核）無能力化を越え，（核施設の）解体へと進めなければならない。それを推進するため，北朝鮮とエネルギーおよび輸送面で将来の大型インフラプロジェクトに資金を提供する国際金融機関との会談を開催することが有益かもしれない。もうひとつの価値ある措置は最近交渉したＦＴＡ（米韓自由貿易協定）のもと，開城やその他の共同工業団地から米国への輸入を許可することである。

　実際の試練はそのプロセスの終わりにやってくるだろう。もし米国と日本が将来北朝鮮との和解へと動き，その時，北朝鮮が核兵器の放棄を拒否したら，韓国と中国は経済的関与を止めるだろうか？

結論

　和解へのステップは北朝鮮に核を放棄させる唯一考えられる戦略であり，過去は序章に過ぎない。圧力は有効ではないだろう。しかし四方八方にある不信感を考えると，非敵対的意図を説得力を持って示すことは容易な課題ではない。長期にわたるだろう。朝鮮における平和プロセスの開始はそのための第一歩である。投資や援助，特に食料，エネルギー，インフラなどの面で北朝鮮の経済的ニーズを充足させるために一致して努力することや地域の安全保障対話を開始することも役立つだろう。

　北朝鮮は2005年9月19日の共同声明の「全ての核兵器および既存の核計画」を放棄するという約束に見合うように行動するだろうか？　だれもわからない。わかっているとすれば，それは金正日かもしれない。韓国と米国がそれを確かめる唯一の方途は，核の放棄と引き換えに北朝鮮との和解のための交渉を継続し，お互いの前進を確認しながら着実に努力することである。

【翻訳】姜玉寿　【校正】徐勝

第2章　朝鮮半島平和体制構築に対する
　　　　アメリカの政策

　　　　　　　　　　　　　　　　　　　　　　　　　　ソ・ジェジョン

はじめに

　過去20年間，アメリカ合衆国政府は北朝鮮に対し，短見で矛盾した姿勢を取る傾向があり，この近視眼的な紆余曲折の政策に深刻な欠点があったことは，明らかになってきている。クリントン政権は，核拡散の懸念から北朝鮮と一触即発の事態に至ったが，その後，米朝枠組み合意の調印に向けて交渉のテーブルに着いた。ブッシュ政権は同じ懸念から，外交不在のまま軍事衝突直前にまで至った。両政権とも飴とムチを交互に用い，その結果，誰も望まない，核武装した北朝鮮が生まれた。両政権の紆余曲折や政策の失敗は，核問題に対する短絡的な妄想から起きている。視野が狭まり，より広い政治環境を見る目が曇ったためである。どちらも政権最後の時期になって初めて，北朝鮮の核問題が置かれている政治的文脈をより繊細に扱う姿勢を見せ始めた。クリントン政権におけるペリー・プロセスの形成やブッシュ政権の9月19日に調印された六者協議の共同文書といった，包括的な長期的解決策が構想された時には，既に政権に残された時間は尽きていた。

　無益な紆余曲折のパターンは繰り返されるべきでない。北の核計画に関して一面的で深い考えのない焦点の当て方は逆効果だと記憶される限り，そうはならないであろう。そのためには，核問題は多層的な要因を持つという認識と共に，長期的な安定した解決策が模索されなければならない。第1に，北の核問題は，相互が安全保障の懸念の悪循環を引き起こしたことが大きい。ブッシュ政権は9.11以後ひき起こされた危機感から，先制攻撃政策を採用したが，この新しい戦略的態度はピョンヤン政府の危機感を増大させた。ピョンヤン政府は自らの「核抑止力」構築に向かうことによって，安全保障を回

復しようとしたが,この対応はワシントンの核拡散への懸念を悪化させる結果となった。この危機の悪循環は,核問題の構造的な要因であり,この解決には,両者の危機を公正に扱うアプローチが必要である。相互の懸念を同時に扱うことのできない片面的な解決策では,不利を被る側に対抗手段をとるあらゆる理由を与えるので,状況を悪化させるだけである[1]。

　第2に,ワシントン政府とピョンヤン政府は,互いに相手の攻撃手段に不安を抱いている。ワシントンはイギリスの核兵器を心配しないし,ピョンヤンも中国の核兵器について心配していない。米朝は,互いに安全保障上の懸念を作り出し,敵対している。同様に,南北朝鮮の間や,北朝鮮と日本の敵対状態も,互いの安全保障の懸念が発生要因である。個別の現象を扱う一時的な手段を講じることは可能だが,根本的に解決するためには,政治的な要因に取り組まねばならないであろう。

　最後に,この地域のパワー・ポリティクスは,ピョンヤンとワシントンの戦略上の計算を複雑にする。例えば,北朝鮮はワシントンへの不満を表明して,1998年にテポドン・ミサイルの発射実験を行ったが,結果は日本の深い懸念をひき起こした。ワシントンは北朝鮮ミサイルが持つ直接の脅威に対抗して,ミサイル防衛能力を展開・開発しているが,この動きはアメリカの意図に対する中国の疑念を深めている。ピョンヤンとワシントンは高度の不確実性を計算機にインプットしなければならないだけでなく,この地域の他の国が互いの政治的信条や目的について安定した予測をできない限り,米朝両政府が選択する政策は依然として他の国の一時的な動きの影響を受け続ける。

　そのため,北朝鮮の核問題に関する安定的な解決策は,統合的かつ相互的なやり方で,これら三つの問題の全てを扱わなければならないだろう。三つの問題における相互依存は,相互関係と対称性に基づき,他者を敵と見なす国家間の政治的関係を正常化する地域規模での解決策を必要としている。

1　平和構築における三つの問題

　この解決策は,必然的に次のような論理に導かれる。朝鮮半島における不

拡散レジームが効果的で強固なものとなるためには，核の安全保障が相互に交換されることを確信できるような多層的な枠組みが必要とされる。つまり南北朝鮮が核兵器計画を放棄し，かつ周辺の大国が両朝鮮に核兵器を使わないと保証することである。核安全保障の交換は，非武装地帯（DMZ）の両側で慣習的になっている軍事脅威を削減するメカニズムによって補足されなければならない。これは，1953年に調印された休戦協定によって一時的に停止されているに過ぎない朝鮮戦争の終結と，軍備管理および軍縮処置の採用を伴う。朝鮮半島の火薬庫を永遠に無害化するには，南北朝鮮がこの地域の四大国の勢力均衡を壊さずに，敵対関係を根本的に終わらせなければならないであろう。以下，私はこの長期的な目的に到達するために，いくつかの特殊な問題について述べる。

非核兵器地帯

一般的に「北朝鮮の核危機」と称されるものの核心において，ワシントン政府の核拡散への不安とピョンヤン政府の生き残りへの不安が正面衝突している。ワシントンはピョンヤンをポスト冷戦の世界における二大ターゲットの一つに指定し，戦略的目的を効果的に達成するための軍事再編と軍事再同盟を追及してきた。ピョンヤンはワシントンの動きを，自分を除去しようとする敵対行為と見なし，核兵器開発を含む軍事強化の手段を取ってきたが，結局ワシントンの疑惑に油を注ぎ，米政府は自らの動きを正当化しただけであった。両者は古典的な安全保障のジレンマに陥っている。

ジレンマから抜け出る方法は，地域的な安全保障協力レジームの中にあるかもしれない。このレジームは，二種類の全く異なる一連の措置で両国を拘束する。つまり一つは最終的に非核化と政治的国交正常化を導く相互自制であり，もう一つは制約を守るために，それぞれの失策に対して相互に報復することである。ペリー報告書は，半島または地域のより広範な政治的問題への言及が足りなかったが，こうした包括的パッケージから成る協定を構想していた[2]。6ヵ国協議はより包括的な目標の組み合わせを作り出したが，共同宣言の水準にとどまり，目標や手続きを制度化するまでは至らなかった。

にもかかわらず、こうした先例がレジームを作り出す基盤を作ってきた。

このレジームがどのようなものになるのかイメージする上で、1991年に南北朝鮮で調印された非核化宣言を批判的に検討するのも良い方法である。この宣言では、双方が核兵器を開発しないことを宣誓したが、これに対する評価や支援などは四大国のどこからも全く起きなかった。このような非対称性は、朝鮮が核を用いないで生き残るには、近隣の核保有大国の好意にすがることを意味し、非対称的レジームは本質的に不安定で、近年の「北朝鮮核危機」の構造的要因となっている。クリントン政権が1993年3月チーム・スピリット軍事演習を再開したとき、北朝鮮はこれをアメリカの核による脅威の復活だと考え、NPTから脱退した。ブッシュ政権が核攻撃の可能性リストに北朝鮮を加えたとき、ピョンヤン政府は「核抑止力」に向かった。要するに、核保有国が核兵器を使用しないという安全保障上の保証が無いということは、非核化宣言が無力化される致命的な弱点であった。

もし対話を積み重ねて、つまり四大国が、核兵器を持ち込まず、使用せず、威嚇に用いない、と保証する条約に調印・批准していれば[3]、非核化宣言は崩壊を避けられただろう。このために、対称的な解決策には二つの公平な非核化が必要である。すなわち南北朝鮮の両方が核兵器製造にも関連分野の研究にも従事しないと明言すること。そして朝鮮半島が外からの核兵器使用および使用するという脅威を受けないこと。不信感が悪循環するような構造では、このような対称性を基盤とする解決策が必要である。

過去における経験から、対称的な枠組みで安全保障を与えあう方法だけが、成功する見込みがある。クリントンと金日成の政権は、互いの側の核となる関心を認識し、相互関係の原則に基づいて進めたので、1994年、「枠組み合意」に到達することができた。しかしながら、ブッシュと金正日の政府は、そのどちらもが先に実行するのを拒み、2006年ついに北の核実験までに至った。両者が相互関係の原則に戻ろうとしなければ、エスカレートを止めることは出来なかった。9月19日の共同声明は、六者協議による合意目標の組合わせを示した初めての文書で、相互関係の原則が中心にあることを強調し、関係国に「言葉対言葉、行動対行動の原則」を明らかにした[4]。

第2章　朝鮮半島平和体制構築に対するアメリカの政策

敵対関係の終焉

　困難な核問題の二番目の問題が，敵対状態にあることは，クリントンとブッシュの政権間で対照的だったミサイル問題へのアプローチによって，はっきりした。クリントン政権は少なくとも1999年のペリー報告書以降，ミサイル問題に関する真剣な交渉を行った。そして金正日は1999年9月，交渉がなおも進行中であるので，ミサイル実験の一時停止に同意した。この交渉は2000年に，両国最高レベルの高官による相互訪問を導き出したが，クリントン大統領の任期が終わったので，問題を解決するには至らなかった[5]。対照的にブッシュと金正日は膠着状態にあった。金正日が北朝鮮内のミサイル開発と配備は正当な自衛権の問題だと主張するのに対し，ブッシュは北のミサイル開発およびミサイル輸出を阻止しようとした[6]。ミサイル問題に関して真剣な対話が欠落したまま，北朝鮮は2006年にミサイル試射を行い，国連安全保障理事会が非難決議を行ったが，掛け金ははずされ，核実験が返答となった。

　ブッシュ大統領の失敗の原因は，対話に乗り気でなかったからではなく，より根本的に，二国間の反目を終わらせるのを拒んだことにある。2000年10月に発行した米朝共同コミュニケを見ると，二つの政府が互いに敵対的な政策を終わらせる公約をしたからこそ，北のミサイル計画に対する交渉準備が出来たことは明らかである。

　アメリカ合州国と朝鮮民主主義人民共和国は，国家間の関係において関係を改善することが自然の目標であり，より良い関係が21世紀の両国に利益をもたらすと同時に朝鮮半島とアジア太平洋地域の平和と安全保障を確実にする一助になると認め，両者の関係が新しい方向に進む準備ができたことを宣言した。最初の重大な措置として，双方は，どちらの政府も他方に対して敵対的な意思を持たないと宣言し，今後，過去の敵対感情から抜け出した新しい関係を樹立するために，あらゆる努力を尽くすと，公約した。

　双方は，1993年6月11日の米朝共同声明で指摘され，1994年10月21日の「枠組み合意」で再確認された原則に基づいて，不信を解消し，相互の信頼を築き，主要関心事を建設的に取り扱うことができる雰囲気を維持するため

に努力することに合意した。このことに関連して，双方は，両者の関係が互いの主権に対する尊重と内政不干渉の原則に基づくべきであると再確認した[7]。

　北朝鮮のミサイルは米朝二国間の敵対関係の副産物であったため，この「過去の敵対感情から抜け出し，新しい関係を樹立する」という公約は，まさにミサイルを平和的に削減する上で必要である。非武装地帯の両側で継続する軍事的緊張と軍備増強に対して，同じ責任を共有しているという相互の認識によってのみ，ミサイル問題の解決策が始動しうる。この相互関係の意識が定着しない限り，北朝鮮におけると同様，アメリカと南の強硬論者は，外交交渉を中断し和平プロセスを逆行させて，軍事的現状を維持することはたやすいと思うだろう。

　弾道ミサイルの性能が向上するのに加えて，北朝鮮が非武装地帯付近での歩兵団・大砲の配備に向かえば，アメリカと南の懸念をひき起こす要因となる。南および米軍は，北朝鮮110万人規模の兵力のうち二分の一から三分の二が，非武装地帯から100キロメーター以内に展開していると推測する[8]。1996年にも北朝鮮は，ソウルの中心部からほんの6分の飛行時間で到達できる非武装地帯付近に，戦闘機を再配備したことがあった。北の通常部隊には，南の政治，産業などの要所に急急に侵入できるよう訓練された特殊部隊10万人がひかえている。軍事バランスに関する統計の大半は，南が兵器と訓練において質的な強みを持つ一方，北は多様な兵器システムと兵員で量的な優位を保っていることを示している。そのため，北の通常部隊は常に，必ず取り上げられる懸念の一つである。

　通常部隊も，安全保障のジレンマの文脈において理解されてのみ，適切な扱いが可能になる。合州国と南が非武装地帯付近の北の軍事配備を懸念するのと全く同様に，北朝鮮は南の軍と在韓米軍の兵員の90パーセントが非武装地帯の50キロメートル以内に配置されていることに懸念を示している[9]。どちらの側も自国の軍事力は防衛のためで，相手は攻撃のためだと主張している。どちらの側も，自国の兵力態勢は相手側の兵力態勢から受ける脅威に対抗するためだと正当化する。もうここで両側とも，安全保障のジレンマが悪

循環のわなに陥っていることを認めるべきである。この認識がジレンマから抜け出す最初のステップになるだろう。安全保障のジレンマは，合州国と北朝鮮の永い敵対感情の副産物なのであるから，その解決は敵対関係を友好に置き換える実践にあるはずだ。

　クリントン政権時代に，こうした手段のいくつかは，着手されたり，少なくとも準備中であったりした。1994年の「枠組み合意」は，一歩ずつ相互に，アメリカの軍事態勢への北の不安を解消しながら，同時に合州国の北朝鮮核計画への懸念を解消するような政治的枠組みを作って行った。クリントン政権は，交渉の最後の時期，明らかにミサイル問題を解決する寸前であった。なぜならまさに，北のミサイルは抑止力の兵器だというペリーの認識（「「(北朝鮮がミサイルを配備する）第一の理由は，………抑止力である。………合州国を抑止するのだ」)10) がはっきりと示しているように，クリントン政権は，安全保障のジレンマが持つ原動力が朝鮮半島にあると容認したからである。この認識に基づいて，クリントン政権は，北朝鮮に対するアメリカの核兵器の脅威はないという保障と政治的に国交正常化するように動いた。そして，金正日政権は核およびミサイル計画を凍結して答えた。しかしブッシュ政権は，こうしたプロセスを停止した。再調査のためだというが，実質的には，合州国と北朝鮮が安全保障のジレンマの悪循環のわなに陥っていると，認めたくなかったのである。ブッシュ政権は一方的な手段を取ることを主張し，北に対する敵対感情を増強したので，「枠組み合意」の根底にある前提条件と正面から対立し，そのため交渉によって到達した成果を台無しにしてしまった。

　だから，「北朝鮮核問題」を解決するためには，敵対感情の問題に取り組まなければならない。そして，この敵対感情は朝鮮戦争が終結していないところに原因があるのだから，戦争を終わらせなければならない。しかしこれは，戦争の複雑な現実のために，ゴルディアスの結び目（超難問）だとされてきた。朝鮮戦争は，内戦が国際戦争へと発展したため，どの交戦国からも宣戦布告は無かった。その結果，戦争を終結させようとする努力は，最初の問いで躓く。つまり，誰が当事者であり，誰に戦争を終結する権利があるの

か？[11] 戦争，休戦協定，ジュネーブ会議で役割の果たした北朝鮮が，当事者であることは疑い無いが，もう一方の当事者についての合意はない。合州国が「国連軍」で実質的な役割を果たしたのであるから，国連ではなく合州国が当事者だったといえる。ソウルや北京の状態がどのようだったかは，一層明らかではない。実質的に中国政府が巻き込まれていたのであるが，中国人民志願軍（CPVA）が戦争に参加し，休戦協定に調印したので，中国の法的地位はいくらか微妙である。また，中国と合州国と南の間に存在した事実上の戦争状態は，北京政府が両者と外交関係を開いたときに終了したのであるから，中国は事実上当事者ではないという議論も可能である。最後に，南は当事者でないというピョンヤン側の主張もあるが，事際上（法律上ではないとしても），戦闘と休戦協定維持において実質的な役割を果たしたのだから，その地位は判断されるべきであろう。朝鮮半島の平和レジームは，南を当事者として含まなければ，構築され得ない。

　こうした見解上の相違を解決する可能性は，互いの政治的関係を正常化するために朝鮮戦争の当事者間で同時進行している平和条約の組み合わせの中にあるように思える。例えば，ワシントン，ソウル，ピョンヤンは，おそらく「枠組み合意」に類似した形で，戦争状態終結のために各自が取らなければならない手段群を包括的に提示するような文書を取りまとめるにちがいない。ソウルとピョンヤンは既に，この方向で前進していた。つまり1991年に不可侵条約を結び，2000年，2007年と首脳会談を行った。今度はピョンヤンとワシントンが戦争状態終結のために，意味のある手段を取る番である。

2　地域における平和の建設

　地域レベルで考えると，ワシントンまたは東京にとって，中国かロシアの影響下にある統一後の朝鮮を受け入れられないのと同様に，合州国が唯一の外国軍として存在し続けるような朝鮮統一の構想を，北京とモスクワは我慢できないだろうことを，米政府は認めねばなるまい。全ての四大国が半島の平和に重大な利害を持ちながら，統一朝鮮が単独の偏った影響の下で支配さ

れることのないよう，分断された朝鮮を好む。言い換えれば，北東アジアの国際システムは，破滅のリスクと不安定が継続するという代償を払っても，現状維持に関心がある。さらに，アメリカ合州国，ロシア，中国，そして程度はより低いが日本も，二つの朝鮮の兵器とその技術の主たる供給源であり続け，脆弱な分断を永続するよう一層奨励している。このため，半島の平和レジームは，四大国からの武器移転を要請し，いずれの国かが朝鮮半島の勢力均衡を転覆するかもしれないという懸念を軽くするような，国際的枠組が必要である。

　こうしたメカニズムの構築に成功して，和平プロセスが強化されれば，二つの朝鮮は質的により高度な相互に対話する段階に進むことが出来るかもしれない。これは次に，連合のまたは連邦の形態で，二つの朝鮮の政治的統合を生むかもしれない。この重大時に，朝鮮半島の平和に向けた特別なフォーラムとして開始された多国間平和協議が，北東アジア地域を対象とする安全保障フォーラムへと発展することは可能である。これで，朝鮮に向けた多国間フォーラムの焦点が，東アジアの平和を使命とするより高度なレベルへと移行できるであろう。例えば，二つの朝鮮が調印し周辺四大国が支持する非核宣言は，朝鮮半島だけでなく日本も含んだこの地域における非核兵器地帯を建設する基盤として貢献しうる。多国間地域フォーラムは，北東アジアの潜在的な軍備競争，合州国と中国の間の幾分曖昧な緊張，大陸勢力（中国，ロシア，中央アジア）と海洋勢力（合衆国，日本，オーストラリア）間の隠れた断層，といった地域における安全保障問題を扱い始めることも，恐らく可能である[12]。視野を広げるにつれ，欧州安全保障協力機構（OSCE）に類似した多国間共通の安全保障組織へと発展するかもしれない。

　前方にある永く困難な過程を認めながら，この過程は6ヵ国協議の形態で既に動き始めている。協議は近年の危機問題，ワシントンの安全保障政策とピョンヤンの安全保障要求の間にある衝突をはっきり中心に据え，それから相互に友好的な態度で両側の懸念を扱う非核地帯創出の段階を経て，衝突の緩和へと向かうにちがいない。これが，上述してきた他の手段の流れを急速に引き起こす触媒となって，最終的にこの地域における多国間安全保障制度

を導くかもしれない。

結論

E. H. Carr は，彼の独創性にとんだ作品『危機の二十年――1919年‐1939年』で，現実主義と理想主義が相互に関係する対話の方法を明らかにしている[13]。現実主義は事実とその分析を強調し，目的の役割を軽視する傾向があると，カーは説明する。現実主義は「現存の諸勢力の抵抗しがたい強さや，現在の諸傾向の必然性を強調して，これらの諸勢力諸傾向を認容し，これに順応してゆくことこそ，最も賢明な態度であると主張する」ことが多い。この種の現実主義は，行過ぎたユートピア理想主義を修正するのに，必要な段階があるのだが，「思考を枯渇せしめ，行動を否定する」結果になるかもしれないと，カーは警告する。彼は「ユートピアニズムがリアリズムのもたらす不毛を防ぐために呼び出されねばならない」時期もあるとする。事実を分析しない思考はユートピアである。しかし目的のない思考は不毛である。そのため，カーは最後の弁証法の部分で，目的と観察や分析を結合する成熟した思考を提案する。つまり，「このように，ユートピアとリアリティとは，政治学の二つの面を成す。健全な政治思想と健全な政治活動とは，ユートピアとリアリティとがともに存在しているところにのみ，見出されるであろう」[14]。

朝鮮半島平和レジームに向かう道をデザインする中で，私たちはユートピアとリアリティの共存する地点をどのように見出せるのだろうか？思考の始まりは，荒々しいパワー・ポリティクスと自由主義的制度構築を創造的に組み立てる構想の中にある。この第一歩は，他者を敵視しないやり方で想像し，敵対する自他の区分を超越することが，重要な条件となる。パワー・ポリティクスをただ受け入れても，他の地域においてと同じく，北東アジアの平和は保障されない。それは単にもう一方（北朝鮮にせよアメリカ合州国にせよ）のネガティブな反応を顕在化するだけで，既に緊張しているこの地域の状況を更に悪化させ，軍備競争の引き金を引く可能性もある。ワシントン・ピョンヤン間のパワー・ポリティクスの悪循環は，まず「枠組み合意」

によって，そして次に6ヵ国協議によって揺さぶられた。ここで，両者が敵対する側の安全保障の不安を認識するために対峙しただけでなく，その不安が収まるような手段を取ろうと合意した。二回の南北首脳会談は，南北朝鮮を友好的にさせた。言い換えれば，この地域における他の国はまだ，異なる未来像を構想せずにいるばかりでなく，レジーム内にパワー・ポリティクスを働かせようとする試験的手段を取り続けている[15]。

　今必要とされているのは，新しい安全保障のレジームを制度化する手段を講じることである。それによって，パワー・ポリティクスの求心力が弱まり，北東アジアの国家間で多国的な相互作用の重要性増幅する。このレジームは，必ずしも現在ある同盟を交代させるわけなく，同盟のパワー・ポリティクスを変化させる。安全保障のジレンマを理解し，相互関係の必要性を認識することが，この地域における平和レジームの制度化へ向けた最初のステップとなるであろう。

　　　　　　　　　　　　【翻訳】水谷明子　【校正】庵逧由香

●注
1）南北朝鮮の安全保障の懸念も同様に，それぞれが原因となって悪循環の状態となっている。
2）William Perry, "Review of United States Policy toward North Korea: Findings and Recommendations（米国の対北朝鮮政策の検討-調査結果および勧告）", (Washingotn, DC: 1999).
3）より野心的な提案として，梅林は南北朝鮮と日本を含む非核兵器地帯の構築を提案している。この地帯では中国，ロシア，アメリカ合州国によって条約が尊重されるべきである。Hiro Umebayashi（梅林宏道）, "A Northeast NEFZ: A Realistic and Attainable Goal（北東アジア非核兵器地帯――現実的かつ達成可能な目標――）", INESAP information Bulletin（核拡散に反対する国際科学技術者ネットワーク会報）, No.10 (August 1996). Nuclear Policies in Northeast Asia (『北東アジアにおける核政策』UNIDIR（国際軍縮研究所）/95/16, New York: United Nations, 1995) 内のAndrew Mackによる "A Northeast Asia Nuclear-Free Zone: Problems and Prospects（北東アジア非核地域――問題と展望――）" および John E. Endicott と Alan G. Growizによる "Track II

Cooperative Regional Security Efforts: Lessons from the Limited Nuclear-Weapons-Free Zone for Northeast Asia（トラック２地域的共同安全保障の努力——北東アジアにおける限定的非核兵器地域からの教訓——）", Pacifica Review 11, no.3（October 1999）もまた参照のこと。

4）近年の六者協議の膠着状態もまた，同様の原則に基づいて，取り扱われるべきだろう。北朝鮮の高濃縮ウラン活動についてアメリカ合州国の懸念に対応するには，ピョンヤン政府が高濃縮ウラン活動を疑われている工場のいくつかを「訪問する」よう合州国要人を招待することだ。またピョンヤンの安全保障に対する不安を収めるには，ワシントンがテロ支援国家のリストから北朝鮮を外すことだ。

5）Wendy R. Sherman, "Talking to the North Koreans（北朝鮮への対話）", The New York Times, Section A; Page19, March 7,2001. Michael R. Gordon, "How Politics Sank Accord on Missiles With North Korea（北朝鮮とのミサイル協定をいかに政治が破滅させたか）", The New York Times, Section A; Page 1, March 6, 2001. インターネット〈URL: http://camusgw.library.cornell.edu/cgi-bin/manntom2.cgi?section=networked&URL=gateway.html〉[2001年8月10日検索]

6）ミサイル交渉の内部報告については，Garry Samore, "U.S.-DPRK Missile Negotiations（米朝間ミサイル交渉）", Nonproliferation Review vol.9, no.2（『拡散防止レビュー』第9巻第2号）（2002), pp16-20.

7）U.S.-D.P.R.K. Joint Communiqué（「米朝共同コミュニケ」），米国国務省，2000年10月12日付。

8）北朝鮮軍の展開に関するより多くの情報は，Defense White Paper 2000（『2000年国防白書』）(Seoul: The Ministry of National Defense（ソウル：国防部），Republic of Korea, 2000).〈インターネット URL: http://www.mnd.go.kr/mnden/sub_menu/w_book/2000［データアクセス2001年6月21日］〉

9）Bruce Cumings, Korea's Place in the Sun: A Modern History (New York: Norton, 1997), 469.（ブルース・カミングス，横田安司・小林知子訳『現代朝鮮の歴史——世界のなかの朝鮮——』明石書店，2003年）

10）Selig S. Harrison, "Time to Leave Korea?（朝鮮から撤退する時？）" Foreign Affairs 80, no.2（2001）:64.

11）例として，Pat Norton, "Ending the Korean Armistice Agreement: The Legal Issues（朝鮮休戦協定の終了——法的問題群——）", The Nautilus Institute（ノーティラス研究所），Northeast Asia Peace and Security Network（北東アジア平和と安全保障のネットワーク），Policy Forum Online, March 1997.〈インターネッ

ト URL: http://www.nautilus.org/napsnet/fora/2a_armisticelegal_norton.html〉を参照のこと。

12) Desmond Ball, "Whither the Japan-Australia Security Relationship?（「日豪安全保障関係はどこへ？」）", *Austral Policy Forum*, no. 06-32A (2006). Richard K. Betts, "Wealth, Power and Instability: East Asia and the United States after the Cold War（「富と権力と不安定性──冷戦後の東アジアとアメリカ合衆国」）", *International Security* 18, no. 3 (1993-94). M K Bhadrakumar, "The New 'NATO of the East' Takes Shape: The SCO and China, Russia and US Maneuvers（「新しい「東洋のNATO」が形成される──SCO上海協力機構と中国, ロシア, 合衆国の策略」）", *Japan Focus* (2007). M K Bhadrakumar, "Shanghai Cooperation Organization Primed and Ready to Fire: Toward a Regional and Global Realignment?（「上海協力機構は点火し爆発寸前──地域的またグローバルな再編成に向かうか？──」）", Japan Focus (2007). Thomas J. Christensen（トーマス・J・クリステンセン）, "Fostering Stability or Creating a Monster? The Rise of China and U.S. Policy toward East Asia（「安定を助長するのか, 怪物を作り出すのか？──中国の興隆とアメリカの対東アジア政策」）", International *Security* 31, no.1 (2006).

13) Vendulka Kubalkova, "The Twenty Years' Catharsis: E. H. Carr and IR（カタルシスの20年──E．H．カーと国際関係論）", chap. 2, International Relations in a Constructed World（『社会的に構成された世界における国際関係論』第二章）, Vendulka Kubalkova, Nicholus Onuf, and Paul Kowert (Armonk, N. Y.: M.E. Sharpe, 1998)。

14) Edward Hallett Carr, The Twenty Years' Crisis, 1919-1939: An Introduction to the Study of International Relations (New York: Harper & Row, 1964),10.（E・H・カー, 井上茂訳『危機の二十年──国際関係研究序説』岩波書店, 1952年, 12-13頁）

15) 研究者たちは, パワー・ポリティクスがレジーム内で働いてきた, またそれが可能であったと論じてきている。Hedley Bull, The Anarchical Society: A Study of Order in World Politics (New York: Columbia University Press, 1977)（ヘドリー・ブル, 臼杵英一訳『国際社会論──アナーキカル・ソサイエティ』岩波書店, 2000年）。Robert Jervis, "From Balance to Concert: A Study of International Security Cooperation（「勢力均衡から国際協調へ──国際安全保障協力機構に関する考察──"", *World Politics* 38, no. 1 (1985).

五部　日本と朝鮮

第1章　ナショナリズムを超える南北関係と統一論試論

河　信　基
（ハ　シン　ギ）

1　時代に耐えうる統一論再構築の必要性

　朝鮮半島に二つの国家が誕生してから今年で60年，二つの国家を超えて統一国家がいつになったら実現するのか。韓国で進歩から保守の李明博政権が誕生したことで，軌道に乗ったかに見えた南北関係が再び不安定化し，統一の先行きも不透明になってきた。統一運動は今後，10年，20年のスパンで考えなければならないであろうが，その時間をどう持ちこたえるのか，理念，思想，運動論が改めて問われているように思える。

　過去半世紀以上の統一運動は，統一祖国を想像の共同体としてユートピア化しすぎていなかっただろうか。祖国という言葉に胸を熱くして特定の権威に帰依し，屈辱の記憶に憤って敵を求めながら，感情的，即自的に走った側面がなかったか。

　「単一民族であるから当然」とか「分断されたのを元に戻す」という命題に賛成か反対ばかりを問われ，何のための誰のための統一なのか，どのような社会が実現すべきかについては，無批判的であった。統一運動と言いながら，その実態は，南北一方の政権への忠誠心に自縛され，他方を否定する独善的な運動になっていた側面があったことは否めないだろう。

　統一運動に喪失感，疲弊感が漂い，エネルギーが低下しているようにも見える。北朝鮮に忠誠を誓った人々は，経済破綻に瀕した現実に，こんなはずではなかったのにと悶々としている。他方，韓国に忠誠を誓った人々は，世界11位の経済大国化の果実を手にしながら，格差拡大，雇用不安などの利害対立や分裂による危機に直面している。

こうした違いを強調することについては分断の追認，固定化と誤解する向きがあるやも知れぬが，南北はどこまで共通性を維持し，どこが違うのか，新しい現実を直視することで逆に相互理解が深まり，無用な誤解や争いを防ぐことができるメリットがある。

他方で，新たな課題が浮上している。

その一つが，南北固有の思想的運動論的な課題が生じつつあることである。長い分断に遮られた南北の国民，とりわけ1948年以降に生まれ，それぞれの国旗と国歌を所与として忠誠を誓ってきた世代の意識に，地域小ナショナリズム，すなわち北朝鮮ナショナリズム，韓国ナショナリズムと言うべきものが台頭している。それとともに既成の伝統共同体的なナショナリズムが背後に押しやられ，それを前提にした統一論は現実との間にギャップが生じつつあるように思われる。

現在の韓国では，同胞であるはずの北朝鮮を被支援対象の他者と認識し，「支援をしても感謝せず，見返りもない」と突き放す意見も珍しくない。南北が国旗・国歌問題や人権問題などで対立する兆候も，すでにいくつか表れている。北朝鮮メデイアは李明博大統領を「逆徒」と名指し批判し，韓国の存在を「傀儡」と否定するキャンペーンを開始したが，李政権側も金正日国防委員長を名指し批判する対抗措置を取り始めた。それに青年・学生層が敏感に反応し，インターネット上には北朝鮮の高圧的な姿勢を批判する書き込みが目立ち始めた。

南北関係を再定立するためには，こうした地域ナショナリズムへの新たな対応が求められる。相互が衝突する事態を想定した危機管理的視点も必要となろう。

さらに，グローバル化への適応という旧世代が想像もしなかった歴史的課題にも直面している。冷戦終了後の世界は，一つの国だけに帰属意識を有し，忠誠心を尽くす国民国家の枠組みが限界を露呈している。韓国でも外国生まれ，国際結婚や移民増，価値観の多元化，アイデンティティーの多様化……などで多民族共生社会へと国家の在り方が急激に変容しつつある。北朝鮮も次元は異なるが，食糧や生活物資を外国に頼らなくてはならなくなり，自給

自足を旨としていた社会は否応なくこじ開けられつつある。

その背景に，インターネットの普及にともなう人々の意識の変化があることを見逃せない。盧武鉉政権誕生の原動力となったデジタル民主主義は中国，北朝鮮を巻き込んだ大きなうねりとなって既成の価値観や政治社会制度を洗っていくだろう。

統一運動に新たな息吹を与え前進させるためには，過去からしかるべき教訓を導き出し，新たな歴史的課題に応えることが必要と思われる。

2 南北それぞれのナショナリズム

朝鮮統一運動はナショナリズムとみなすのが外国では一般的であり，朝鮮側も「単一民族」であるから自明なことであると認識してきたが，アポリアルな前提部分を検証する必要がある。

「ナショナリズムとは，第一義的には，政治的な単位と民族的な単位が一致しなければならないと主張する一つの政治的原理である」（アーネスト・ゲルナー）とする定義に従えば，朝鮮統一運動を主導するナショナリズムはまさに民族主義運動である。

過去半世紀以上の統一運動は，「統一」という命題に賛成か反対かばかりを問われ，内容がほとんど不問にされてきた。つまり，自立した思想としては未熟であり，あまりに脆弱ではなかったか。

それを痛感せしめたのが，韓国で進歩の金大中，盧武鉉政権から保守の李明博政権が誕生したことで，南北関係が蜜月から対立へと一変したことである。その責任のすべてが李政権にあるとは言わない。北朝鮮側に1972年の南北共同声明や二度の南北首脳会談で合意した相互体制尊重と内政不干渉を守らず，李大統領をはじめとする韓国保守層の警戒心を刺激する部分があることは事実である。だが，李大統領に状況認識の甘さがあったことも否定できない。

いずれにしても，政権が変わっただけで不毛な対立が蒸し返される状況は，南北に既成のナショナリズムだけでは越えられない深い溝があることを浮か

び上がらせている。本来，ナショナリズムに最も敏感であるはずの保守政権の登場が自体を複雑にしたことが，象徴的である。

　ナショナリズムが変質していることをうかがわせるが，その実例が①W杯アジア3次予選南北対戦での韓国旗・国歌問題，②聖火リレー暴力事件と反中国旋風，③南北連絡事務所設置問題である。

　詳細は後に譲るとして，特徴的な事象をかいつまんで挙げると，①では，北朝鮮はFIFAが指定したピョンヤンでの試合での韓国旗掲揚や国歌演奏を嫌い，それに対して韓国国民から「ソウルでは北朝鮮の国旗，国歌が許されたのに不公平だ」との批判の声が出た。②はソウルでの聖火リレーに抗議した脱北者支援団体と中国人留学生の小競り合いから，インターネットを中心に反中国旋風が巻き起こった。③は李大統領による就任後初の具体的な対北提案であったが，北朝鮮は「北南関係を国と国の関係にして分裂を永久化する」と拒絶し，韓国社会の反発を呼び起こした。

　①②③を通して浮かび上がるのは，南北為政者同士の主導権を巡る確執の背後で，北朝鮮への反発や対抗意識が韓国社会に拡散した事実である。韓国での保守政権誕生はそれと無関係ではあるまいが，背景には，韓国からの訪朝者数（金剛山観光除外）が年間10万人を超える南北交流の活発化がある。北朝鮮が未知の同胞の国であったときは，「韓国よりも自主的で，民族主義的だ」と評価する声が少なくなかったが，次第に，南北の経済的社会的な格差，価値観や意識の違い，食糧問題，脱北者問題，人権問題といった裏の事情が透けて見えるようになり，冷めた見方が広まった。

　北朝鮮でも，社会主義計画経済の崩壊と市場拡大などの社会経済条件の激変とともに，一般国民の意識は，対韓国意識を含め大きく変わりつつある。確実なことは，北朝鮮国民が一枚岩であったのは過去の話になったことである。配給制が崩れた段階で特権層と非特権層に分裂し，富裕層と貧困層の格差が生じている。権威が傷ついた既成の社会主義思想で階層分化に伴う意識の亀裂を修復することは困難であり，ナショナリズムの一変種と見るべき愛国主義で補強せざるを得なくなっている。

　現時点では，あくまでも仮説の段階であるが，南北国民，とりわけ1948年

以降，二つの国家に別々に生まれた人々の意識には，従来の南北共通のナショナリズムに取って代わり，それぞれ北朝鮮ナショナリズム，韓国ナショナリズムが息づいているように思われる。その仮説が正しいとしたら，統一運動をリードする精神的指針・動機たるものは，南北の地域ナショナリズムを超え，統合するものでなくてはならないだろう。

それについては世論調査などの客観的な資料はまだないが，①に見える，南北サッカー戦が行われた3万8,000人収容の上海競技場で1,000人の北朝鮮サポーターと圧倒的多数の韓国サポーターがそれぞれの国旗を振りながら，自尊心をぶつけあった現象は，単なるスポーツイベント以上の意味を有する傍証となろう。

文化的一体感や帰属意識，伝統的価値観，血縁など民族的なアイデンティティーを共有するのがナショナリズムであるとするなら，南北はどこまでを共有し，どこから違うのかを認識する時期に来ているのではないだろうか。違いは主として分断下で生じたものであり，それを強調することに対して一部から分断の固定化，追認との批判が出るかもしれないが，現実から目を背けることは許されない。現実を直視することで，逆に南北の相互理解が深まり，無用な誤解や争いを防ぐことができるメリットもある。

有体に言えば，南北は民族性，伝統文化，ハングルを継承し，歴史認識や領土に敏感で，教科書問題や独島で日本に対して共同批判行動をとり，高句麗問題では中国に対して，ともに異議を申し立てている。だが，生活を共にする上で欠かせない生活意識，人権・民主主義などの価値観では別世界とも言っても過言でないギャップがあり，脱北者問題やチベット問題では対立まで生じている。

このように朝鮮半島のナショナリズムが地域色を帯びてるのは，不幸な近代史が刻印した宿命でもある。

そもそも朝鮮半島にはかつて一度も近代的な意味での統一国家は存在せず，従って，近代国家に特有なナショナリズムも跛行性を帯びざるを得なかった。ナショナリズムは国民主義，民族主義，国家主義と多様な顔を有するが，そのモデルたる西洋では，フランス革命後のフランスで人権を基本とした国民

主義,それに対抗するドイツ,イタリアなどで歴史・伝統を重視する民族主義,権威主義的な国家主義が発達した。アヘン戦争後の中華秩序の崩壊とともに,東アジア諸国は西洋列強の侵略の脅威に抗すべくそれぞれ近代国家建設へと向かったが,明治維新でそれにいち早く成功した日本は教育を整備し,国語や歴史を統一して民族主義的,国家主義的なナショナリズムを涵養した。

だが,封建国家・李朝の衣替えでしかなかった大韓帝国は,近代国家の体裁を整える前に日本の植民地に転落してしまった。その後遺症はいまだに南北に残り,韓国内でも先の総選挙で嶺南〔朝鮮半島の東南部,慶尚道を指す〕と湖南〔朝鮮半島の西南部,全羅道を指す〕の地域対立が票の動向を左右した。

また,日本が過剰意識され,親日か反日かという尺度が個々の政策や政治家の評価に短絡的に結び付き,政治に必要以上の影響を与えている。韓国の保守主義がなかなか自立できない原因も,そこにある。4月に公開された「親日人名事典」に朴正煕元大統領ら保守の系譜で重きをなす人物が多数含まれて動揺するなど,自国史に同一化できず負い目を持ち,その反動で対外依存的になり,事大主義に流れやすい。金日成ら抗日パルチザンの伝統を受け継ぐ北朝鮮に対してはコンプレックスを抱き,過剰に反応しがちだ。

それを見抜き,時として優越感をひけらかし高飛車に出る北朝鮮では,ソ連が世界革命戦略上の必要から民族解放運動を積極的に評価したことから,社会主義と民族主義が結合した。そうして,社会主義に民族の主体性回復＝チュチェを加味したチュチェ思想が成立する。

そこには近代市民社会は欠落しており,朝鮮半島の統一運動はいきおい,近代国家誕生後東西に割かれたドイツ型よりも,ベトナムなどと同類の民族解放型を指向するようになった。

単純な歴史発展論に従えば,朝鮮半島は南北を統合する国民国家の枠組みをこれから作る段階であり,そのイデオロギーとしてのナショナリズムも一から構築しなければならない。しかし,それは今後10年,20年の時間を要するばかりか,グローバル化に伴う新しい現実に適応しなければならないとい

う新たな歴史的課題にも直面している。

　冷戦終了後の世界は，市場経済のグローバル化，環境破壊などで相互依存性を強め，他方におけるＩＴの普及と情報のボーダレス化で，一つの国だけに帰属意識を有し，忠誠心を尽くす国民国家の枠組みが限界を露呈している。既成の国家，地域の融合が起こる一方で，民族への再統合を志向するパラダイムシフトが急激に進行し，南北関係も影響を免れることはできない。

　ナショナリズムを産業化に伴う社会現象とするならば，先進国の入り口に立った韓国ナショナリズムこそ本来の意味でのナショナリズムに近いと言えよう。その韓国で1997年の金融危機克服のために新自由主義的改革とＩＴ化が急激に進行した結果，国境を超えたモノとヒトの流れが急増し，外国生まれ，国際結婚や移民増，価値観の多元化，アイデンティティーの多様化……などで，多民族共生社会へと国家の在り方が急激に変容しつつある。既成のナショナリズムが拠り所としてきた「単一民族」が土台からグローバル化の波に洗われているのである。

　北朝鮮はと言えば，社会主義化で近代を一挙に超えようとしたが，経済破綻に直面してその夢は破れ，恐らく今後，開発独裁→近代化・民主化へと歩んだ韓国の道を辿ることになろう。

3　新たなパラダイム

　地域ナショナリズムを超えた新たなパラダイムが求められるが，現実的にどのような選択肢が広がっているのだろうか。試論として三つを提起したい。

　第一は，ＥＵ統合の原動力となった経済優先主義である。

　これは南北が経済的相互依存性を強めているだけに，受容しやすい。金正日国防委員長が近年強調する実利主義や李大統領の実用主義は，その反映とも言えよう。観念よりも経験を重視し，経済効率を追求する点で共通点があり，補完しあえば南北統合統一の名分，推進力として機能する可能性を秘めている。

　第二は，国民主義としてのナショナリズムである。

民族主義や国家主義に偏向しがちだった既存のナショナリズムを，自由平等な国民を中心にした統合の理念として再構築する試みであり，一国という制約の中で極限まで普遍性を求める。

これはグローバ化する民主主義と連動し，国際社会の普遍的な価値と符合させる試みと重なって行く。市場経済，資本主義のグローバ化とともに国境を超えた連帯が生まれ，ＩＴで情報を共有するネットワークが拡大している。そうしたグローバル民主主義の担い手をアントニオ・ネグリはマルチチュードと定義し，支持者の輪を世界中に広げている。

第三は，インターナショナリズムとしての社会主義の蘇生である。

ナショナリズムを超える究極の思想は社会主義しかない。

それを北朝鮮建国の理念とした金日成は当初，民族主義を「封建思想の残滓」「反動思想」と批判していた。だが，次第に伝統や愛国心に基づく民族の主体性を強調し，70年代中葉から義・仁・忠といった儒教的価値観を復活させて民族主義を体制補強のイデオロギーとして取り込み，社会主義圏が崩壊した90年代，金正日時代になってその傾向は顕著になった。

だが，社会主義蘇生の可能性が完全に消えたわけではない。市場経済化による経済再建→近代化を経る過程で，社会主義が本来志向していた人間解放の思想が蘇れば，インターナショナルに普遍性を持つ思想として復権できよう。同じ志向性を有する中国の動向と併せて注視していく必要がある。

韓国もそろそろ社会主義政党の結成など西欧レベルの政党活動の自由を保障し，政治の活性化を促すべきであろう。同時に，北朝鮮も議会主義政党の結成を容認し，人民主権を実態的に保障する必要性がある。

いずれにしてもその是非を検証するにはさらなる時間が必要であり，性急に結論を出す必要はない。南北の絶望的な経済格差を縮めない限り，統一は油と水を混ぜるように非現実的であり，悲劇的ですらある。

韓国には，過重な統一コストを避けるために時間をかけて北朝鮮経済の底上げを図る方が得策との判断が強まっている。

北朝鮮も，建前はともかく本音では，先建設後統一である。食糧不足などに対する国民の不満が高まる現状で南北の境界が外されれば，経済力で勝る

韓国に民心が流れ，吸収合併されるのは必定だからだ。少なくとも経済再建までは統一問題は先送りということである。なお，先建設後統一は70年代に朴正煕大統領が掲げ，金日成主席が「反統一的」と辛辣に批判したことだが，皮肉なことに，南北の経済力逆転で立場が入れ替わった。

そこで，長期化を視野に入れて南北関係を安定軌道に乗せるために，幾つかの提言をしたい。

第一は，部分的な意見対立で揺るがない成熟した戦略的互恵関係を構築し，統一のゴールへと着実に歩を進めることである。

幸いにして南北は開城公団や金剛山観光開発，資源開発分野での経済協力や10億ドル台に乗った交易拡大で相互依存関係をいつになく強めており，その物質経済的な土台はできている。金正日政権が最大の課題とする経済再建に韓国の経済協力はほぼ絶対的とも言える条件であり，他方の李明博政権にとっても看板の「747公約」を実現するために，南北関係を安定させて内外資本の投資環境を整え，北朝鮮の低廉良質の労働力活用，南北鉄道連結による物流コストの削減，レアメタルなどの資源開発は欠かせない。

体制・思想が水と油のような関係にある南北間では今後とも，南北双方の地域ナショナリズムが衝突する事態を含めて様々な意見対立が起きることが予想されるが，不用意に国家間の対立に発展させず，互恵関係を発展させる戦略的対話の格組の中で包括的，総合的に解決することをシステム化する必要がある。外務省など政府機関同士の常設窓口設置が考えられるが，南北首脳が定期的に相互訪問する半島版シャトル外交が最も有効であろう。

第二は，政府間対話と別に，政党間対話を保障する新たな制度設計が求められる。

これまでの南北対話は北朝鮮が労働党統一戦線部，韓国は統一部が担ってきたが，特定政党と政府機関という変則的関係は安定性を欠くきらいがある。相互の思惑が食い違い，政局絡みで南北対話がしばしば膠着状態に陥るのはそのためである。そうした矛盾を止揚するために，政府間対話の枠組みをしっかりと作り，並行的に，政党間対話を進める必要がある。労働党やハンナラ党など南北の与党に各野党を含めた幅広い南北政党間対話なり協商を

229

発足させることで，政党とその背後の政治勢力間の相互理解と和解が深まり，政府間対話をバックアップする効果を期待することが出来る。

それは政党活動の健全な発達を促す契機ともなろう。各党が南北関係で主導権を握ろうと独自の戦略やイデオロギーを訴え競うのは，本来，民主主義社会に不可欠な正当な政党活動の範疇に属する。南北共同声明が発表された時，金日成首相は38度線を越えて訪朝した韓国の李厚洛中央情報部長に「民主共和党がピョンヤンやウォンサンに支部を作り，労働党がソウルやプサンに支部を作ろう」と呼び掛けたことがあるが，それを具体化する手立てを考える時期に来ているのではないか。韓国側が真摯に提案すれば，金日成の遺訓を統治の基本に据える北朝鮮側も無碍にはしないとみられる。

第三は，国際的な影響力を有する文化人・学者，有力企業家，社会団体代表による民間協議体の設立である。

これは南北政府から独立しながら，人権，民主主義，投資環境整備などで広く国際的な視野から助言し，統一運動が極端な民族主義的国家主義的な方向に流れずバランスよく発展するようにチェックし，同時に，国際社会の理解を促す。

特に，南北が独自に解決しがたい事案に積極的に関与する。例えば，北朝鮮が独力で解決できなくなっている脱北者問題についても，北朝鮮を追い詰めるのではなく，国際的な支援策や関係国との協議などを通して解決の手助けをする。

ケーススタディ

ここでは，総論で指摘した南北地域ナショナリズムの特徴，問題点などを個別的な現象を掘り下げることによって，具体的に考察する。

1）W杯アジア3次予選南北対戦　なぜピョンヤンで韓国国旗・国歌が不可なのか

国旗，国歌問題は国家のプライド，国民の自尊心に直結する問題と言えよ

う。2010年サッカー・ワールドカップ・アジア３次予選の北朝鮮対韓国戦が図らずも国旗・国歌問題でこじれたことはちょっとした歴史的事件であり、北朝鮮側が韓国国民の中に芽生えている微妙な対北朝鮮感情を刺激したこと、さらに、北朝鮮側がそれに対して鈍感なことを示す格好のサンプルとなってしまった。

　従来、南北ともに為政者レベルでは、双方を国家として認めず、自己を唯一正当政権と主張してきた。半世紀以上経った現在、北朝鮮側に依然として韓国を国家として認めたがらない傾向が根強く残るが、他方の韓国では北朝鮮の国旗、国歌に寛容となり、事実上の国家とみなす社会的風潮が認められる。その狭間で発生したのが今回の問題であった。

　試合は本来、2008年３月26日にピョンヤンで開催される予定であった。南北チームのピョンヤン対決は1990年10月以来のことであり、過去韓国の５勝４分１敗であるが「実力以外の変数が作用する」宿命の対決とされ、韓国では日韓戦に劣らぬ熱い視線が注がれていた。前年12月の韓国大統領選で与党候補惨敗の一因になったのは、「与えるばかりで、見返りがない」と、一方的片務的な対北朝鮮支援に疑問を投げかける世論の声であった。南北チームのピョンヤン対決はそれを解消し、南北友好ムードを盛り上げる好機となりえた。

　ところが、北朝鮮側は、金日成競技場での韓国の国旗掲揚と国歌演奏は「認められない」とクレームをつけ、２月５日の南北実務会談で、北朝鮮側が「太極旗（韓国国旗）の代わりに朝鮮半島旗を、愛国歌（韓国国歌）の代わりにアリランを使用し、南側の応援団は認められない」と申し入れた。

　それに大韓サッカー協会代表団が「ＦＩＦＡ規定第22条に基づき、スタジアムに両国の国旗が掲揚され国歌が演奏されなければならない」と北朝鮮側に再考を促し、朝鮮半島の緊張緩和と平和体制構築にも有益であるとして説得に努めた。協議が決裂すると、大韓サッカー協会はＦＩＦＡに仲裁を求めた。ＦＩＦＡはＷ杯予選に政治を介入させない原則を強調したものの、現実的解決案として第３国での開催案を示し、上海に決まった。大韓サッカー協会は「ピョンヤン開催を望んだ国民には申し訳ない」と謝罪声明を発表し、

しこりが残った。

　おりしも、ニューヨーク・フィルハーモニック・オーケストラが、星条旗が掲げられた東ピョンヤン大劇場で米国歌を演奏する様子がMBC放送を通して韓国の茶の間に流れた直後であったので、反動が大きかった。少なくない韓国民が、「星条旗はOK、太極旗はNO？」「文化とスポーツを政治的計算に利用するダブルスタンダードではないか？」と失望し、北朝鮮への不信感を募らせた。

　FIFAのW杯予選規定は参加国の国旗掲揚と、両国選手が並ぶ中での国歌演奏を明確に定めており、北朝鮮の違反は明らかである。北朝鮮は「ウリミンジョクキリ（わが民族同士）」という南北の特殊性や、過去の南北親善試合で統一旗と「アリラン」を用いたことを例に挙げたが、02年の大邱冬季ユニバース大会、05年のサッカーの全州東アジア選手権大会など、韓国ではすでに北朝鮮の国歌と国旗が許されており、説得力に欠けることは否めない。

　事は単に、FIFAの規定に関することだけではない。韓国と北朝鮮は「南と北は相手の体制を認めて尊重する」とする「南北間の和解と不可侵および交流、協力に関する合意書」（南北基本合意書。1991年12月締結、翌年2月発効）を交わし、2度の南北首脳会談でも確認している。

　韓国で北朝鮮の国旗、国歌を尊重し、同時に、北朝鮮で韓国の国旗・国歌を尊重することは、そうした合意を遵守するかどうかを測る試金石とならざるをえない。一方的に韓国の国旗、国歌を否定し続けると、韓国人の自尊心を傷つけて韓国ナショナリズムに火を付け、強烈なしっぺ返しを食らいかねない。

　ただ、北朝鮮がピョンヤン開催に反対した理由の裏には、強気とは裏腹の意外な弱点が隠されている。大挙押しかける韓国サポーターに対する警備上の不安があった。

　と言うのも、05年3月に金日成競技場で行われたW杯アジア最終予選B組、北朝鮮－イラン戦で暴動寸前の状況が起きているからだ。審判の判定に抗議した北朝鮮人観客を連行する保安要員に対して他の観客らが後ろ指を差して抗議し、競技終了後にはビンや座布団などがグランドに投げ込まれ、イラン

選手団を乗せたバスが包囲され，止めに入った保安要員が殴打される暴動寸前の状況が醸し出された。彼らはフーリガンではなく，ごく一般の市民である。その光景は試合を中継したテレビに映し出され海外に流されたが，80年代の北朝鮮ならあり得ないことである。

たかがサッカー，されどサッカーである。南北サッカー第2戦は，6月22日に予定通りソウルで行われ，競技場には南北の国旗が掲揚され，両国国歌が演奏されるが，いつまで変則的な状況が続くのか。

2）ソウル聖火リレー暴力事件と反中国旋風

このケースは，今後の南北関係を考える上で衝撃的な教訓を示唆する。韓国ではありえないと考えられていた反中国旋風が，聖火リレーでの小競り合いをきっかけにソウル中心部で突如湧き上がったこと，さらに，チベット問題だけでなく脱北者問題が絡んでいたため，その矛先が北朝鮮に向けられる可能性も否定できないことを示したからである。

各種報道によると，事件は4月27日，聖火リレーのスタート地点のソウルのオリンピック公園で起きた。公園広場には午前中から中国人留学生6,500人余が詰めかけ，中国旗を振りかざし，「中国を愛する」「チベットは永遠に中国領だ」などと気勢を上げた。向かい側のホテル前には北朝鮮人権団体会員60人と市民100名がピケを張り，中国が脱北者を北朝鮮に強制送還していることやチベット暴動武力鎮圧に抗議していた。

聖火はオリンピック公園を出発し，ソウル市庁まで約22キロの区間を68人の走者がリレーした。沿道は1万近くの警官隊が警備に立ち，中国人留学生たちが聖火を囲むように移動した。途中，脱北者が走り出て聖火を奪おうとするなど，聖火リレーを妨害した容疑で韓国人3人が逮捕された。彼らは取り調べに対し，「中国が脱北者を北朝鮮に送り返し，多くの人が死んだ。これに抗議するため聖火を消そうとした」と語った。

ところが，オリンピック公園では北朝鮮人権団体らのピケに中国人留学生の一団が押し掛けて，小競り合いが始まった。警官隊が間に割って入り大事には至らなかったが，中国人留学生側から石や瓶が投げられ，取材記者や警

察官らに暴行を加えた。北朝鮮人権団体も会員二人が聖火コース沿道にシンナーをまき、火をつけようとしたところを現行犯逮捕され、双方がエキサイトした。

　ここまでは世界各地で見慣れた光景だが、事態は当局が予想もしなかった方向に発展する。中国人留学生が記者や警察官に暴行を働いたことがインターネットで広がり、「韓国の主権を軽んじた」「韓国内であるにもかかわらず、中国国旗だけで、一人も韓国旗を振らなかった」との書き込みが溢れ、反中国旋風が吹き荒れ、高麗大学総学生会は中国政府の謝罪を求めて抗議集会を持った。韓国政府は弱腰外交を批判され、中国に公式謝罪を求めざるを得なくなり、李大統領の訪中中止も検討課題に挙がった。

　中国政府も事態の重大性に気付き、中国外務省の何亜非・外務次官補は4月30日、訪中した李容濬韓国外交通商部次官補に、韓国の警官と記者が負傷したことについて遺憾とお見舞いの意を表明し、暴行した中国人留学生に対する刑事処分に同意した。中国人留学生の一連の行為を「愛国的行動」と評価していただけに、中国政府の苦慮ぶりがうかがい知れる。聖火リレーへの妨害を海外留学生の愛国主義に訴えて抑え込み、中国の威信を守ろうとしたのだが、国内での過激なフランス製品不買運動に飛び火するなど、統制が難しくなってきたとみられる。

　韓国政府はそれを中国の公式謝罪と受け止めて外交的に決着させる一方で、中国人留学生らに対するビザ発給を厳格化し、警察庁長官が国会行政自治委員会で中国人留学生一人に対する逮捕状を請求する方針を明らかにし、国内の理解を求めた。

　以上のことは、GNP世界11位の経済大国に伸し上がった経済成長を背景に、韓国の学生・青年の中で固有のナショナリズムが台頭していることを物語る。ナショナリズムはマグマのように、いつ、どこで、何をきっかけに噴出するか分からない。中国に突如向けられた韓国の青年、学生の怒りの矛先が、北朝鮮に向けられない保証はあるだろうか。事件の発端は脱北者支援団体と中国人留学生たちとの小競り合いにあり、火種は南北の狭間に燻っている。韓国に1万人超、中国に数十万人いるとされる脱北者問題は、今後南北

の上に重くのしかかってこよう。

　胡錦涛国家主席は5月3日，北京大学の創立110周年記念式典で学生らとの座談会に出席し，「愛国の情熱は北京オリンピック支持の行動に転化するよう望む」と理解を求め，その翌日，訪日前の日本人記者団との会見で，チベット仏教の最高指導者ダライ・ラマ14世の特使と接触することを明らかにした。中国共産党のトップとしては異例のことだが，国民や国際社会の声に謙虚に耳を傾けないと政権が立ち行かなくなることを知ったからであろう。

　留意すべきは，こうした一連の現象の背後にはインターネットによる迅速な情報伝達と世論形成があり，それが中国共産党トップをも動かす威力を発揮し始めたことである。

　ソウルから直行便でピョンヤンへと空輸された聖火リレーは，主体思想塔から金日成スタジアムまでの20キロ，40万市民が整然と見送り，"世界で最も成功した聖火リレー"と言われた。だが，IT立国への準備を着々と進める北朝鮮で，自他共に認めるインターネット・マニアである金正日総書記が金日成大学の座談会で学生たちに胡錦涛主席と同じことを語り，脱北者らの代表と接触する日が遠からず来ないとは誰も断言できないのである。

3) 南北連絡事務所設置提案を巡って火花を散らす韓国，北朝鮮の思惑とそこから見えてくるもの

　李明博大統領は訪米中の08年4月17日，初の具体的な対北提案としてソウルとピョンヤンに常駐連絡事務所を設置することを呼びかけたが，北朝鮮側は4月26日付の労働新聞論評「誰にも通じない妖術は引っ込めよ」で，「分裂を固定化する」と強烈な拒絶反応を見せた。李大統領を7回も呼び捨てした激烈なもので，金大中＝盧武鉉政権の10年間を費やして築いた南北融和関係が一挙に冷却化した瞬間であった。

　青瓦台の李東官報道官は翌日，書面で「南北連絡事務所は，実質的で真正性のある南北間対話と協力のためには常時のチャンネルが必要との趣旨で構想されたものだ」と労働新聞に反論し，南北関係に転機を開く契機になりうると主張したが，それなりに一理ある。その前例が，二つの国家から統一

へ向かった東西ドイツである。1972年に基本条約8条で常駐代表部設置に合意し、1974年に代表部代表信任状制定を通して対話のチャンネルを確保し、1990年に統一を成し遂げた。

　北朝鮮は、なぜ南北連絡事務所設置案に反対したのであろうか？　前掲労働新聞論評は「北南関係を国と国の関係にして分裂を永久化する」とするが、本音は、韓国を国家として認めたくないことにある。ピョンヤンでの韓国国旗掲揚や国歌演奏を拒否する姿勢に通じるもので、60年前の建国時に掲げた、自己を唯一正当政権とする革命統一路線の残影である。労働党統一戦線部が南北対話を統括しているのも韓国政府を上部統一戦線工作の対象とみなし、北主導の連邦制統一へと誘うことが目的である。

　しかし、そうしたイデオロギー的な主張が、南北の経済力が逆転し、韓国の経済支援を受ける中で実体的な裏づけを失い、微妙に変化していることも否定できない。1998年に盧泰愚大統領が南北首脳会談を呼びかけ、1990年9月にソウルで第1次南北高位級会談が開催された時、韓国側は連絡事務所を提案するが、北朝鮮は「1民族2国家体制が固着される」と反対し、ソウル・ピョンヤンから休戦会談場がある板門店連絡事務所に格下げ設置された。だが、2000年6月の南北首脳会談後、韓国側が再度連絡事務所を提案したときには、「北南関係の発展状況からして時期尚早」と、拒否から留保へと姿勢を変えた。

　北朝鮮の主張が揺らぎ始めたのは、1991年9月に南北が同時に国連加盟し、国際法上、別個の国家主体となってからである。さらに、2002年7月の「経済管理改善措置」（7・1措置）以降、市場の全国的な拡大に伴って実利主義が台頭し、韓国との関係を現実主義的な観点から捉えなおす見方が強まった。

　北朝鮮政権内にも、韓国との関係安定を戦略的な次元から捉える考え方が強まった。「2012年に強盛大国の大門を開く」経済再建路線を軌道に乗せ、後継体制へとつなげる戦略がそれである。核カードを駆使しながら米国との関係改善に外交努力を傾注しているのも、安全保障上の懸念解消とともに、テロ支援国家指定解除や敵国通商法適用解除による外資の導入、国際市場進出などの経済的動機が大きく作用している。

第1章 ナショナリズムを超える南北関係と統一論試論

　少なくとも，二度の南北首脳会談で積み上げた南北対話と交流の成果が生きていた李政権発足時点まで，北朝鮮が南北連絡事務所設置に応じ，事実上，軍事境界線を一時的に国境線化し，安定させるアイデアに同意する可能性があったと考えるのは，全く根拠がないことではない。実際，北朝鮮側は07年10月の盧武鉉・金正日会談で結ばれた10・4宣言に基づく経済協力を李新大統領が履行することを期待して，就任式への代表団派遣まで非公式に打診した。李政権批判に転じたのは，韓国側がその約束を履行しないことに苛立ってのことである。北朝鮮の強硬姿勢は相手側の譲歩を引き出す交渉術の一つなのである。

　北朝鮮が神経を尖らせたのは，李大統領が訪米中に南北連絡事務所設置案を持ち出したことである。前掲労働新聞論評が「米国を背に反共和国対決を政策化」と非難し，二日後のピョンヤン放送が「北南関係を外交関係の中で扱うとして対米関係の従属物に転落させようとしている」と繰り返していることが，それを裏付ける。北朝鮮政権内では過渡期特有の保守強硬派と改革派によるイデオロギー闘争が進行中であり，中台関係になぞらえ韓国の頭越しの米朝協議で統一の主導権を握ろうとする伝統的な革命統一路線が根強くある。

　その限りで，李大統領が「真正性ある対話」を口癖にし，金大中＝盧武鉉政権時代の対話に対して不信感を露わにするのは一理がある。南北対話に相互主義を打ち出したことは「支援しても見返りがない」との国民の不満に応えようとするもので，当然と言える。

　しかし，核放棄進展を南北経済協力の前提とし，前政権が北朝鮮と結んだ10・4宣言を一方的に棚上げしたのは，信義に欠け，政局に絡めて外交の継続性を損なった。北朝鮮との政治的対立を不用意に政府間の対立に持ち込んでしまい，結果的に北朝鮮側の不信感を買ってしまったのである。

　北朝鮮政権内部に旧態依然としたイデオロギー派がいるのは事実だが，韓国側がが旧態依然としたイデオロギーでそれに対抗するのは，逆効果でしかない。北朝鮮を変えるのは，外圧ではなく内からの変化である。太陽政策がそれを促すベクトルとして作用してきた事実を軽視ないしは看過するのは，

経験則に反すると言うべきである。

　ネオコンに引きずられていたブッシュ政権が強硬路線から対話路線へと転換を図ったのは，イラクでの失敗とともに，韓国の太陽政策に少なからず影響された面があった。韓国が北朝鮮との対話を維持しながら6カ国協議を軌道に乗せ，半島が第二のイラクになるのを防ぎ，東北アジアの平和と安定にイニシアチブを発揮したことは特記されてしかるべきである。それを李大統領が「親北左派路線」と否定したことで北朝鮮への影響力を自ら喪失し，韓国のイニシアチブが損なわれてしまったのは韓国にとっても不幸なことであった。

　南北対立の時代は終わったと信じていた一般韓国民にとっても，今日の事態は青天の霹靂であったろう。韓米友好は大事だが，南北和解を犠牲にして良いとは思っている国民は少ないだろう。昨年の大統領選挙の投票前，主な関心として北朝鮮関連を挙げたのは3％でしかなかったとのアンケート調査がある。争点は専ら国内経済問題，失業や経済格差などに集中し，大多数の韓国民は太陽政策の継承はほとんど自明のことであった。

　李朝時代の名分論を髣髴させる南北の争いは当分，続きそうな雲行きであるが，実利的，実用的な観点から再検証すると，実は，南北の対立は一般に思われているほど本質的なものではない。

　李政権は金泳三保守政権時代に結ばれた7・4共同声明，南北基本合意書，朝鮮半島非核化共同宣言と進歩政権時代に結ばれた6・15宣言，10・4宣言との整合性を求め，6・15宣言，10・4宣言を前面に出す北朝鮮とぶつかっているが，6・15宣言が「7・4南北共同声明で明らかにされた祖国統一3大原則を再確認し………」とあるように，両者の間に大人気なくいがみ合うほどの溝があるわけではない。非核化問題は米朝対話によって進展しよう。

　杞憂と言えないのは，為政者同士がメンツとプライドをかけて主導権争いを激化させ，下手に民衆を扇動し，ナショナリズムを刺激すると，聖火リレー問題のようにあらぬ方向に飛び火する危険性があることである。

　例えば，北朝鮮メディアは韓国民が公正な選挙で選んだ李大統領を名指し批判し，韓国を傀儡国家扱いするが，それがいかに韓国民の自尊心を傷付け，

反発を引き起こすかについてはほとんど気付いていない。ハンナラ党機関紙が対抗して金総書記に対して同様な調子の論評を出したら，恐らく北朝鮮は猛烈に反発し，金日成大学などで糾弾大会を持つであろうが，それが韓国のインターネットでの反北朝鮮旋風へとエスカレートしない保証はない。

　そうしたケースを想定し，危機管理の対象にして備える時代になってきたこともまた否定できない。

第2章　韓国から見た日朝関係

南　基　正
（ナム　ギ　ジョン）

1　はじめに

　本稿は，日朝国交正常化交渉を見る韓国の視角を伝達し，拉致問題をめぐって難しい状況になっている「日朝国交正常化交渉の正常化」の可能性を展望してみようとするものである。

　筆者は2002年9月17日の小泉首相の訪朝以来，幾度かにわたって日朝関係に言及してきた[1]。それ以来，筆者自身の日朝関係観察記は期待と悲観の間を行き交うものだったが，より正確に表現するならば，悲観的な状況にあっても期待感を捨てることができなかったということである。これは韓国で同問題を見る際の一般的な視角と取り立てて違わないと思われる。その一般的な視角というのは，朝鮮半島の平和と安定にとって日朝関係の改善が必須不可欠の前提となっているという状況認識に基づくものとして理解できる。このような認識は，南北和解の推進と，そのための国際環境を造成する外交を，朝鮮半島問題の解決のための現実的代案として想定した金大中（キム・デジュン）政府が発足してから現われ始めたもので，むしろ歴史的な根は深くないが，脱冷戦以後，特に小泉首相の訪朝以来，日朝関係を研究対象にした大部分の研究の基底に敷かれている思考である。

　これは，かつて冷戦期に日朝関係を冷笑的かつ対決的な姿勢で見ていた視角とは明らかに違うものである。この違いの意味を問うためには，日朝関係の推移をより長い視野から復元し，日朝関係の展開に対して過去の冷戦期に韓国が採った立場を，現在の立場と比較する必要がある。そして，現在の日朝関係をより客観的な視座から捕らえるためには，国際政治学が提示してき

た一般理論的枠組みから日朝関係を説明しようとする努力が必要だ。さらには，いずれ日朝国交正常化交渉が「正常化」されることを想定すれば，1965年の日韓国交正常化との比較を通じて，日朝国交正常化の過程において浮上することが予想される具体的な課題の提起と解決方法の模索が試みられねばならない。

以下では，次のような構成で論議を展開していく。第一に，日朝関係の展開過程とそれぞれの局面で採られた韓国の立場を確認し，第二に，日朝国交正常化交渉の現実とこれに対する分析的理解を試み，第三に「国交正常化交渉の正常化」を前提とした日朝国交正常化の課題提起とその解決方法の模索，である。

2 日朝関係の展開とこれに対する韓国の立場

（1）日韓国交正常化交渉と日朝関係

冷戦体制下で日朝関係は「無関係の関係」，ないし「非正常な関係」にあったといえる。これは，植民地の歴史清算の課題が冷戦体制の影響を受けて，日本の関係正常化の相手として韓国のみが選択されたという点に起因する。1965年に日韓間に国交が正常化することにより成立した「日韓1965年体制」の下で，日朝関係は日韓関係と対立し，日朝関係正常化は「日韓1965年体制」の否認または破棄を意図するものであった[2]。

冷戦期の日朝関係が改善する兆しは，日韓国交正常化過程で見られたように，韓国側の反発につながり，日本政府には負担になった。日韓国交正常化交渉の第3次会談（1953年）は久保田発言によって中断を余儀なくされ，その後，長期休会していた日韓交渉であったが，日本側が久保田発言の撤回を提案し，鳩山（父）内閣が発表した韓国に対する「和解メッセージ」を韓国側が評価したことで再開が模索されたが，1955年3月に鳩山一郎首相の北朝鮮承認発言によって再度行き詰まりの局面に戻っていった。韓国側にとって鳩山首相の発言は，1955年2月に北朝鮮が南日（ナミル）外相声明を発表して日本側に関係正常化を提案したことを受け，日本側がこれに応じようとするものと

解釈された。また，紆余曲折の末，李承晩(イスンマン)政権末期の58年4月から再開された第4次会談では，漁業問題などにみられたように韓国側の譲歩によって交渉の進展が予想されもしたが，7月から浮上した「帰国事業＝北送」問題によって難航しはじめ，結局，4・19学生革命で会談が中断され，挫折した[3]。

1965年の日韓条約締結以後，北朝鮮は条約破棄を要求して日本に圧力をかけたが，1972年9月，条約破棄を要求せずに日本に国交正常化を提案したことがある。しかし，韓国政府が1973年6月23日に「平和統一外交政策宣言」を発表すると，北朝鮮はこれを受けた日本側の朝鮮半島政策が「二つのコリア」を固着させるものであると非難し，前年の関係正常化提案を撤回してしまった。以後，ヨーロッパで芽生えた脱冷戦の機運が東アジアに波及するまで，日朝政府間関係は少しも動かない状態にあった。

（2）第1段階日朝国交正常化（1990－91）と韓国

戦後長い間，非正常な関係にあった日朝関係が正常化に向けて動き始めたのは，冷戦体制の弛緩と崩壊によるものであった。特に，1990年6月の韓ソ国交樹立と1992年8月の韓中国交樹立は，北朝鮮に外交政策の転換を模索させた決定的要因だった。北朝鮮は，資本主義陣営はもちろん伝統的な友好国だった社会主義陣営諸国からも孤立する状況に陥っていった。これに加えて韓国の民主化も，北朝鮮の国際的立場を弱化させた。韓国はソ連と中国に接近する北方外交を推進する一方，日朝関係改善に対しても歓迎する立場を表明した。1988年の7・7宣言は「日本と北朝鮮との接触と交渉を歓迎する」とし，日本の対北朝鮮関係改善に対する期待を表明した。北朝鮮も1988年7月，「労働新聞」社説と，89年1月の外交部談話を通じて，間接的にではあるが日朝間交渉の開始に関心があることを表明した。このような状況変化に，日本政府が動いた。

第十八富士山丸問題の解決という懸案を抱いていた日本は，このような状況変化に対応して北朝鮮との交渉を試みた。その結果，1990年9月，自民党と社会党の代表で結成された北朝鮮訪問団が北朝鮮を訪問して金日成(キムイルソン)と会談し，朝鮮労働党－自民党－社会党の三党共同声明を発表した。ここにおいて

両国は初めて国交正常化のための交渉をもつに至った。しかし三党共同声明には、日本が「過去36年間、戦後45年間の損失に対して謝罪、補償」するという文句が挿入されたことで問題を引き起こした。36年の間の植民地時期に対する補償はもちろん、戦後45年の間の損失を償うとする内容の共同声明は、日朝国交正常化を日韓国交正常化との公平性を図り推進するとの原則に違反することになり、日本外務省はこれを受け入れることができなかった。

91年1月の第1次交渉から92年11月の約2年間にわたる第1段階の日朝交渉は、結局、過去の植民地時期に対する補償／賠償問題で合意することはできなかった。核開発問題に引き続き金賢姫（キムヒョンヒ）の日本語教師として日本人が拉致された可能性（李恩恵（リウネ）問題）を日本政府が提起したことによって、国交正常化交渉は失敗に帰した。一方でこの時期、韓国政府は南北朝鮮の国連同時加盟、南北総理会談などの懸案を日朝関係改善の前提とすることを日本政府に要求し、日本政府が北朝鮮に提示する要求条件の水準を高めるのに役立つ場面が演出されもした[4]。

第1段階の日朝交渉は、南北朝鮮の和解の動きに加えて、安定的な韓米・日韓関係を背景に韓国が日本の対北朝鮮接触への意志を触発したことが、一つの促進要因になったといえる。その反面、第1次交渉から議題に含まれたＮＰＴ条約義務の履行問題、すなわち核開発疑惑問題が浮上することで、会談はその当初から難航しはじめた。その上、92年11月に日朝交渉が中断されてから、従軍慰安婦問題などをめぐって日韓関係は急速に悪化していったことで、日本政府が韓国の頭越しで北朝鮮と交渉することを韓国政府は承諾しなかった。このような状況が続いた90年代中盤、日朝関係は再び膠着局面に入り、99年12月に村山代表団の訪朝と予備会談の開始に至るまで、日朝関係は微動だにしなかった。村山北朝鮮訪問団は金大中政府の対北・対日同時包容政策の結果だった。

（3）第2段階日朝国交正常化（2002年以降）と韓国

地球規模で脱冷戦が、第1段階の日朝接触の触発剤だったのは明らかである。しかし、地球規模での緊張の高まりもまた、他の方向で日朝接触を触発

する要因になった。2002年9月17日の小泉首相の訪朝がこれを反証している。2001年9月11日の同時多発テロ以降，アメリカは対テロ戦争を宣言，国際的緊張が高まっていた。小泉首相の訪朝が推進されたのは，このような国際情勢下でのことだった。したがって，地球規模の緊張の高まりは，日朝関係を直接的に規定する変数ではないことがわかる。とすれば，いかなる要因が日朝関係を促進させ，また遅滞させるのか。

　上記で確認したとおり，1990年代中盤，長らく小康状態だった日朝関係が再び動き始めたのは，金大中政府が推進する対北和解・協力政策と対日包容政策という，二重の包容政策が動因となっている。対日包容政策とは，98年に金大中（当時）大統領と小渕（当時）首相間で合意された日韓パートナーシップ宣言のなかで提示された対日政策のことである。ここで韓国は，日本が戦後に傾けてきた民主国家としての平和的貢献を高く評価するとし，過去のどの政権よりもアジアにおける日本の役割を評価した。このような努力の延長線上で，日本が北朝鮮との関係正常化に積極的になるのを期待したのだった。これに触発されて，日本は村山北朝鮮訪問団による事前の調整作業に引き続き，2000年4月，国交正常化のための第9次日朝交渉を開始するに至ったのである。2000年6月には，金大中‐金正日間の南北首脳会談が開催され，南北和解の動きは急激にその勢いを増した。第9次交渉で何の進展もなかったにもかかわらず同年8月と10月に，第10次・第11次交渉が相次いで開かれたのは，朝鮮半島での和解進展に影響を受けたからである。しかし，日本人拉致問題が足かせとなり，日朝関係はそれ以上の進展をみることなく激動の2001年を迎えることになった。第11次交渉から約2年，9・11同時多発テロ発生から約1年，日本人拉致問題に対する一定の解答を確信した小泉首相が訪朝し，日朝両首脳は歴史的な平壌共同宣言を導き出した。

　その内容は，植民地支配に対する反省と謝罪という文句が公式文書に初めて含まれたという事実を除いて，概して日本の要求がほとんど受け入れられた。日本としては稀にみる外交的快挙だったということが，当時の日本識者層の主流の見解だった。ただ，拉致された日本人の生死確認問題が日本国民の怒りを買い，反北朝鮮感情を育てるきっかけになったことは，北朝鮮側と

五部　日本と朝鮮

しても日本側としても計算違いだった。以降，拉致問題が国交正常化交渉の行方を決定的に握る問題として登場するようになった。平壌宣言として結実した日朝間の二者レジームは，拉致問題の拡大とともに機能不全に陥り，北朝鮮の核開発疑惑をめぐって作られた6ヵ国協議という地域レジームに取ってかわられてしまった。

　ここで特記しておきたいことは，日朝関係膠着化の背景に，小泉首相の靖国参拝を契機とした日韓関係の悪化があったという点である。悪化した日韓関係の中で，韓国政府は日本を動かすことも北朝鮮を動かすこともできなかった。

　このような過程のなかでも日朝関係の展開におよぼす日韓関係の意味は再確認される。日朝関係の再開に決定的な役割を果たしたのも，日朝関係膠着化の一因になったのも日韓関係だったのである。

3　日朝国交正常化交渉の分析的理解：三つの理論

(1) 現実主義

　古典的な現実主義的国際政治理論を簡単に要約すると次のようである[5]。①国際政治のアクターは基本的に国家であり，②国際秩序は無政府的で，③国家はそのような無政府的秩序の中で自らの生存を最高の価値として追求する利己的存在だ。このような現実主義の国際政治理論に投影される日朝関係は，二つの安保問題をめぐって脅威の応酬を繰り返すことで緊張度を高める典型的な安保ジレンマに陥っているように見える。

　二つの安保問題とは，核およびミサイル開発実験という国家安保の問題と，日本人拉致にかかわる人間安保の問題を指す。これらの問題をめぐって，両国関係は古典的現実主義の国際政治理論の有用性を確認させてくれるかのように展開している。

　まず核・ミサイル問題は「無政府（anarchy）の下での自助（self-help）」こそが国家の追及すべき最高の――最善ではなくても――価値であるという現実主義の命題の正しさを証明しているようである。北朝鮮はミサイルや核実験

246

を行い，体制保障のための瀬戸際外交を展開している。これに対して日本は，これを主要脅威と規定して日米間の緊密な協力の下にミサイル防衛体制を推進しており，専守防衛を規定した防衛計画大綱の改訂に続き，平和憲法の廃棄と改訂などを匂わせ，北朝鮮の脅威に正面から対抗している。

　また，日本人拉致問題は「相互不信（distrust）」こそが国家の利己的行動の原因であるとする古典的現実主義のイメージを鮮やかに示している。拉致問題の解決方策をめぐって，ますます解決の推移を高める日本側と，政治的妥結を意図する北朝鮮の間に「約束と約束違反」の反復が何度も繰り返された。拉致被害者 5 人の一時帰国，永久帰国，子や連れ合いなど被害者家族の送還，遺骨の伝達とニセ物疑惑などの過程で，両国の「相互不信」は大きくなるばかりであった。結局，核・ミサイル問題は安保ジレンマに陥ってしまい，日本人拉致問題は相互不信の増幅機制と化してしまった。この二つの問題をめぐって日朝関係は，圧力と正面対抗という古典的現実主義の外交戦略の反復によって，脅威の水位を高めている状況である。その結果は，皮肉にも「現実主義外交の失踪」だった。

　両国双方が相互不信による自助的措置を最大限発動するようになったあげく，自らの生存（survival）を脅かす危機状況を育ててきたのである。結果的に，その過程は国益を最大化する現実主義外交の正常軌道を逸する過程だった。結局，北朝鮮も日本も双方が，生存のために再び現実主義外交への復帰を急がなければならない状況になった。日本の国益は日朝間の懸案を解決し，脅威を解消し，東北アジアの国際秩序再編のイニシアティブを握ることにあるという点をもう一度確認すべき時期になった。北朝鮮はまた，経済的生存のための最小限の環境の整備，すなわち日本の資金協力こそ最も切実に確保すべき国益であるという点に，再び気づいていくだろう。日朝間でのこのような国益の追求は，対立的なものではなく，互いを必要としあう相互補完的な性格のものだ。したがって，両国が国益を追求しながら協力する可能性はいくらでもある。

(2) 自由主義

　6ヵ国協議（地域レジーム）と平壌共同宣言（二者レジーム）という二つの協力の枠組みが壊れずにいるのは，先に指摘したように，日朝関係の属性によるものである。想起したように，北朝鮮と日本は各自それぞれ国益を追求しつつ，相互間に絶対利益（まったくないよりは少しでもある方がよいと把握されている利益）を発見しえた。2002年9月17日に行われた小泉首相の電撃的な平壌訪問とその席上で合意された平壌宣言は，まさにこうした事実を反映している。先に指摘したように，その内容は，ほぼ日本の主張が貫徹されているものであったため，日本政府は可能な限りその効力を維持するために努力することになった。もちろん，北朝鮮としても大規模な経済支援を可能とする内容であっただけに，その効力が失われないよう努力する必要があった。先に提示したように，二つの安保問題をめぐり極端な葛藤と対立関係を露呈しつつも，平壌宣言の効力が維持され，6ヵ国協議の枠組みを壊さないように努力してきた日朝両国の姿は，このような現実を反映していた。これは「相互利益の発見と共有，協力を通じた制度の創出」として国際政治を説明しようとする「制度的自由主義国際政治理論」の映し出す現実である。

　この枠組みで日朝関係を照明すると，北朝鮮と日本が表面的には互いに対して声高にわめきおどしつけているように見えるが，平壌宣言の効力を維持するために背後で協力していることがわかる。小泉首相以来，安倍，福田，麻生と続く日本の首相たちが口癖のように繰り返していた「対話」と「圧力」がまさにこれを反証している。北朝鮮のいわゆる「瀬戸際戦術」に対して日本側は強い語調で批判し，圧力の行使を暗示しているが，当然そのような表現は北朝鮮が「平壌宣言に違反する行為をやめ，宣言の遵守を望む」であるとか，「6ヵ国協議への復帰を望む」という文章で締めくくられている[6]。これは平壌宣言や6ヵ国協議のようなレジームの存在を前提とする発言，または文章である。もちろん北朝鮮側の言い方も同じである。「平壌宣言の精神を先に違反したのは日本」であるとか，「6ヵ国協議の枠組みを維持するためにはアメリカの行動が先行しなければならない」という発言もまた，レジームの存在を暗黙裏に認める内容であると解釈される[7]。すなわち，北朝

鮮の挑発的な言行とこれに対するアメリカや日本の圧迫にもかかわらず，現実的に平壌宣言と6ヵ国協議は破棄または廃棄されたことはなく，今後もされるとは思われない。そこに最小限の共同の利益が反映されているからである。

このような理解に立てば，北朝鮮がミサイル発射実験や核実験を強行した理由は，平壌宣言や6ヵ国協議の枠組みを無視し，これを破棄するためではなく，その存在をもう一度確認しようとするためのものであった，と解釈することができる。実際に日本やアメリカは，北朝鮮の核実験やミサイル発射実験にもかかわらず，平壌宣言を破棄したり6ヵ国協議を廃棄するのではなく，宣言の遵守と会談への復帰を要求している。ここで再び，日朝両国を包摂する二重のレジームの存在を確認することができる。

(3) 構成主義

「無政府は国家が作る」という言葉は，構成主義国際政治観の核心となる標語である。すなわち，現実は与えられた状態で固定されているのではなく，行為者らの行動方式によって構成され変化するというのである。このような国際政治観に立脚すれば，国益もまた国家が標榜するナショナル・アイデンティティによって再構成されるものと考えられる。

平和憲法の下で専守防衛に専念してきた戦後日本の安保政策は，平和国家としてのナショナル・アイデンティティを標榜してきた日本の独特な自己認識によるものであるという分析は，構成主義国際政治論がその説明力の卓越さを主張するときに取り上げる代表的な事例である[8]。しかし，まさに日本は平和国家としてのナショナル・アイデンティティに懐疑を抱き，軍事的に「普通の国」としての変化を模索している。日本は現在，まだ完全に廃棄されえない「平和国家」としての自己認識と，いまだに完全に形態を整えきれていない「普通の国」としての自己認識が混在し，重畳する混乱期を移行中であるように見える。

北朝鮮もまた1990年代末に入り，北朝鮮式の「普通の国」化を試みているように見える。これを和田春樹教授は「遊撃隊国家」の「正規軍国家」化と

とらえ，定式化した[9]。強盛大国論，先軍政治論は，遊撃隊方式に依存した国家経営を放棄し，かわりに正規軍である人民軍を政治の中心に置き，これを経済再建のために動員しようという方式として提起された。特に1999年に提起された先軍政治とは，「軍事先行の原則により革命と建設の諸問題を解決する政治方式」であるというのが北朝鮮の説明であるが，先軍政治論の重心は「建設」に置かれており，これは1960年代に韓国において朴正煕政権期に登場した「闘いながら建設する」というスローガンを連想させる。このような方針の下で2001年には経済三原則を提示し，その後，2002年9月の新義州(シンウィジュ)経済特区の指定に至るまで一連の画期的な経済改革を断行し，「実利社会主義」の制度的基礎を固めた後，日朝正常化会談に臨んだのである。このような流れに注目してみると，北朝鮮もまた，北朝鮮なりの「普通の国」化を志向しているのが窺える。しかし，北朝鮮もまた日本と同様に，「遊撃隊国家」としての自己認識と「普通の国」への変身努力のなかで，この二つの自己アイデンティティの混在と重なり合いの渦中にいるように思われる。

　日朝国交正常化交渉や6ヵ国協議などの国際交渉の場で見せる通常の「普通外交」と，その裏で推進する「瀬戸際外交」の間を行き来する北朝鮮外交の振動は，それが意図された戦略というよりは，変化しているアイデンティティが誘発した一種の国家的二重人格障害現象だと言える。

　一方，日本の「普通の国」化と北朝鮮の「普通の国」化は，互いに絡み合っており，この二つの国家の変化は，逆に東北アジア休戦体制の変化を誘引することになるであろう。結局，日朝関係の正常化は両国国家の正常化（「普通の国」化）と，ひいては東北アジア国際関係の正常化を導き出す，最も重要な契機であると言える。

4　日朝修好の関係と解法：三つの課題

(1) 管轄権問題

　管轄権問題は第一次会談から日本側が一貫して提起してきたイシューであった。日本側は日朝関係正常化を日韓基本条約との整合性をもって進める

というのが基本的立場であった。管轄権問題と関連して、日韓基本条約は第3条で「〔大韓民国は〕国際連合総会決議第195号（Ⅲ）に明らかに示されているとおりの朝鮮にある唯一の合法的な政府（the only government in Korea as specified in the Resolution 195-3)」と規定している。

　日本はこの条文を、条約当事国である韓国の管轄権が38度線（朝鮮戦争以後の軍事分界線）以南を実効的に支配している地域に限定して、及ぶものであると解釈してきた。また日本はこの条約の延長線で北朝鮮との国交が正常化する場合、北朝鮮の管轄権を軍事分界線以北に限定しようとした。日韓基本条約との整合性を損なわず日朝国交正常化交渉を行うというのはまさにこの点を確認しようとしたものであった。しかし、国交正常化交渉の第一次会談で北朝鮮は「朝鮮民主主義人民共和国が朝鮮半島の唯一の合法政府」と主張し、日本側の主張と対立した。第二次会談で日本側は、日朝修交が「朝鮮半島における休戦ラインの北側を実効的に支配する」北朝鮮との正常化であり、「南側の管轄権を主張することは認められない」という立場を明らかにした。

　管轄権問題で北朝鮮が態度の変化を見せたのは、第三次会談であった。北朝鮮は「望ましい現実ではないが、我々の主権は朝鮮半島の半分にしか及ばない」と認めたのである。第三次会談直後である1991年5月27日、北朝鮮外交部は南北朝鮮の国連同時加入を宣言する声明を発表することで、韓国の存在を公式的に認めたのであった。1991年12月13日には南北基本合意書が採択されており、北朝鮮の態度の変化はこのような南北関係の発展を反映したものであった。

　2002年の平壌共同宣言以後の日朝交渉で、管轄権問題はもはや議題にならなくなった。2000年の6・15南北共同宣言で北朝鮮は韓国の「連合制」案を受容し、管轄権問題はこれ以上、日朝国交正常化過程でイシューとなる余地がなかったのである。管轄権問題は南北和解の進展により、ほぼ解消されたと言える。結果的に見ると、韓国と北朝鮮当局の努力によって、日本側の負担が軽減したと言えるであろう。

(2) 旧条約問題

　旧条約問題は日韓基本条約において曖昧な形で決着し、日朝国交正常化過程で北朝鮮が再び挙論する可能性がある問題である。これに対しても、日本は日韓条約との整合性を主張しているが、日韓基本条約では前文に「両国民間の関係の歴史的背景（中略）を考慮し」という文章が挿入されているだけで、なんら謝罪の文句は入っておらず、1910年の韓国併合条約締結までの一連の条約と協約の効力問題については第２条において、これらの条約と協定が「もはや（already）」無効となったと規定しているだけである。さらに「もはや」の解釈をめぐっては日韓が対立している。韓国側はこれらの条約・協定がすでに条約締結の時点で無効であるという立場をとっている反面、日本側は、一旦成立はしたが、日韓基本条約が締結される時点で無効となったという立場をとっている。

　従って、日韓基本条約との整合性を主張する日本の基本的立場は、日朝国交正常化においても別途の謝罪表明は必要なく、旧条約に対する解釈も日韓基本条約に対する既存の解釈に従うというものであった。このような立場で日本側は日朝国交正常化交渉の第二次会談でこうした一連の条約および協約、協定が「合法的に締結された」と主張した。この問題と関連した北朝鮮側の立場は、第一次から第七次にかけてずっと一貫したものであり、韓国併合条約はもちろん、乙巳保護条約（1905年の第二次日韓協約）以後、旧朝鮮（大韓帝国）と締結したすべての条約が、強圧的に締結された不法条約であると主張した。

　第六次会談では北朝鮮側が、過去の条約が「正当であるという根拠」を追究すると、「条約が国際法上有効であるということであって、正当であるとはしていない」とし、事実関係と道徳的判断の分離を試み、一歩後退する立場を見せた。

　この問題と関連し、日本側の認識は1995年村山首相の談話と日本の国会決議で「植民地支配に対する反省と謝罪」が政府文書の文言として採択され、日韓基本条約における認識から一歩前進したと評価された。2002年の平壌共同宣言でもこのような認識が反映され、「過去の植民地支配に対する反省と

謝罪」が文章として公式表明されるに至った。これは，日韓基本条約で韓国が引き出すことのできなかった内容として，日朝国交正常化が成立する時にどのような内容で反映されるのか，その成り行きが注目される部分である。日韓基本条約の改正が現実的に難しいという点を考慮すれば，日朝国交正常化以後に，韓国と北朝鮮，そして日本の三国が共同声明を発表し，平壌共同宣言の該当文句が朝鮮半島全域に拡大適用されるという点を確認する手順が必要となるであろう。

（3）補償・請求権問題

日本側は補償・請求権問題と関連しても，日韓基本条約および請求権協定との整合性を維持するという基本的立場を明らかにし，賠償および補償の問題は日朝の間で発生せず，請求権問題を経済協力で解決した日韓請求権協定方式を適用することが予想された。これに対して北朝鮮は当初，第一次国交正常化交渉において交戦当事国としての賠償を要求していたが，日本側の反駁に会い，第五次会談では「交戦当事国としての補償」ではなく「加害者としての道徳的・倫理的補償」の履行を要求し，ドイツのナチス犯罪補償，第二次大戦期の日系市民の強制収容に対するアメリカの補償などを「国際法と国際慣行」の例としてあげた。さらに，第六次会談では，当時浮上した「軍隊慰安婦」に対する補償を追加で要求した。

このように，最も鋭く対立していた補償問題であったが，平壌共同宣言では電撃的に日韓協定方式が採択され，「無償資金協力，長期借款供与，経済協力」方式で解決するという原則が確認された。これによって補償問題と関連しては，北朝鮮側が全面的に譲歩し，日本側が第一次会談以来堅持してきた原則を貫徹させる形となった。

一方，日韓協定では，請求権の消滅と経済協力の実施の間の相関性に対する規定がなく，単純に並列関係として列挙されているため，日韓両国の解釈の違いを招いてきた。韓国側は二つの事項の間に関連性があることを主張し，「請求権の行使としての経済協力」という解釈をとる反面，日本側は二つの事項の間の無関係性を主張し，請求権とは関係のない経済協力という解釈を

とっている。平壌共同宣言でも，過去の歴史に対する「反省と謝罪」という文句と「経済協力の実施」が同じ項目に入れられてはいないが，二つの事項は単純併置関係で記述されており，その相関性は明確ではない。日朝間の国交正常化交渉が具体化すれば，協定文案の作成過程でこの問題は鋭い対立を生む可能性がある。しかし，日韓基本条約では明示されていない「過去に対する反省」が平壌共同宣言に含まれただけに，日朝間においてこの問題は日韓協定より一歩前進した内容で解決される可能性もある。そうなると，今度は日朝関係との整合性を日韓協定に要求する動きが出てくることが予想される。問題の解決は，日本側が協定の解釈を変え韓国側に歩み寄り，日韓協定に対する解釈を日韓両政府が共有する努力を通じて得られるであろう。

5　おわりに

　以上，日朝関係の歴史的展開，日朝関係の現状に対する理論的分析，日朝国交正常化の過程における具体的課題などについて，韓国の立場を考慮に入れ，考えてきた。それぞれの結論は次のようである。

　第一に，脱冷戦以後の日朝関係の歴史的展開においては，次のような促進要因と遅滞要因を見出すことができる。南北朝鮮間の和解の動きと韓日関係の好転は日朝関係の進展を促す要因であった。これと反対に日韓関係の悪化は日朝関係をも拘束する要因になっている。因みに，グローバル・レベルで国際関係が緊張したり緩和したりすることは，促進要因としても遅滞要因としても日朝関係の展開に直接影響を及ぼす要因ではない。地球的規模での脱冷戦は日朝が接近したひとつの要因だったが，ブッシュ政権の対テロ戦争の開始という地球的次元での緊張構造の中で，北朝鮮と日本は平壌宣言を作り上げた。結局，グローバルな要因は東北アジアのリージョナルな要因と結合して初めて日朝関係に影響を及ぼしているといえる。日朝関係に影響を及ぼしたリージョナルな要因として重要なのは，繰り返しになるが，日韓関係と南北朝鮮関係だった。

　第二に，日朝関係を現実主義，自由主義，構成主義の三つの国家政治理論

で分析し，その結果として日朝関係転換の契機を抽出すると，次の通りである。まず一つ目は，現実主義外交の回復である。敢えていうなら，北朝鮮と日本の両国は，国益に基づく慎重な外交（国益外交）を選択し，結局は国交正常化に踏み切るだろう。二つ目に，共有しうる利益の発見，特に絶対利益の発見である。すなわちこれは，全くないよりは少しでもある方がいいという，その「何か」を北朝鮮と日本が共に利益として規定し，これを共有するようになることを意味する。三つ目に，ナショナル・アイデンティティの相対化である。すなわち，北朝鮮と日本はそれぞれ「遊撃隊国家」と「平和国家」としての自己認識から脱し，新しいナショナル・アイデンティティを模索中である。そうした自己認識の変化による行動は，相互に影響しあいながら，それぞれの国家において国益の再調整を促している。

　第三に，日韓国交正常化との整合性の維持という観点から日朝国交正常化の課題をあげると，管轄権，旧条約の処理，補償・請求権などと関連し，それぞれ解決すべき問題が生じうる。この中で，管轄権の問題は2000年6月の南北共同宣言によって，日朝間に争点となる余地はなくなった。旧条約問題は，日韓基本条約より進展した表現を用いた2002年の平壌共同宣言に基づき，その効力について新しい条文が採択されることが予想される。その結果，日韓基本条約の改正問題が提起されるので，韓国・北朝鮮と日本は三者間の新宣言採択をも視野に入れて認識の一致を図るべきである。補償・請求権問題は経済協力による解決方式が平壌共同宣言にも適用されたため，日韓請求権協定との整合性が維持されたといえる。しかし，日朝間の国交正常化条約において旧条約の効力問題が進展した形で解決されれば，日韓請求権協定では曖昧にされた経済協力の実施と請求権の消滅との相関性が明確に規定される可能性もある。その際には，やはり，日本と韓国・北朝鮮は三者間の認識の一致を図ることが新しい課題となるであろう。

　さて，日朝国交正常化がなされれば，南北統一の過程で日朝間の条約と日韓間の条約はどのような関係になるのかという問題が提起される可能性がある。2000年6月の南北共同宣言は，統一の前段階として，韓国が提案する「連合制」と北朝鮮が主張する「低い段階の連邦制」が互いに共通性がある

255

と認め,「一民族,二国家,二体制,二政府」で構成される国家連合の形態を想定しており,この段階では日韓間の条約・協定は日朝間で締結される条約・協定などと同時に成立し,有効となる。従って,国家連合の形を取る間は,日韓条約と日朝条約が朝鮮半島-日本を結ぶ二つの修交条約として存在することになるが,その先に,一つの「連邦」または統一国家が成立することになれば,新しい「新朝鮮半島国家」と日本の間に関係設定が必要となるであろう。

【草稿翻訳・校正】庵逧由香,金友子

●注

1)『한겨레신문 [ハンギョレ新聞]』(2002年9月17日),『역사비평 [歴史批評]』2002年冬号,『민족화해 [民族和解]』2006年9月号,『미래전략위원회/좌담회 [未来戦略研究院・座談会]』(2007年7月,http://www.kifs.org/contents/sub3/special.php?method=info&searchKey=s_title&searchWord=&offset=20&sId=1946#content),『경향신문 [京郷新聞]』(2007年9月28日)などにおいて発表された。

2)「日韓1965年体制」については池明観『日韓関係史研究——1965年体制から2002年体制へ』(新教出版社,1999年)を参照。

3)朴正鎮「冷戦期日朝関係の形成(1945年-65年)」東京大学総合文化研究科,博士論文(2009年7月)。特に「第3章,『帰国協定』:日朝関係の飛躍(1958-1959年)」を参照。日韓会談の全体的な展開については이원덕,『한일 과거사 처리의 원점:일본의 전후처리 외교와 한일회담』,서울대학교 출판부,1996(李元徳『韓日過去事処理の原点:日本の戦後処理外交と韓日会談』ソウル大学校出版部,1996);吉澤文寿『戦後日韓関係——国交正常化交渉をめぐって』クレイン,2005年を参照。特に「帰国事業」が日韓会談の展開に及ぼした影響については吉澤文寿の研究の第2章2節(89-108頁)を参照。

4)和田春樹『北朝鮮——遊撃隊国家の現在』岩波書店,1998年,185-206頁。

5)国際関係論における現実主義,自由主義,構成主義理論についての教科書的説明は,ジョン・ベイリスとスティーヴ・スミスが共同編集し,オクスフォード大学で出版された国際関係論教科書の第7章,第8章,第11章を参照。John Baylis and Steve Smith, *The Globalization of World Politics: an Introduction to International Relations* (3rd Edition), Oxford University Press, 2005.

6）2009年5月25日の北朝鮮による核実験実施を非難する国連決議の採択についての中曽根弘文外務大臣談話は，北朝鮮を強く非難した国連決議を評価しながらも，その最後の文章には「北朝鮮に対し，六者会合に早期に復帰し，六者会合共同声明の完全実施に向けた努力を行うことを求め」ている。
7）北朝鮮の核実験後，国際社会の非難が高まる中，2009年7月27日に北朝鮮は外務省報道官名義の談話を発表し，6者会談が「永遠に終わり」を告げたとして，国際社会の北朝鮮に対する6者会談への復帰要求を拒否した。しかし，10月5日に平壌で行われた温家宝中国首相との会談で金正日総書記は，米国との会談の状況を見た上で，「六者会談を含む」多国間会談を進めたいとの考えを示した。
8）代表的なものがカッツェンスタインの著作である。ピーター・J・カッツェンスタイン（有賀誠訳）『文化と国防――戦後日本の警察と軍隊』日本経済評論社，2007年。
9）和田春樹は『北朝鮮――遊撃隊国家の現在』（岩波書店，1998年）の韓国語翻訳本のなかに補論を寄せ，北朝鮮における自我認識の変化を指摘した。와다 하루키（서동만／남기정 옮김），『북조선：유격대국가에서 정규군국가로』，돌베개，2002，pp.296-318.

第3章　アジアの問題児：属国の苦悩

ガバン・マコーマック

1　日本問題

　いわゆる北朝鮮問題とふつう呼んでいるものの，問題が北朝鮮だけにあるというわけではない。日本の植民地主義や朝鮮戦争，冷戦など過去の未解決の問題と，20世紀には絶対の覇権を誇った米国の衰退と21世紀に大きく台頭してきた中国を中心とする東アジアの現在の情勢とが絡み合って，なかなか複雑な問題となっているのである。

　しかし，「日本問題」というものはある意味でもっと複雑で難しい。1世紀半の間，日本は自分はアジアの国ではないと定義してきた。20世紀の最初の20年ほどはイギリスと，最後の50年ほどは米国と同盟を結び，それらの超大国との同盟によって，安全と繁栄を享受してきた。日英同盟と日米同盟の隙間の20年ほどの間に，日本が指導するアジア共同体を建設しようとしてさんざんな大失敗に終わっている。その経験から，日本は超大国との同盟が一番よいと言う確信をますます強く持つようになった。

　そして，最近50年ほどはその原則にしたがって，国の安全保障と国際関係に関しては，米国に従属することに満足してきた。日本の主権は限定されたものであれ，戦争に直接関与せずにすみ，経済成長だけに集中できる点が好都合であった。しかし，ジョージ・ブッシュが政権をとると，それで十分というわけにはいかなかった。「ニューアメリカンセンチュリー」の推進者たちは，もっと「成熟した」日米同盟にすることを提唱したが，それはもっと包括的で，もっと不平等な日米同盟を意味するのではないかと思われる[1]。ここ何年間も，日本政府は「観客席に座っていない」で，「現場で」「身を以

て」「実戦に参加」するよう，米国からうながされたり，はっきりと指示されたりしてきた。小泉，安倍両首相は，自衛隊をイラクとペルシャ湾に派遣し，自衛隊をより緊密に米軍指揮下に統合することを認め，自衛隊活動を制限する「集団的自衛権」の行使について拡大解釈することで，憲法改正の準備へ動き出すなど，懸命に米国の要求に応じようとした。

しかし，彼らの最善の努力すら十分ではなかった。2007年，(アーミテージが中心の) 新委員会は日米同盟を次の段階までに引き上げるための2020年までの計画要綱を発表した。要望リストは国力の増強，憲法改正自衛隊の海外派遣を認める恒久法の制定，防衛予算の増額，国際紛争解決のための武力行使の原則を支持することを明文化するなどである[2]。米国の要求は日本の独立国としてすでに制約された主権を，グローバルな枠組みの中で，米国に統合，従属させる関係に変容し，私が完全な「属国」とする形に再編するものである[3]。終戦直後の1945年，マッカーサー司令官が日本の憲法と基本的司法，行政制度を立案したように，あれから60年して，日本国家はまた米国のデザインに沿って再改造されつつある。

しかし，最近の米国提案は日本にとって利益は少なく，負担と犠牲ばかり大きい。北朝鮮と米国の駆け引きや最近の動きを見れば，日本は米国との取引で，ファウストのそれのように，それなりの見返りも交渉せず，一番大切なものを売ってしまったのではないかと思わせられる。

2　普通の国と属国

西側の日本専門家たちは，最近の日本 (2001年から2007年の小泉，安倍時代) は着実に普通の国になりつつあり，過度の米国依存を脱却し，厳正な官僚主導の管理から，もっと自立的で，規制緩和が進んだリベラルな，したがってよりよい方向に向かっていたと好意的に見ている。小泉，安倍の改革はプラグマティズムが基本だが，彼らの改革が十分ではなかったところに問題があると言う見方である[4]。しかし，私は小泉，安倍時代の政策は基本的に政治理念に裏打ちされたものはなく，無責任と米国従属以外に何もなかっ

第3章　アジアの問題児：属国の苦悩

たと考える。ケネス・パイルが言うように，日本独自の「価値観，伝統，実践」を追及するどころか，そういうものはみんな投げ捨てて，何でもかんでも米国の指示に従い，米国依存を脱却するどころか，喜んで採り込んだと見る。

最近出版した本のタイトルに（クライアント・ステイト）属国と言う言葉を使ったが，この言葉は1970年代80年代に政治の中枢にあった，故，後藤田正晴元官房長官の発言から採ったものである。死の前年の2003年に，彼は日本は米国の従属国で属国に落ちたと述べた[5]。私が属国という時，初めて国民国家の主権と独立の概念が出てきた1648年のウェストファリアの国家の定義を想定した上で，植民地でも傀儡国でもない，うわべだけでも独立国家の体裁があるが，自国の利益よりは，ほかの国の要求を優先させる国家と言う意味で使っている。

こうした見方は日本国内には珍しくはない。後藤田元官房長官だけではなく，久間章生自民党政務調査会会長代理（当時）も日本はアメリカの何番目かの洲のようなものだからと言ったし[6]，榊原英資早稲田大学客員教授も，日本の保守は思想も何もなく，どんなときにもアメリカ支持だと述べた[7]。また京大の佐伯啓思教授はアメリカの「使命」を実現するための手先としての同盟国をアメリカは求めていると言う[8]。こうした発言からも日本は米国の同盟国というよりは属国と言ったほうが正確ではないかと思う。日本の正統的保守陣営は小泉，安倍の経済の自由主義路線や国防政策などは，従来の日本国家の構造を破壊するものと見ていた。こうした改革を断行した彼らは，保守とは名のみで，本当は戦後最も急進的な政治家だったのではないか。

しかし，依存と従属は日本のアイデンティティの半分でしかない。もう半分は矛盾だらけのパラドックスのようだが，20世紀から受け継がれている栄光に満ちた懐古的な，基本的に天皇中心のアイデンティティである。2006年，安倍内閣が発足したとき，大部分の閣僚は日本の軍国主義の時代に理想像を求めるような，「正しい歴史を伝える」国会議員連盟，「明るい日本」国会議員連盟，「日本の将来と歴史教育を考える」若い議員の会，神道政治連盟などに所属していた。そして2007年9月，福田康夫首相に代わっても閣僚の顔

ぶれはほぼ変わらなかったのである[9]。

　誇り高い，純粋な日本人としてのアイデンティティと米国への無条件的服従をあわせて持つのは愛国と属国精神を接ぎ合わせることに等しい。小泉首相は，世界中で米国の覇権が軍事，政治，とりわけ倫理面で急落していることを無視し，米国にすりより，ブッシュ体制を支持したが，国内向けには，ナショナリストとしてのパーフォーマンスを何のためらいも葛藤もなく演じた。一方ではブッシュ政権の言いなりになって，喜ばせようとし，他方では神の国的ナショナリストの願望も強く持ち，日本国のアイデンティティは両方から引っ張られ，よれよれになってしまった。

　日本のアイデンティティの空洞化と米国べったりの卑屈な精神を隠そうとすればするほど，それを埋め合わせるために日本的シンボルとレトリックが，もっと大げさに誇示されたのである。言ってみれば，日本の国が売り払われれば売り払われるほど，米国の下請け度が大きくなればばるほど国旗はもっと高く掲揚され，国家はもっと大声で歌われなければならないのである。

　こうしたアイデンティティ造りは綱渡り的で危険に満ちている。安部首相が2007年9月心身衰弱で倒れたのは，栄光に満ちた美しい日本を作りたい願望と同時に，米国の手先である属国建設という無理難題に挑戦した結果ではないかと思う。

3　政治理念のない属国：日本対北朝鮮

　卑屈さと自信過剰の両極に引き裂かれた日本のアイデンティティのほころびは，北朝鮮に対する政策にはっきり見られる[10]。特に2006年から2007年にかけ，北東アジアにおける新秩序の形成という決定的な時期に安倍政権は美しい国と北朝鮮バッシングにかかりきっていたため，日本は外交的に孤立してしまった。2007年初め，米国はこれまでの対北朝鮮政策を一転させ，核問題や国交正常化，米国の一極支配終焉後の，新しい多極的北東アジア建設に向けての和平交渉など，諸問題の解決を追求し始め，日本は大きいショックを受け，米国に腹を立てた人々もいた。もし2007年の北京協議での合意がう

まく進行し，北朝鮮の核問題が解決し，米朝関係が正常化していたら，米国は中国の存在を強く意識し，米国の対アジア政策の中心は日本の独壇場ではなく，ある程度中国に置き換わった可能性もある。そんな事態が起これば日本は土台から揺らぐことになっただろう。

　2003年に始まった6者協議で，日本は韓国，ロシア，中国の3国に対し少数派として，常に米国の強硬路線を支持してきた[11]。日本の外務官僚の主流派は米国と北朝鮮が和解することはありえないと思っていたようである。忠実な従属国の日本に米国が背を向けることは絶対ないと確信を持っていた。6カ国協議でも日本の市民が20数年前に拉致されたことは「我々の国が直面するもっとも重要な問題である。」という立場をとっていた[12]。つまり，ミサイルや核問題より，拉致問題は重要だと宣言したのである。拉致が国家犯罪であり，被害者の苦しみは否定できないという立場だが，日本軍国主義の時代，拉致したり，だましたりして強制労働に送られたアジアの被害者は何十万人にも上ったといわれるが，まだ未解決のまま残されている。それには触れず，日本の被害者のことばかり口にするのは，中国，韓国には不愉快なことだったにちがいない。6カ国協議が始まってから，米国は従来の強硬な態度を和らげ，次から次に譲歩を重ねた後，北朝鮮と合意に達するよう真剣に取り組み始め，日本の北朝鮮包囲策は失敗してしまった[13]。

　北朝鮮の高濃縮ウラン計画（HEU）疑惑を非常に重大だと判断して，2002年に米国は枠組み合意による重油の供与を中止し，北朝鮮はそれに反発してプルトニウム兵器計画を再開した。6ヵ国協議のほかのメンバーはウラン濃縮計画の話には初めから懐疑的であった。

　クリストファー・ヒル国務次官補は2007年，高濃縮ウラン計画には「北朝鮮が事実購入したとわれわれが分かっているより，ずっと多くの装置が必要である」し，「北朝鮮にそれに必要な技術があるのか分からない」し，またアルミ管は「どこか違うところ」にいった可能性もあることを認めた。高濃縮ウラン計画はあいまいに，未発達の濃縮ウラン計画の範疇に格下げされ，アルミ管疑惑は2007年末，米国が詳しく調査した結果，そのような事実はないとされた。後になって取り消された誤った情報によって，危機は大きく煽

り立てられ，2004年には戦争の瀬戸際まで行ったわけである[14]。

北朝鮮との和解にあくまでも反対する勢力は，北朝鮮に濃縮ウラン計画を自白するよう要求したが，確かな証拠を示すことはできず，2008年初め，国務省は打開策として，米国側はウラン濃縮計画があったと信ずると繰り返し，北朝鮮は米国の憂慮を認識すると，双方が宣言しあうことで解決するという了解に達した。

高濃縮ウラン疑惑が2002年から2005年にかけて，北朝鮮を締め出す関門であったとすれば，2005年からは偽造紙幣，マネーローンダリング，麻薬取引に北朝鮮が関与しているとブッシュ政権が非難し，それが次の関門になった。2005，6年に大騒ぎした「スーパーハンドレッド」と呼ばれた100ドル札偽造について，韓国当局は米国の非難に懐疑的であったし，偽札の世界的権威の面々も（スイスの連邦警察も）天才的技術で信じられないほど精巧にできている紙幣を，北朝鮮が製造，配布できると考えるのも馬鹿げていると結論した。2007年マカオにあった北朝鮮の資金は凍結を解除され，以来米国財務省は偽造紙幣のことは何も言わない。

麻薬については2003年，麻薬犯罪国家のリストに北朝鮮を入れたが，国務省は2007年，説明もなく，20カ国以上あるリストの中から北朝鮮を削除し，2008年には過去5年間北朝鮮「国家が麻薬取引に関与している」証拠はなかったと述べた。テロ支援国家の非難も同様な経過をたどった[15]。

デル・デイリー国務省テロ防止係の主任は2008年1月，北朝鮮は「米国のテロ国家リストから除外される条件を満たしたと思われる」と述べた[16]。「悪の枢軸」と「ソプラノ国家」のレッテルが除かれ，米国が北朝鮮を敵視し続けることが日本の安全に取って一番だと思っていた日本の官僚たちにとってますます憂慮すべき事態になっている。

残りの大きい問題は北朝鮮が保有するプルトニウムの量である。北朝鮮がいう30キロくらいという数字について，米国の専門家は「説得性がなくはない」とし[17]，2008年5月10日，北朝鮮はそれを裏付ける18,000ページの資料を米国に手渡した[18]。

クリストファー・ヒルは2007年の1月，2月，また9月，10月にも北朝鮮

をテロ支援国家指定リストからはずすと繰り返し約束した[19]。福田首相は政権の座について以来，あらゆる外交ルートを通じ，反対の意向を伝え，懇願したのにもかかわらず，今，米国はテロ指定を解除する方向に動いている[20]。米国は2008年5月，日本の拉致問題は「最後の変数」だと述べたと伝えられたが[21]，もし日本が北朝鮮と本腰を入れて解決しなければ，米国が日本に代わって決着をつける用意があるということらしい。日本がどう反対しようとも，ブッシュ大統領が日本の拉致被害者のことは決して忘れないと声明を出そうとも，それとこれとは別で，基本的に「切り離す」方針で話を進めると思われる[22]。

　米政府内にも，そのような大きい変化に反対する勢力は強い。彼らは核拡散防止条項を使って，それを阻止しようとし，北朝鮮が，凍った国から脱け出ようとしていた今年4月，シリアの核施設の跡だったという写真とともに（イスラエルがその6ヶ月前に爆破した）シリアの核計画は北朝鮮の技術協力によるものだったというニュースを世界中に流したのであった。米朝交渉の妥結が目前というとき，米国がハードルの高さをもう少し上げるという同じパターンがここでも繰り返された。制裁解除と国交正常化を手に入れたければ，自分たちはやっていないという主張をひっこめて，シリアに協力したと自白するよう北朝鮮に圧力がかけられた。北朝鮮は圧力に屈しなかったが，任期末にあるブッシュ，あるいは次の大統領が，またも考えを変えて，北朝鮮に今よりもっと譲歩を要求する可能性はないのか，よくよく計算しなければならなかったにちがいない。

4　保護国と従属国の軋轢

　米国は核より拉致問題重視を主張し続ける日本の態度に苛立っていたが，特に安倍首相の下での「美しい国」の「正しい」「誇り高い」歴史観にもっと苛立った。安倍首相が戦後レジームから脱却すると宣言した「戦後」とは，米国が作ったものであり，戦後，日本に民主主義を導入と成功させたことを米国は誇りに思っているのであるから，日米の正しい歴史観は，相容れない

265

ものである。

　2005年から6年にかけて、同盟国として、日本の分担を増やし、もっと多くを肩代わりするという約束に日本が正式にサインしたとはいえ、それを福田首相が反故にするのではないかと米国は心配した。福田首相はこれまでの外交政策を批判して「非原則的」という言葉さえ使ったほど、日米同盟について、態度を決めかねていた[23]。ある時点では、自民党の対米従属政策を覆し、自衛隊派遣に関する特措法をあきらめる用意があるようにさえ見えた。ロバート・ゲイツ国防長官は、福田首相を従来の路線にまで引き戻すため、急遽東京に飛んだのであった[24]。

　インド洋での給油活動再開であれ、自衛隊予算や思いやり予算の増額であれ、自衛隊の海外派遣を認める特措法であれ、米国の必要に応じてだされるさまざまな要求は、しばしば否応なしのものだが、米国の高官たちはもちろん日本の意思次第でと、ていねいに付け加えるのを忘れない。時として、ゲイツ長官が彼の要求を呑まなければ、日本の安保常任理事国加盟を支持しないと脅かしたときのように、慇懃さの仮面がはがれることもある[25]。小沢民主党党首がインド洋の給油再開に反対したとき、米国からすぐ圧力がかかったという[26]。

　福田首相は前任者より、憲法改正には慎重であり、中国、韓国に対しては、日本の国益を直接主張するよりは歩み寄りが望ましいとし、穏健な姿勢で臨んでいる。ネオナショナリストの強硬派は福田政権下では、彼らにとって「冬」の時代になるかと恐れていた。しかし政界の上層部からブッシュ政権に対する不平、不満、果ては批判さえ出ても[27]、福田首相は、前任者と完全に縁を切ることはできない。誇り高いナショナリストと卑屈な従属精神を同時に持つ、分裂した日本の性格を見据えて、属国の根元にある問題に正面から取り組むことは福田首相にはできない[28]。米国が参画できない構想に参加して米国の不興を買うことはしたくないから、東アジア共同体構想に積極的な役割を演ずることも難しい。北朝鮮に絡む諸問題が解決し、北東アジア全体の緊張が解け、新しい北東アジアの地図が現れつつあるとき、このままでは日本の存在はますます小さく縮んでしまう。アジア共同体の連帯感が属国

精神を乗り越える力になることを期待している。

【翻訳】吉永ふさ子

● 注

1) The "Armitage Report" after the lead author, Richard Armitage, later Deputy Secretary of State under the Bush administration. Institute for National Security Studies, *The United States and Japan: Advancing Towards a New Partnership*, Washington, National Defense Institute Press, October 2000.

2) Richard L. Armitage and Joseph S. Nye, "The US-Japan Alliance: Getting Asia right through 2020," Center for Strategic and International Studies, Washington, February 2007.

3) This is the theme of my book, *Client State: Japan in the American Embrace*, New York and London, 2007, Translations are at present under way into Japanese (Gaifusha), Korean (Changbi), and Chinese (Social Science Academic Press) for publication around May 2008.

4) The view taken by major Western studies published during 2007: Michael Green, *Japan's Reluctant Realism*, Kenneth Pyle, *Japan Rising*, Richard Samuels, *Securing Japan*, all 2007. Michael Green refers to Japan adopting what he calls a "reluctant realism," Kenneth Pyle to its pursuit of a distinctive agenda motivated by its own "values, traditions, and practices," and Richard Samuels to its adoption of a new security consensus in which its relationships with the United States and China would be "neither too hot nor too cold, and its posture in the region "neither too big nor too small."

5) *Asahi shimbun*, 21 September 2004.

6) *Asahi shimbun*, 14 February 2003.

7) "Japanese nationalism: conservatives have derailed," *Japan Times*, 2 May 2004.

8) Saeki Keishi, "Amerika bunmei no rakujitsu to arata naru 'sekaishi no tetsugaku' no kochiku," *Shokun*, May 2008, pp. 26-44, at p. 27.

9) The core of the Shinto politics creed was articulated in January 2000 by then Prime Minister Mori, who referred to Japan as a "country of the gods centred on the emperor," precisely the view held by those who led Japan into the disastrous wars of the 1930s and 1940s. On the Fukuda cabinet: Tawara Yoshifumi, "'Osagari' de takaha hikitsunagu Fukuda naikaku," *Shukan kinyobi*, 5 October 2007, p. 12, and

on the Abe cabinet his earlier analysis in the same journal, 14 September.

10) For detailed analysis: Gavan McCormack and Wada Haruki, "Forever stepping back: the strange record of 15 years of negotiation between Japan and North Korea," in John Feffer, ed, *The Future of US-Korean Relations: The imbalance of power*, London and New York, Routledge, 2006, pp. 81-100.

11) For details, Funabashi Yoichi, *Za peninshura kueschon*, Asahi shimbunsha, 2006.

12) In the words of the message published in all national newspapers in December 2006. See Wada, "Abe rosen no hasan to shin Chosen seisaku," *Sekai*, December 2007, pp. 88-96. p. 89.

13) Naohito Maeda and Nanae Kurashige, "With US shift, Abe's N. Korea containment policy falls apart," *Asahi shimbun*, 15 February 2007.

14) See my "North Korea and the Birth Pangs of a New Northeast Asian Order," *Arena Magazine* (Melbourne, Australia) Special Issue No. 29-30, May 2008.

15) "International Narcotics Control Strategy Report, 2008," Bureau of International Narcotics and Law Enforcement Affairs, march 2008.

16) "Rice slams US envoy's N. Korea criticisms," Associated Press, 22 January 2008, http://www.msnbc.msn.com/id/22790418/#storyContinued .

17) Siegfried S. Hecker, "Report of a visit to the Democratic People's Republic of North Korea (DPRK), 12-16 February 2008, Stanford University, Center for International Security and Cooperation, 14 March 2008.

18) US Department of State, "Update on the Six-Party Talks," 9 May 2008.

19) Funabashi Yoichi, "Beikoku kara no 'jiritsu' to 'jisei'," *Asahi shimbun*, 28 May 2007; see also "Kita Chosen 'tero shien kokka' kaijo," *Asahi shimbun*, 12 May 2007.

20) For one explicit "warning" from Nakayama Kyoko, special adviser to Fukuda on the abductions: Giles Campion, "Japan warns US over North Korea," Agence France-Presse, 24 October 2007. See also Larry N. Niksch and Raphael Perl "North Korea: terrorism list removal?" Congressional Research Service Report for Congress, Updated, 11 December 2007.

21) "DPRK nuclear issue is more urgent that abductees in DPRK", Yonhap News, 8 May 2008.

22) "US delinks JAL hijackers, North Korea terror status," *Japan Times*, 23 November 2007.

23) On the Syrian issue, see my "North Korea and the chimera in the Syrian desert," *Kyunghyang shinmun*, 5 May 2008, http://news.khan.co.kr/kh_news/khan_art_

view.html?artid=200805051800035&code=990309. Also Tim Beal, "On the brink. Prospects for a US-DPRK settlement dim, yet again," *Japan Focus*, 9 May 2008.

24) Early in November during controversial "grand coalition" negotiations between Fukuda and the opposition Democratic Party of Japan's leader, Ozawa Ichiro, Fukuda indicated his readiness to "completely switch" the country's "unprincipled" (*mugensoku*) security policy, drop the bill authorizing the MSDF Indian Ocean mission and accept that overseas troop deployment should only proceed henceforth with explicit United Nations authorization. (According to Ozawa's account of the meeting, Masami Ito and Setsuko Kamiya, "Ozawa offers to resign," *Japan Times*, 5 November 2007, and "Ozawa minshuto daihyo ga jii," *Asahi shimbun*, 5 November 2007.)

25) On the Gates visit: Fumitaka Susami, "Gates backs permanent law to send SDF," *Japan Times*, 11 November 2007. See also Kaho Shimizu, "Greater security role is in Japan's interest: Gates," *Japan Times*, 10 November 2007.

26) Kurt Campbell and Michael Green, "Ozawa's bravado may damage Japan for years," *Asahi shimbun*, 29 August 2007.

27) Yagi Hidetsugu, "Hoshu 'fuyu no jidai' no ima koso 'Hiranuma shinto'o taibo suru," *Sapio*, 14 November 2007, p. 3.

28) The Minister of Defense referred to the war over Iraq as "mistaken," its justification non-existent" and US policy on Okinawa as "high-handed," and the Minister of Foreign Affairs described the Iraq war as pursued in a "childish" manner. ("Criticism of Iraq war," editorial, *Asahi shimbun*, 8 February 2007). Ishihara Nobuteru, Chairman of the LDP's Policy Council under Prime Minister Abe, speaking on TV Asahi on 16 September, even referred to US North Korea policy as so "appalling" (*hidoi*) that it might be no bad thing for Japan to abandon the Six-Party talks altogether. (quoted in "Rokusha kyogi ridatsu mo," *Asahi shimbun*, 16 September 2007) .

第4章　日本の北朝鮮政策の決定要因

綛田芳憲

はじめに

　冷戦後の日本の北朝鮮政策を振り返ってみると，対話による関係改善の努力は限定的で，北朝鮮を自国の安全保障に対する重大な脅威とみなし，軍事的対応を強化すると共に，圧力重視の強硬姿勢を強めていったと言える。本稿では，冷戦後，オバマ政権誕生までの時期に焦点を当て，先ず，日本の北朝鮮政策を概観し，次に，その決定要因を分析する。そして，最後に，今後の日本が取るべき政策について考察する。

1　日本の北朝鮮政策：概観

　日本は1991年1月に北朝鮮との国交正常化交渉を始めたが，核問題で米朝の対立が強まる中，交渉は1992年11月の第8回協議の際に北朝鮮側が席を立つ形で決裂した。1994年10月の米朝枠組合意で核問題は取り敢えず収束したが，金泳三政権と北朝鮮との関係悪化に加えて，1997年2月の横田めぐみさん拉致疑惑の浮上，1998年8月の白頭山1号（テポドン1号）の発射などがあり，日本は北朝鮮との対話に消極的な姿勢を示した。しかし，1998年2月に発足した金大中政権の下での南北関係の改善，1999年9月の米朝協議での北朝鮮のミサイル実験凍結表明，そして，その後の米朝関係の改善を受け，日本は2000年4月に約7年半ぶりに国交正常化交渉を再開し，6月の南北首脳会談後の7月には初の日朝外相会談，8月と10月には第10回，第11回国交正常化交渉を開催した。そして，2002年7月の第2回外相会談を経て，9月には第1回首脳会談を開催するに至った。その後，2002年10月には第12回国

271

交正常化交渉，2004年5月には第2回首脳会談，7月には第3回外相会談，2006年2月には第1回包括並行協議，2007年3月と9月には6カ国協議の枠組みの下で日朝国交正常化作業部会会合を開催した[1]。

　このように，日本は北朝鮮との対話は行ってきた。また，北朝鮮に対して人道支援を実施し，友好的，宥和的な姿勢も時折示してはきた。しかし，日本の交渉姿勢は概して非妥協的であり，北朝鮮に対して拉致問題，核問題，ミサイル問題の包括的解決に向けた行動を強く要求する一方，強制連行，従軍慰安婦などの植民地時代の問題に関する法的責任を一貫して否認し，北朝鮮の補償要求を拒否し，あくまでも経済協力という形で過去の清算を図ることを要求してきた。第1回首脳会談では，北朝鮮が拉致を認め，謝罪し，再発の防止を約束すると共に，経済協力と引き換えに請求権を放棄することに実質的に合意する一方で，日本は，国交正常化交渉において，経済協力の具体的な規模と内容を誠実に協議することを約束した。しかし，その後の日朝交渉では，日本は拉致問題，核問題，ミサイル問題の包括的解決を国交正常化の条件とし，特に拉致問題の解決を要求する一方で，経済協力の具体的な規模と内容を誠実に協議することはなかった。

　それだけでなく，第1回首脳会談以降，日本政府はブッシュ政権の強硬な北朝鮮政策に同調し，北朝鮮に対する圧力を強めていった。北朝鮮への経済制裁を実施できるように，2004年2月には外国為替及び外国貿易管理法（外為法）を改正し，6月には特定船舶入港禁止法を成立させた。12月には北朝鮮から横田めぐみさんのものとして渡された遺骨を別人のものと結論付け，第2回首脳会談で約束した人道支援のうち，未提供の食糧12万5千トン分，医薬品支援300万ドル相当を凍結した[2]。また，2006年4月には各都道府県に対して，在日本朝鮮人総聯合会（朝鮮総連）関連施設に対する固定資産税の減免措置の見直しを求め，更に6月には北朝鮮人権法を成立させた。

　2006年7月の北朝鮮のミサイル実験に対しては，その直後に，日本政府は，特定船舶入港禁止法に基づく万景峰号の入港禁止などの制裁と朝鮮総連関連施設への課税強化を実施する一方，国連安全保障理事会（安保理）に制裁決議案を提出した。結局，安保理では非難決議が採択されたが，ブッシュ政権

の金融制裁に同調する形で，改正外為法に基づき，9月に北朝鮮の大量破壊兵器開発との関係が疑われるメーカーや商社など15企業，1個人を対象に送金停止や資産凍結を行う金融制裁を発動した。10月の核実験に対しては，9月に発足した安倍政権の下，政府は全ての北朝鮮籍船の入港禁止，北朝鮮からの輸入全面禁止などの制裁を日本単独で実施し，安保理にも同様の厳しい内容の制裁決議の採択を迫った。結局，安保理は大量破壊兵器開発に関連した資金や物資の提供禁止を中心とした，かなり限定的な制裁決議を採択したが，日本は独自制裁を緩和することなく続けた。

ところが，核実験後，ブッシュ政権が北朝鮮政策を大幅に軟化させ，2007年2月の6カ国協議で北朝鮮の非核化に向けた行動に関する具体的合意（2・13合意）が初めて成立した。そこでは，北朝鮮の非核化に対する措置として，アメリカによる北朝鮮に対するテロ支援国家指定の解除，北朝鮮以外の5カ国による北朝鮮への重油100万トン相当の経済，エネルギー及び人道支援の実施が決定された。しかし，安倍政権は，拉致問題の進展が見られないことを理由に，テロ支援国家の指定解除に反対し，対北朝鮮支援への参加も拒否した。支援不参加の方針は福田政権，麻生政権にも引き継がれ，北朝鮮の反発を生み，非核化を遅らせる一因となった。

更に，日本政府は，慢性的な食糧不足とエネルギー不足に直面し，日本を攻撃する可能性は極めて小さい[3]にも関わらず，北朝鮮を日本の安全保障にとって非常に深刻な脅威であるとみなし，冷戦時代には行われなかったような軍事力の強化及び行使，日米同盟の強化を進めた[4]。1994年の朝鮮半島危機を受けて，朝鮮半島有事を念頭に，1995年11月には村山政権が『防衛計画の大綱』を改定し，1996年4月には橋本政権が『日米安全保障共同宣言』において，日米同盟を強化すること，その具体的措置として，1978年に策定した『日米防衛協力のための指針』（ガイドライン）を改定することに合意した。そして，1997年9月に新ガイドラインの策定を完了した。更に，それを受けて，朝鮮半島有事を想定した日米共同作戦計画「5055」の策定作業を開始した[5]。

1998年8月の北朝鮮によるテポドン1号発射後の12月には，小渕政権が

1969年の「宇宙の平和利用決議」があるにも関わらず、実質的な偵察衛星である情報収集衛星（IGS）の導入と次世代型ミサイル防衛（MD）システムの日米共同研究の開始を決定した。また、1999年3月の不審船領海侵犯事案では自衛隊発足後初めてとなる海上自衛隊による海上警備行動を発令し、艦船や哨戒機による警告射撃を行うなどの対応を取った。更に、朝鮮半島有事を想定し、新ガイドラインに基づく法整備を進め、1999年8月に周辺事態安全確保法を、11月に船舶検査活動法を成立させた。その後、森政権を経て誕生した小泉政権は、北朝鮮による日本攻撃や朝鮮半島有事を想定し、2003年6月に武力攻撃事態法、翌年6月に米軍行動円滑化法を制定した。また、2003年12月にはイージス艦搭載用の海上配備型のSM-3と地上配備型のPAC-3で構成される現世代型MDシステムの導入を決定した。更に2004年12月には、次世代型MDシステムの日米共同開発・生産に伴うアメリカへの武器輸出を武器輸出三原則の例外とし、他の案件については個別に判断するという武器禁輸政策の緩和を決定し[6]、翌年12月には日米共同開発・生産を正式に決定した。また、小泉政権は、朝鮮半島有事を想定した日米共同作戦計画「5055」を全面的に刷新する方針を2006年5月に固めた。安倍政権は、その刷新作業を引き継ぐ一方で、憲法9条の改正を目指して、2007年5月には改憲のための国民投票法を成立させた。福田政権は、北朝鮮のミサイルへの対処を理由の一つとして、2008年5月に宇宙基本法を成立させ、宇宙の平和利用政策を正式に転換した。麻生政権は、金正日総書記の健康悪化説を受け、日米共同作戦計画「5055」の2回目の全面的刷新作業に着手した。

　以上に加えて、冷戦後、日本政府は、朝鮮半島有事を理由の一つとして、自衛艦及び自衛隊機の輸送力を強化すると共に、イージス艦、ヘリ空母、攻撃型ヘリ、空中給油機、航続距離と爆弾積載能力を高めた新型戦闘機、航空機搭載の爆弾を精密誘導爆弾化する装備（JDAM）などを導入し、装備の増強を行い、自衛隊の海外展開能力、攻撃能力の強化を図ってきた。

2　日本の北朝鮮政策の決定要因

上述のように，冷戦後の日本は，北朝鮮との関係改善に概して消極的で，北朝鮮に対する軍事的対応を強化すると共に，第1回日朝首脳会談以降は，非妥協的な圧力重視の政策を主に展開してきた[7]。それは，何故なのか。ここでは，その国際要因と国内要因を検討する。

2-1．国際要因

日本の北朝鮮政策には，主に，北朝鮮，アメリカ，韓国，中国が影響を与えてきた。ここでは，その中でも特に影響が大きい北朝鮮とアメリカに主な焦点を当てる。

北朝鮮の影響

日本が日朝関係の改善に消極的で，北朝鮮に対して軍事的対応や経済制裁を強化するなど，強硬姿勢を取ってきたのには，北朝鮮が行ってきた核兵器や弾道ミサイルの開発，日本人拉致，日本への工作船の派遣，強硬で敵対的な言動が大きく影響している。中でも，核・ミサイル開発，日本人拉致の影響が特に大きい。

北朝鮮の核兵器・ミサイル開発は，在韓米軍の核ミサイルへの対抗措置として，既に冷戦中に始まっていたが，冷戦後の体制危機により本格化したと考えられる。冷戦後，北朝鮮はソ連からの経済・軍事支援を喪失し，経済危機に陥り，通常戦力も大幅に弱体化した。北朝鮮の体制が崩壊した場合，韓国に吸収統一され，在韓米軍が朝鮮半島北部に進駐することが考えられるが，それを望まない中国がソ連に代わり北朝鮮に経済支援を実施し，体制崩壊は食い止められた。しかし，1979年の米中国交正常化以降，中国はアメリカとの共存共栄関係を深め，1992年には韓国とも国交を樹立し，中朝友好協力相互援助条約に基づく中国の対北朝鮮軍事支援の信頼性は大幅に低下した。このように，冷戦後，北朝鮮は米韓に対して軍事的に大幅に劣勢となり，それへの対応として，核兵器や弾道ミサイルの開発を本格化させたと考えられる。

これは，国際政治の力学に沿った行動であり特異ではないが，朝鮮戦争後，米韓との敵対関係が続き，北朝鮮において軍部が大きな影響力を持ってきたことも，一因として考えられる。

　核・ミサイル開発はまた，体制を揺るがす経済危機を克服する手段としての側面もあった。経済再建のためには，北朝鮮は中国のように外資導入が必要であるが，産業基盤が整っておらず，民間資本の導入が困難な状況では，世界銀行やアジア開発銀行などの国際金融機関からの融資や，日本などからの政府資金の導入に頼らざるを得ない。しかし，アメリカに経済制裁され，軍事的にも敵視されている状況では，アメリカが最大出資国である世界銀行やアジア開発銀行からの融資は得られず，日本などのアメリカの同盟国，友好国からの政府資金の導入も困難である。このような状況の打開には，アメリカとの敵対関係の解消が必要な訳であるが，アメリカは米朝関係改善を特に必要とはしておらず，それに積極的姿勢を示してこなかった。そのようなアメリカを交渉の場に引き出し，経済的，軍事的敵視政策を止めさせるための外交カードとして，核・ミサイル開発は進められてきた側面があると言える。また，ミサイル開発に関しては，貴重な外貨獲得手段として位置付けられていた部分もある。

　このように，北朝鮮は体制危機の克服手段として核・ミサイル開発を進めた訳であり，エネルギー不足が深刻で，戦争遂行能力に乏しい状態では，日本を攻撃する可能性は限りなくゼロに近いが，1993年5月のノドンの発射により，日本本土が初めて北朝鮮のミサイルの射程距離に入ったこと，核兵器開発が進めばミサイルに核弾頭が装備され得ることが，日本の危機感や反北朝鮮感情を高め，軍事力強化や日米同盟強化を促進したと考えられる。

　拉致に関しては，実際に日本人に直接的で深刻な被害が生じ，しかも，8名が死亡したとされた点で，日本人にとっては衝撃的であり，恐らく核開発やミサイル開発以上に，北朝鮮への反感を強めるものであった。しかも，北朝鮮側がその8名の死亡診断書を偽造するなど問題ある対応をしたことが[8]，第1回日朝首脳会談後に拉致問題を巡る日本人の反北朝鮮感情を更に悪化させ，対北朝鮮強硬政策への支持を強めた重要な原因であると言えよう。

アメリカの影響

　冷戦後の日本の北朝鮮政策には，アメリカも非常に大きな影響を与えてきた。アメリカが米朝関係改善に積極的に取り組んでいれば，北朝鮮の核・ミサイル開発は本格的には進められず，日本の対北朝鮮強硬姿勢を抑制し，日朝関係の改善を促進していたであろう。

　アメリカが米朝関係の正常化に消極的であったのは，韓国の盧泰愚政権や金泳三政権が，南北関係の改善よりも米朝関係や日朝関係の改善が急速に進むことに懸念を示していたことも影響していたと思われる。しかし，それ以上に，米朝関係改善が進めば，日韓の対米軍事依存度が低下すると共に，南北関係，日朝関係の正常化が進み，北東アジア経済が大きな成長を遂げ，日韓のアメリカ市場への依存度が低下することになり，アメリカの日韓に対する影響力が低下すること，更に，アメリカの軍事戦略の要である米軍の日本駐留が不安定化すること，それらに対するアメリカの懸念が，大きく影響していたと思われる。

　冷戦終焉時に在任していたブッシュ大統領（1989〜1993年在任）は，韓国を含む海外での戦術核ミサイルの配備中止（1991年9月），1992年の米韓合同軍事演習チームスピリットの中止（1992年1月）を決定し，南北朝鮮間での『南北基本合意書』の調印と『朝鮮半島の非核化に関する共同宣言』の合意（共に1991年12月），そして，北朝鮮と国際原子力機関（IAEA）との保障措置協定締結（1992年1月）を実現する環境を整えた。しかし，歴代政権同様，米朝関係正常化には消極的であった。ブッシュ政権が初めて米朝公式協議を開催したのは，1992年1月30日の保障措置協定締結直前の22日であった。実は，北朝鮮が長年求めてきた米朝二国間公式協議にアメリカ政府が応じたのは，これが初めてであった。しかも，ブッシュ政権は，北朝鮮の核開発中止を要求する場として協議を開催したのであって，米朝関係正常化を目的とはしていなかった[9]。

　クリントン政権（1993〜2001年）の場合は，1994年10月に米朝枠組合意を締結し，「米国による核兵器の脅威とその使用がないよう米国は北朝鮮に公

式の保証を与える」こと,「政治的,経済的関係の完全な正常化に向けて行動する」ことを約束した。しかし,北朝鮮が合意に基づき核施設を凍結し,プルトニウム抽出活動を停止する一方で,アメリカも合意に基づき軽水炉の建設に着手し,重油供給を行ったが,核兵器に関する保証の約束を履行せず,関係正常化に向けた行動もほとんど取らなかった[10]。それだけでなく,『日米安全保障共同宣言』に見られるように,日米同盟の強化に力を注いだ。また,金大中政権のようには日本に日朝関係改善を積極的に働きかけることもなかった。

その後のブッシュ政権(2001～2009年)は,2002年1月の一般教書演説で,イラク,イランと共に北朝鮮を「悪の枢軸」と呼び,同月の『核態勢見直し(NPR)』では,北朝鮮による韓国攻撃の危険性を念頭においた核兵器使用計画の策定が必要であるとした。そして,8月の『国防報告』では,アメリカに脅威を及ぼす国家に対する先制攻撃とその際の核兵器の使用を容認する方針を表明した。これらは,枠組合意に実質的に反するものである。更に,第1回日朝首脳会談直後の10月には,北朝鮮がウラン濃縮計画を持っていることを認めたと公表し,日韓の反対にも関わらず[11],兵器級濃縮ウラン生産能力があるという十分な根拠もない状況で[12],枠組合意に基づく北朝鮮への重油供給を中止し,それに反発した北朝鮮のプルトニウム抽出活動再開を誘発し,枠組合意の崩壊をもたらした[13]。更に,2005年9月には金融制裁を実施し,北朝鮮のミサイル実験(2006年7月),核実験(同年10月)を誘発した。

ブッシュ政権は,核問題を再燃させ,日朝間の対立を高め,日本の対北朝鮮強硬派を強めることによって,米軍の日本駐留をより強固にすると共に,自衛隊に対する憲法の制約緩和,日本の対米軍事貢献の拡大,日米のMD協力の拡大,日米防衛産業の戦略的協力関係の構築を目指していたと思われる。これらの目的は,アーミテージ国務副長官(2001～2005年在任)が就任前の2000年に編纂した,通称『アーミテージ・レポート』に明記されている[14]。尚,このレポートの執筆には,クリントン政権のナイ国防次官補やキャンベル国防副次官補も参加しており,民主党内でも少なからぬ支持を得てい

たと思われる。

　また，ブッシュ政権は，核問題を解決するために2003年8月に始まった6カ国協議の場で，日本が拉致問題を取り上げ，その解決なくしては北朝鮮に対して経済支援をしないという立場を取ることを容認し，拉致問題を巡る日朝関係の悪化を看過した。更に，国務省の2003年度版『国際テロリズム年次報告』の北朝鮮の項目に，日本人拉致についての記述を加えることで，拉致はテロであり，日本政府は北朝鮮に強硬姿勢で挑むべきであると主張する「北朝鮮による拉致被害者家族連絡会（家族会）」や「北朝鮮に拉致された日本人を救出するための全国協議会（救う会）」などの強硬派を支援したと言える[15]。

　このように米朝関係，日朝関係を悪化させることで，ブッシュ政権は，先述の目的を次々に実現していった。日本では，2003年6月に武力攻撃事態法が制定され，日本有事における日本と米軍との協力の在り方が明確化された。また，7月にはイラク特措法が成立し，米軍はイラクで自衛隊の支援を得ることができるようになった。12月には現世代型MDシステムの日本配備が決定された。2004年6月には，米軍行動円滑化法が制定され，12月には次世代型MDシステムの日米共同開発・生産が武器輸出三原則の例外とされ，翌年12月には共同開発・生産が正式に決定され，日米防衛産業の提携が拡大した[16]。2005年10月には『日米同盟：未来のための変革と再編』が日米で合意され，それに基づき，2006年12月には自衛隊法が改正され，テロ特措法やイラク特措法で行われた対米支援を含む「国際平和協力活動」が自衛隊の本来任務として位置付けられ，日本の対米軍事協力が更に拡大される基礎が築かれた。

　また，冷戦後の歴代アメリカ政権は，米朝，日朝間の敵対関係を維持することで，在日米軍に対する巨額の資金援助を日本から継続的に引き出してきたと言える。所謂「思いやり予算」は，1989年度に1,423億円であったが，以後拡大し続け，2000年度には2,756億円に達した[17]。その後，日本の財政赤字が拡大する中で減少に転じたが，2008年度でも2,083億円が計上されている。また，ブッシュ政権の場合，自身が始めた在日米軍再編に対して，日

本から巨額の資金貢献を引き出した。2006年4月の国務省発表によれば,約300億ドルの見込経費のうち,日本側が約260億ドルを負担するとされている[18]。

以上,日本の北朝鮮政策の国際要因を見てきた。冷戦後,北朝鮮は,体制維持のために,日米,特にアメリカとの関係正常化を強く望んできたが,歴代アメリカ政権は,米朝,日朝関係の改善は軍事,政治,経済的にアメリカにとって望ましくないという立場を取ってきた。それが,北朝鮮の核・ミサイル開発を助長し,日本の対北朝鮮強硬姿勢を強めたと言えよう。

2-2. 国内要因

日本が日朝関係の改善に消極的で,北朝鮮に対する軍事的対応を強化し,第1回日朝首脳会談以降,は圧力重視の強硬姿勢を強めていったのには,日本自身にも原因がある。主な国内要因としては,タカ派の影響,防衛族の影響,財界の影響,野党の影響,マスメディアの影響,拉致被害者家族と支援団体の影響,政治指導者の影響が挙げられる。以下,それぞれについて検討したい。

タカ派の影響

冷戦後の日本の北朝鮮政策には,軍事活動に対する憲法9条に基づく法的制約をなくし,日本を軍事的に「普通の国」にするという目標を持ったタカ派の影響が強く反映していると思われる。彼らは,その目標を実現するために,日朝関係の対立状況を利用しようとしたと考えられる[19]。事実,北朝鮮に対する強硬政策は,改憲を支持する与野党のタカ派政治家や産経新聞,読売新聞などのタカ派マスメディアによって強く支持されてきた。タカ派は,米日韓に比べれば,軍事力も経済力も遥かに小さく,恒常的な食糧不足とエネルギー不足に直面し,戦争遂行力に乏しく,日本を攻撃する可能性は極めて小さい北朝鮮を,日本の安全保障にとって,非常に深刻で直接的な脅威であるかのように扱ってきた[20]。そして,そのように北朝鮮の脅威を誇張すると共に,拉致問題での北朝鮮の対応を激しく非難し,国民の反北朝鮮感情を

煽ることで，対北朝鮮強硬政策の支持を拡大し，日朝関係を悪化させ，有事法制の整備，改憲のための国民投票法の制定，軍事力の強化及び行使，日米同盟の強化を進めていった。

　北朝鮮問題とは一見関係ないと思われるイラク特措法による自衛隊のイラク派遣や，テロ特措法により開始されたインド洋での自衛隊の海上給油活動の継続についても，北朝鮮の軍事的脅威に対抗するために日本はアメリカの軍事的支援が必要であり，その信頼性を高めるためには，日米同盟を強化することが必要で，アメリカからの軍事的協力要請には最大限応える必要があるという主張が展開された[21]。例えば，小泉首相は，2003年3月にアメリカのイラク攻撃に対する支持を正式表明した際，「(日米同盟が) 日本を攻撃しようとしている国に対する大きな抑止力になっていることを日本は忘れてはならない」と述べ，北朝鮮の脅威を念頭に支持を決定したことを示唆した[22]。

防衛族の影響

　タカ派だけでなく防衛族[23]も，日本が北朝鮮との関係改善に積極的に取り組まず，圧力重視の政策を取ることを促進したと思われる[24]。事実，防衛族は，日朝間の緊張を高めるような発言を行ってきた。例えば，テポドン1号発射後の1999年3月3日の衆議院安全保障委員会で，野呂田防衛庁長官は，日本をミサイル攻撃しようとする外国の基地に対する先制攻撃は憲法解釈上可能だとする見解を表明した。また，1999年3月24日の不審船領海侵犯事件の際に，海上自衛隊に対して戦後初の海上警備行動を発令した。2003年3月27日の衆議院安全保障委員会では，石破防衛庁長官が，自衛隊が敵基地攻撃能力を保有することについて，検討に値し，国会などの場で議論する必要があるとの見解を示した。2006年7月5日の北朝鮮によるミサイル実験後の9日の記者会見では，額賀防衛庁長官が，日本として敵基地攻撃能力保持を検討すべきとの考えを表明した。

　防衛族が，日朝関係の緊張が高まることを望んだのは，自分達の利権の源泉である「思いやり予算」を含む防衛関連予算を維持すると共に，献金元である防衛関連企業が求めていた宇宙の平和利用原則と武器輸出三原則の

緩和[25] を実現するためであったと考えられる。第一の理由に関して言えば，日本の財政赤字が拡大する状況で，冷戦後の日本にとって最大の脅威と位置付けられた北朝鮮の脅威がなくなることは，防衛関連予算の大幅削減に繋がりかねず，防衛族にとっては望ましくなかったと考えられる。第二の理由については，次の財界の影響の箇所で触れることにする。

財界の影響

　武器輸出三原則に基づく武器禁輸政策や宇宙の平和利用決議に基づく宇宙の軍事利用禁止政策など，憲法9条に基づく日本の軍事活動に対する制約の緩和を財界が望んできたことも，日本が日朝関係の改善に消極的で，北朝鮮への軍事的対応を強化し，強硬姿勢を強めてきた重要な要因であると考えられる。企業側から見れば，武器禁輸政策は，高度な技術力を持ち，高性能の兵器や兵器用部品を製造することが可能な日本の企業が，兵器市場で利益を上げる機会を奪ってきた[26]。また，宇宙の平和利用政策は，軍需でも利益を上げることが出来る欧米の宇宙産業と日本の宇宙産業が競争することを困難にしてきた。日米貿易摩擦を契機とするアメリカの圧力で開放された日本の衛星市場は，競争力の高いアメリカ企業によってほぼ独占される状態になる一方，ロケットによる衛星打上げビジネスに関しても，軍事衛星の打上げを定期的に受注できる欧米企業などに比べて，日本企業は打ち上げコストが割高になり，受注が困難な状態に直面してきた。

　「北朝鮮の脅威」は，日本の産業がこれらの制約や困難を緩和する絶好の口実として使われたと言える。実際，北朝鮮のミサイルの脅威を理由として，先ず，宇宙の平和利用政策が骨抜きにされ，実質的な偵察衛星であるIGSの開発，打ち上げが決まり，実施されてきた。アメリカの圧力などにより一部の主要部品にアメリカ製が採用されたが，防衛機密の観点から，基本的に国産とする方針が採用され，打ち上げも日本のロケットで行われることになった[27]。IGSは光学衛星2基，レーダー衛星2基の4基体制を基本とし，衛星の設計寿命は約5年であり[28]，この体制維持のために，国内衛星産業は衛星製造，ロケット産業は衛星打ち上げを定期的に受注できることになった。

また，同様に北朝鮮のミサイルの脅威を理由として，次世代型MDシステムの日米共同開発・生産が決定され，それに伴って，武器輸出三原則が緩和されることになった。現時点では，緩和の対象は，このプロジェクトに限定されているが，他の案件については個別に判断するという方針であり，日米で開発した技術や製品がアメリカ経由で第三国に輸出されるなど，武器輸出三原則の緩和対象が拡大する可能性がある。防衛産業や防衛族は，当然それを期待しているであろう。

尚，武器輸出規制の緩和に関しては，限られた予算で装備の高度化を実現するためには，兵器の量産化と，ユーロファイターやF-35などの場合ような国際共同開発・生産への日本の参加が必要であるとの声が，防衛関係者などから上がっている[29]。彼らの中にも，国際共同開発・生産に道を拓くために北朝鮮との緊張関係を高めることを支持していた者はいたのではないかと思われる。

野党の影響

日本政府が日朝関係の改善に消極的で，北朝鮮に対して軍事的対応を強化し，強硬姿勢を強めてきたことの別の重要な要因として，最大野党である民主党が基本的にそのような対応を支持してきたことが挙げられる[30]。例えば，外為法の改正，特定船舶入港禁止法の制定，北朝鮮人権法の制定と改定，第1回核実験後の日本の独自制裁延長には，民主党は党として賛成した[31]。また，IGSの導入，MDシステムの日米共同研究開始に関しても，多くの民主党議員が賛同した。民主党にはタカ派議員が多数おり，2004年12月に金正日政権の打倒を決議した「北朝鮮に拉致された日本人を早期に救出するために行動する議員連盟（拉致議連）」に所属する議員も多い。民主党は2007年7月の参議院選挙で勝利し参議院で最大の党となり，与党を過半数割れに追い込み，国会で大きな影響力を持つに至ったが，ブッシュ政権が2006年11月の中間選挙後に北朝鮮に対して宥和姿勢を取り始めてからも，少なからぬ同党議員が北朝鮮に対するテロ支援国家指定解除に反対し，安倍政権と同様に圧力重視の姿勢を取っていた[32]。

しかし，第1回小泉訪朝時の官房長官であり，対話の必要性をより強く認識していた福田康夫が2007年9月に首相になってからは，民主党の菅直人代表代行を含めて，対話を重視する与野党の議員によって，日朝国交正常化推進議員連盟が2008年5月に結成されるなど[33]，政策転換を期待させる動きが見られた。そして，ブッシュ政権の意向を受ける形で，6月と8月には日朝実務者協議が開催され，北朝鮮側による拉致被害者の再調査，日本側による経済制裁の部分解除などが合意された。しかし，ねじれ国会を打開するために衆議院が解散される可能性がある状況で，自民党内からだけでなく，民主党内からも鳩山幹事長を始め，一部制裁の解除に反対する声が上がった。また，2008年6月26日にブッシュ大統領がテロ支援国家指定解除の手続開始を議会に通告したことに対しても，与党議員だけでなく多くの民主党議員からも強い非難の声が上がった。

その後，福田首相が突然辞意を表明し，安倍政権の外相として対北朝鮮強硬政策を進めてきた麻生太郎が2008年9月に首相に就任した。そのような状況で，北朝鮮は新政権の交渉姿勢を見極めたいとして再調査の実施を見合わせることを日本に通知してきた。2008年10月11日のテロ支援国家指定解除後には，衆議院議員の任期満了となる2009年9月まで1年を切り，選挙が強く意識される中，自民党拉致問題対策特命委員会に加え，民主党拉致問題対策本部も北朝鮮に対する制裁強化案を取りまとめる状況となり，北朝鮮は再調査を実施する姿勢を見せることはなかった。

以上のように，日本の対北朝鮮政策には，タカ派議員を多く抱えた民主党が強硬政策を支持してきたことも大きく影響していると考えられる。また，2007年の参院選での民主党の勝利により，ねじれ国会となり，それを打開するために2009年9月の衆議院議員任期満了の前に衆議院が解散される可能性が高まり，選挙を意識して，民主党，与党の議員の間で，北朝鮮に対して弱腰であると批判されることを恐れ，強硬政策に対する支持が強まったと思われる。

マスメディアの影響

　タカ派の影響の箇所で既にある程度言及したが，日本政府の対北朝鮮政策に対して，マスメディアは大きな影響を与えてきた。多くのテレビ局，新聞，雑誌，特に日本の軍事活動に対する憲法9条に基づく制約の緩和を唱えてきたタカ派マスメディアが，拉致問題や核問題，ミサイル問題に関連して，北朝鮮は邪悪で日本にとって大きな脅威であると強調し，国民の対北朝鮮感情を悪化させ，対北朝鮮強硬政策への支持を高めた[34]。そのような状況で，朝日新聞などのハト派マスメディアやハト派知識人は，強硬政策に対する批判を自粛するようになり，政治家や政党は，強硬政策を積極的に支持する姿勢を強めたと考えられる[35]。

　また，多くのマスメディアは，日本全体の安全を脅かす核やミサイルという問題よりも，拉致問題に重点を置いてきた[36]。その結果，国民の間に日朝間の最大の懸案は拉致問題であるという意識が形成されることを促進した。そのような状況下で，拉致問題を政権の最重要課題と位置付ける安倍政権が誕生し，日本は拉致問題の進展がない限り，6カ国協議の合意に基づく対北朝鮮支援には参加しない立場を取り，北東アジアの平和にとって非常に重要な北朝鮮の非核化に対して，積極的な役割を果たさないどころか，その障害となるような政策を続けてきた。多くのマスメディアが，この政策を支持し，批判はほとんどされてこなかった。

　また，多くのマスメディアは，北朝鮮関連報道において，事実関係を正確に伝えるという報道の最重要原則を遵守せず，世論に誤った認識を植え付け，反北朝鮮感情を煽ったという側面もある。先ず，1998年8月のテポドン1号の発射に関して言えば，アメリカもロシアも9月に人工衛星の打ち上げであったとの認識を示し，同月の国連安保理の議長声明も，日本付近の公海への落下物を「ロケット推進の物体」と表現し，ミサイルとしなかったが，日本政府を始め，多くのマスメディアは，テポドン1号をミサイルと呼び続け，国民の恐怖心を煽ってきた。2009年4月に，人工衛星を搭載し，発射された銀河2号（テポドン2号）の場合も，同様であった。確かに，人工衛星打ち上げ用ロケットの保有は，弾道ミサイルの保有能力があることを意味するが，

ロケットとして用いられたものを弾道ミサイルとして報道することは，事実に反し問題である。

次に，枠組合意に関しても，多くのマスメディアは，先述のように，クリントン政権が枠組合意を十分に履行しなかったことや，ブッシュ政権が枠組合意に反する行動をしたこと，そして，兵器級高濃縮ウランの生産に関する十分な証拠もなしに，北朝鮮への重油供給を停止し，枠組合意の崩壊を引き起こしたことなど，アメリカの対応の問題点をあまり指摘せず，北朝鮮の対応の問題点に焦点を当て，国民の対北朝鮮感情を悪化させた。また，拉致に関して言えば，多くの報道機関が，拉致は通常の意味のテロ行為ではないにも関わらず[37]，「家族会」や小泉首相[38]を始めとする多数の政治家の「拉致はテロである」という誤った認識を批判せず，社会に広め，国民の北朝鮮観を歪めた。更に，横田めぐみさんのものとして引き渡された遺骨から他人のDNAが検出されたことを受けて，政府が遺骨は別人のものであるという判断を下したことに対して，イギリスの著名な科学誌『Nature』が，高温で焼却された遺骨からはDNAが消失し，焼却後に他人の汗や唾液などの付着により他人のDNAが検出される可能性があり，日本政府の判断は非科学的であるという指摘をしたが[39]，日本の多くの報道機関は政府見解を無批判的に報道し[40]，国民の北朝鮮感情を悪化させた。

以上のように，マスメディア，特にタカ派マスメディアは，国民の反北朝鮮感情を強めることで，北朝鮮への強硬政策への世論の支持を高め，日朝関係を悪化させ，日本の軍事活動に対する憲法9条に基づく制約の緩和を促進してきたと考えられる。

「家族会」と支援団体の影響

「家族会」と「救う会」などの支援団体の活動は，拉致被害者救出を求める世論を高め，政府の拉致問題に対する取り組みを強めた。それが，第1回日朝首脳会談で北朝鮮に拉致を認めさせ，拉致被害者の安否確認，生存者5名の帰国，その家族の来日を実現させることに繋がったと言えよう。しかし，第1回日朝首脳会談以降も，彼らが拉致問題の解決のためには，金正日体制

の打倒が必要であり，日本政府は北朝鮮に対する圧力を強めるべきであると主張してきたことが[41]，日本政府が日朝関係の改善に消極的で，圧力重視の姿勢を強めてきたことの一因であると言える。

特に，「家族会」は被害者家族の団体であり，マスメディアや社会の注目度も大きく，且つ，批判されにくいということから，その主張の社会的な影響は大きい。その「家族会」は，全面的な経済制裁を唱えることで，政府の強硬政策を促進すると共に，その政策に一種の正当性を付与してきた。その一方で，政府が経済制裁の緩和などの宥和政策を取ることを困難にしてきた。「家族会」には，蓮池透氏のように，かつては強硬政策を主張していたが，のちに宥和政策を支持するようになった人物もいるが[42]，会としては強硬姿勢を維持してきた。その結果，蓮池氏のような主張は，あまりマスメディアの注目を集めず，社会的影響力も限定的な状態に留まっている。

政治指導者の影響

日本政府が日朝関係の改善に消極的で，北朝鮮に対して，軍事的対応を強化し，圧力重視の姿勢を強めてきたのは，歴代首相に日朝関係改善に対する強い熱意と指導力が欠けていたことも一因であると言えよう。日朝関係改善に最も積極的な姿勢を示したのは小泉首相であると思われるが，その小泉首相も「拉致はテロである」という誤った見方を世間に広げたり，めぐみさんのものとして渡された遺骨を別人のものであると政府として結論付けたりして，世論の対北朝鮮感情を悪化させ，対北朝鮮強硬派を勢いづかせ，日朝関係を悪化させた[43]。一方，最も日朝関係を悪化させることに熱心であったのが安倍首相であり，彼は北朝鮮に対して強硬政策を展開し日朝関係を悪化させることで，日本の軍事活動に対する憲法9条に基づく制約を緩和することに熱意を注いだ。本来，日本の平和と繁栄という国益を考えた場合，北朝鮮と日米韓の対立，特に核問題を巡る米朝の対立を解消することが重要であるにも関わらず，その点を歴代首相は国民に十分説明せず，その実現のために指導力を発揮しなかった。

以上，日本が日朝関係の改善に消極的で，北朝鮮に対して，軍事的対応を強化し，第1回日朝首脳会談以降には強硬姿勢を強めていった国内要因を見てきたが，そのような政策が行われてきた主な理由は，タカ派政治家やマスメディア，防衛族，財界にとって日朝間の対立状況を強めることが合目的的であったからであると言えよう。国際要因と国内要因の関係について言えば，ブッシュ政権が対北朝鮮強硬政策を採用し，米朝関係を悪化させ，北朝鮮の核実験やミサイル実験を誘発させたことが，日本国内において強硬政策支持派の影響力を非常に強めたと言える。

3 今後の日本の北朝鮮政策

2002年10月のウラン濃縮疑惑浮上以降，ブッシュ政権の強硬政策に歩調を合わせる形で，日本は圧力重視の北朝鮮政策を展開してきた。しかし，それは，核，ミサイル，拉致という3つの問題の解決には有効ではなく，北朝鮮のミサイル実験，核実験実施を誘発させ，拉致問題も膠着させてしまった。更に，拉致問題を核問題よりも優先させ，6カ国協議の合意に基づく対北朝鮮支援への参加を拒否したこと，そして，拉致問題を重視する一方で，強制連行被害者や従軍慰安婦などに対する法的責任を否定し，過去の清算を軽視してきたことは，日本の国際的評価を低下させた[44]。

日米の強硬政策が有効でなかった最大の理由は，中国が北朝鮮の崩壊を望んでおらず，経済支援を継続してきたからである。また，金大中，盧武鉉の両政権による対北朝鮮宥和政策によっても，その有効性は低下した。しかし，韓国が日米の強硬政策に同調していたとしても，中国の支援がある状況では，その効果は限定的であったであろう。逆に，日米韓3カ国共同の圧力は，北朝鮮の核・ミサイル開発を更に加速させていた可能性が高い。中国の対北朝鮮経済支援がある限り，今後日米が圧力を更に強めても，その効果はこれまで同様に限定的で，核，ミサイル，拉致という3つの問題で，北朝鮮から大幅な譲歩を引き出すことは困難であろう。

このような状況で，最も現実的で効果が期待できる方策は，6カ国協議の

第4章　日本の北朝鮮政策の決定要因

共同声明（2005年9月）で合意されたような，相互主義的な約束対約束，行動対行動の原則に基づく，段階的な相互譲歩による問題解決であると思われる。その際に，日本としては，アメリカが米朝関係の抜本的改善に積極的になるような政策を展開していくべきである。何故なら，北朝鮮がアメリカに対して求めてきたのは，体制存続を脅かしてきた経済的，軍事的敵視政策を中止し，北朝鮮と友好関係を築くことであり，オバマ政権のボスワース北朝鮮政策特別代表も就任以前に述べているように，その実現なくして，核・ミサイル問題の解決は困難である[45]からである。また，拉致問題の解決のためにも，日本はそのような政策を展開する必要がある。何故なら，米朝関係の抜本的改善なしには，日本にとっての北朝鮮の核・ミサイルの脅威は大幅に低下せず，日朝国交正常化は困難であり，そのような状況では，北朝鮮は日本から大規模な経済支援を得られる見込みがなく，拉致問題で日本に対して大幅な譲歩をする可能性が小さいからである。

　しかし，6カ国協議の合意に基づく北朝鮮の非核化が，核開発に関する申告内容の検証問題を巡り膠着したことから分かるように，北朝鮮は非核化を進めていくことに非常に慎重であり，段階的な相互譲歩による問題解決という形であっても，非核化が着実に進むとは限らない。北朝鮮の慎重さの背景には，クリントン政権が枠組合意にも関わらず米朝関係の改善に十分に取り組まず，ブッシュ政権も枠組合意に反する敵対的政策を展開し，遂にはウラン濃縮疑惑を理由に枠組合意を破綻させたこと，北朝鮮には核・ミサイル開発ぐらいしか有効な対米外交カードがないこと，そして，北朝鮮では軍部の影響力が強いことがある。従って，このような理由で警戒心が非常に強い北朝鮮から譲歩を引き出し，段階的な相互譲歩による非核化を着実に進めていくには，軍事的にも，経済的にも圧倒的優位にあるアメリカが，北朝鮮と抜本的に関係改善する意志を明確に示すとともに，その優位性に応じた大きな譲歩を各段階で積極的に行う必要があろう。

　北朝鮮の非核化を促し，アメリカの積極性を引き出すためには，日本も同様の対応をすることが必要であろう。また，韓国も同様の対応をとることが望ましい。尚，日韓がアメリカの核の傘への依存を放棄しなければ，それを

理由に北朝鮮が非核化の最終段階である既存の核兵器原料と核爆弾の廃棄を実施しない可能性はある。しかし，中国の例が示すように，北朝鮮の場合も，米日韓との関係改善が進み，経済交流が拡大し，米日韓との経済的相互依存度が高まれば，米日韓に対する核兵器使用の可能性は大幅に低下する[46]。従って，その観点からも，北朝鮮との関係改善を積極的に進めるべきである。

核問題を巡る米朝対立の解消によって，「北朝鮮の脅威」が弱まり，北朝鮮と日韓中露との経済交流が拡大し，北東アジア経済が大きく成長すれば，日韓にとっての対米軍事・経済依存度が低下し，アメリカの両国に対する影響力が減少することが予想される。日本からは在日米軍への財政的支援の削減や駐留規模の縮小を求められ，アメリカの軍事戦略上非常に重要な日本への米軍の前方配備が不安定化する可能性がある。それらに対する強い懸念が，アメリカ内部に生じるであろう。また，アメリカだけでなく日韓でも，タカ派や軍需産業など，北朝鮮との軍事的緊張関係の持続を望む勢力から，北朝鮮との関係改善に対する抵抗が予想される。しかし，日本が，核，ミサイル，拉致という3つの問題の解決，そして，北東アジアの一層の平和と繁栄を望むのであれば，また，アメリカへの軍事的，経済的依存度を低下させ，国家としての自律性を高めることを望むのであれば，アメリカが米朝関係の抜本的改善を進めることを，日本としては積極的に促進していくべきである。日本には，自身の国益と北東アジア地域全体の福祉を考えた主体的な北朝鮮政策が求められている。

●注
1）これら以外に実務者協議や与野党の訪朝も行われてきた。日朝交渉の詳細については，高崎宗司『検証　日朝交渉』平凡社，2004年。和田春樹，高崎宗司『検証　日朝関係60年史』明石書店，2005年。姜尚中，李鍾元，水野直樹編，『日朝交渉——課題と展望』岩波書店，2003年。
2）それ以降，北朝鮮に対する人道支援は停止されている。
3）重村智計『朝鮮半島「核」外交』講談社，2006年，156-160頁。
4）梅田正己『「北朝鮮の脅威」と集団的自衛権』高文研，2007年。『朝日新聞』

2007年3月20日。
5）2002年に策定が完了し，日米で調印された。『朝日新聞』2004年12月12日。
6）内閣官房長官談話「平成17年度以降に係る防衛計画の大綱について」2004年12月10日。
7）中戸祐夫「関与（engagement）から見る日米韓の対北朝鮮政策」，徐勝監修，康宗憲編『北朝鮮が核を放棄する日』晃洋書房，2008年，172-174頁。
8）拉致問題対策本部『すべての拉致被害者の帰国をめざして』拉致問題対策本部，2008年8月。
9）春原剛『米朝対立』，日本経済新聞社，2004年，15-53頁。
10）枠組合意の分析としては，中山俊宏「『ならず者国家』と条件つき関与政策」，小此木政夫編『危機の朝鮮半島』慶應義塾大学出版会，2006年，15-39頁。
11）『読売新聞』2002年11月10日。
12）林東源『南北首脳会談への道』岩波書店，2008年，396-400頁。船橋洋一『ザ・ペニンシュラ・クエスチョン』朝日新聞社，2006年，183-195頁。春原剛，前掲書，363-406頁。
13）冷戦後アメリカの対北朝鮮政策については，菅英輝「アメリカ合衆国と北東アジアの国際政治」，同編『朝鮮半島　危機から平和構築へ』社会評論社，2004年，61-119頁。
14）Richard L. Armitage, et. al., "The United States and Japan: Advancing Toward a Mature Partnership," *INSS Special Report* (October 2000). 2007年には『第2次アーミテージ・レポート』が出された。Richard L. Armitage and Joseph S. Nye, eds., *The U.S.-Japan Alliance: Getting Asia Right through 2020* (Washington, D.C.: CSIS, February 2007).
15）アーミテージ国務副長官は，「拉致は現在進行形のテロである」との認識を示し，この記載の追加を強く働きかけたとされている。『産経新聞』2008年6月22日。
16）MDを巡る日米関係については，野田峯雄，田中稔『「憂国」と「腐敗」』第三書館，2009年，362-411頁。
17）数値は歳出ベース。
18）『朝日新聞』（夕刊）2006年4月26日。在日米軍再編については，木村朗『米軍再編と前線基地』凱風社，2007年。梅田正己『変貌する自衛隊と日米同盟』高文研，2006年。久江雅彦『米軍再編』講談社，2005年。
19）梅田正己『「北朝鮮の脅威」と集団的自衛権』高文研，2007年。
20）例えば，中川昭一「自立した国家の核武装論議」『Voice』，2006年12月号，

46-51頁。「社説」『読売新聞』2006年10月11日，3頁。
21) 『読売新聞』2003年3月2日。村田晃嗣「延長が国際社会の要請」『毎日新聞』2007年8月31日，7頁。
22) 『読売新聞』(夕刊) 2003年3月20日。
23) もちろん，防衛族でもあり，タカ派でもある政治家も存在している。
24) しかし，日朝国交正常化推進議員連盟の主要メンバーである山崎拓，衛藤征士郎のように北朝鮮との対話を重視する元防衛庁長官，防衛族議員もおり，一概には言えない部分がある。
25) 経済団体連合会『新時代に対応した防衛力整備計画の策定を望む』経済団体連合会，1995年5月11日。経済団体連合会『次期中期防衛力整備計画についての提言』経済団体連合会，2000年9月19日。日本経済団体連合会『今後の防衛力整備のあり方について』日本経済団体連合会，2004年7月20日。
26) 共同通信憲法取材班『「改憲」の系譜』新潮社，2007年，101-134頁。
27) IGSを巡る国際，国内政治については，春原剛『誕生国産スパイ衛星』日本経済新聞社，2005年。
28) 『朝日新聞』2007年2月11日。
29) 日本経済団体連合会，前掲書。防衛庁『自衛隊の現状と課題』防衛庁，2004年7月13日，13, 15頁。
30) 自民党同様，民主党にもハト派はおり，そのような対応に反対する意見も党内には存在してきた。
31) 民主党は2007年参院選の政権公約で「経済制裁措置を当面継続すべきだ」との方針を掲げた。
32) 2007年12月5日の衆議院拉致問題特別委員会では，自民，公明，民主の賛成多数で解除反対決議が採択された。
33) 会長に山崎拓元自民党幹事長，顧問に菅直人民主党代表代行，東順治公明党副代表，福島瑞穂社民党党首らが就任。
34) 類似のメディア批判の例としては，高嶋伸欣『拉致問題でゆがむ日本の民主主義』星雲社，2006年，梅田正己『「北朝鮮の脅威」と集団的自衛権』高文研，2007年。吉田康彦「北朝鮮報道はやはり異常だ」『ポリシーフォーラム』No.42, 2008年9月1日号。浅井基文「『北朝鮮の人工衛星』批判社説に疑問」『毎日新聞』2009年3月10日。
35) 社会党や一部の左派知識人のように，第1回日朝首脳会談以前に拉致疑惑の信憑性に疑念を表明していたために，首脳会談以降，立場が苦しくなり，発言力が低下した事例もある。

36) 同様の指摘としては，大前研一「"拉致問題は解決済み"という現実」『SAFETY JAPAN』2007年11月14日，http://www.nikkeibp.co.jp/sj/2/column/a/106/index.html（2008年3月2日アクセス）．

37) 特定失踪者問題調査会の荒木代表でさえ，「拉致はテロ」というのは，救出運動で戦術的に使われてきたスローガンであり，概念的には拉致はテロというよりも，国家主権の侵害と人権侵害とする方が適当であると述べている．荒木和博「拉致救出活動は政府と一体化すべきではない」『諸君！』2008年7月号，175頁．

38) 「小泉首相『拉致はテロ』初の見解」『読売新聞』2003年6月6日，2頁．

39) David Cyranoski, "DNA is burning issue as Japan and Korea clash over kidnaps: Cremated remains fail to prove fate of Japanese girl abducted in 1977," *Nature* (Published online), February 2, 2005, 〈http://www.nature.com/news/2005/050131/pf/433445a_pf.html〉(Accessed on March 15, 2005).

40) 『Nature』の記事については，2005年に全国紙では『朝日新聞』，地方紙では『中国新聞』，『熊本日日新聞』，『東奥日報』，『岩手日報』，『秋田魁新報』，『沖縄タイムス』が取り上げ，2007年には，上記各紙と『nikkei BP net』がこの記事に言及した田原総一郎の発言を取り上げた．田原総一郎「北朝鮮問題で改めて問う日本の国益と拉致と核」『nikkei BP net』2007年11月15日，http://www.nikkeibp.co.jp/style/biz/column/tahara/071115_35th/index.html（2009年3月20日アクセス）．

41) 家族会，救う会編著『「北朝鮮拉致」の全貌と解決』産経新聞出版，2007年．

42) 蓮池透「対話再開のために何が必要か」『世界』，2008年7月，136-142頁．蓮池透『拉致』かもがわ出版，2009年．

43) 小泉首相の拉致問題への対応についての異なる分析としては，中逵啓示「日本の北朝鮮政策──小泉首相と拉致問題──」，西口清勝，夏剛編『東アジア共同体の構築』ミネルヴァ書房，2006年，263-279頁．

44) 2007年後半には，米蘭加の下院と欧州議会で，日本政府の従軍慰安婦への対応を非難する決議が採択された．

45) Morton Abramowitz and Stephen Bosworth, "Reaching Out To Pyongyang," *Newsweek*, May 12, 2008.

46) 同様の考え方の例としては，孫崎享『日米同盟の正体』講談社，2009年，239-245頁．

【プロフィール】

著者紹介（＊編者）

＊徐　勝（ソ・スン）
1945年，京都生まれ。立命館大学コリア研究センター長，同大学法学部教授（比較人権法，韓国政治論）。日本平和学会理事。主要論著：『北朝鮮が核を放棄する日』（晃陽書房，2008年）『だれでも故郷（コヒャン）はあるものだ』（社会評論社，2008年）『現代韓国の安全保障と治安法制』（法律文化社，2006年），『東アジア冷戦と国家テロリズム――米日中心の地域秩序の改変のために』（御茶の水書房，2004年）。

丁　世炫（チョン・セヒョン）
1945年生まれ。1982年にソウル大学校において"毛沢東の対外観に関する研究"で政治学博士を受ける。1977年11月に統一部に入り，北朝鮮研究，南北対話，統一政策推進に努めてきた。1998年には次官に抜擢され，2002年には金大中政権のもとで統一部出身として初めて長官に任命され，盧武鉉政権時期2004年6月まで，統一部長官として太陽政策を推進した。現在は，慶南大学教授として教鞭をとりながら，民族和解協力議会の顧問を務めている。

徐　忠彦（ソ・チュンオン）
1957年9月16日，東京生まれの在日朝鮮人。在日本朝鮮人総連合会中央本部国際・統一局長。1980年3月朝鮮大学校外国語学部英語科，83年3月同研究院社会科学課程修了。84年〜1994年6月同社会科学研究所専任研究員，政治経済学部教員。専門はチュチェ思想と国際関係論。94年7月から朝鮮総聯中央本部国際局で対外活動に従事。04年5月から現職。

Evans J. R. Revere（エバンス・リビア）
コリア・ソサィティ副会長。日本，韓国，朝鮮，アジア太平洋地域の情勢に精通し，在福岡アメリカ領事館首席領事，平壌連絡事務所初代所長，在ソウル上級外交官，筆頭国務副次官補などを歴任した。

岩國哲人（いわくに　てつんど）
1959年東京大学法学部卒業後，日興證券，米国モルガン・スタンレー投資銀行勤務を経て，メリル・リンチ・キャピタルマーケット米国本社上席副社長に就任。1989年出雲市長就任。1988年米国バージニア大学経営大学院客員教授，1999年中国（天津）南開大学客員教授就任。
1996年より衆議院議員。2000年，再選し民主党副代表，2006年10月より民主党国際局長に就任。著書に『鄙の論理』（細川元首相との共著）（光文社，1991年）『次代を創る』（学習研究社，1993年）など多数。

＊中戸祐夫（なかと　さちお）
立命館大学国際関係研究科修了（国際関係学博士）
宇都宮大学国際学部専任講師，助教授をへて立命館大学国際関係学部准教授を経て教授。主要論著：『覇権と国際政治経済秩序：覇権安定論の批判的評価』（立命館国際研究，2008年）。

文　正仁（ムン・ジョンイン）
現在，延世大学校政治外交学科教授であり，英文季刊誌Global Asiaの編集者でもある。延世大学校国際学大学院長と統一研究院長そして，外交通商部の国際安全保障大使と大統領諮問の東北亜時代委員会委員長を歴任。延世大学校赴任以前はアメリカのケンタッキー大学，ウィリアムス大学，そしてカリフォルニア州立大学・サンディエゴ分校などで12余年の間，教授として教壇に立つ。"Arms Control on the Korean Peninsula", "The United States and Northeast Asia"など40数冊の韓国語・英語の編著書があり，World Politics, International Studies Quarterlyなど国際著名学術誌と各種論文集に240余編の学術論文を発表。またInternational Studies Quarterlyなど10以上の国際著名学術誌の編集委員でもある。韓国平和学会会長，アメリカ国際政治学会副会長なども歴任。

木宮正史（きみや　ただし）
1960年浜松にて生まれ。東京大学法学部を卒業，同大学院法学政治学研究科博士課程単位取得退学。韓国高麗大学校大学院博士課程修了（政治学博士）。その後法政大学法学部助教授を経て，現在，東京大学大学院総合文化研究科准教授（韓国政治外交論）。その間，ハーバード大学イエンチン研究所訪問研究員を歴任。主要著書『韓国　経済発展と民主化のダイナミズム』（ちくま新書，2003年）。『朴正煕政権の政策選択：冷戦体制と輸出工業化（韓国語）』（フマニタス，2008年）など多数。

Leon Sigal（レオン・シーガル）
元NYタイムズ論説委員，SSRC北東ア安全保障プロジェクト部長。
主 な 著 書：Disarming Strangers: Nuclear Diplomacy with North Korea Negotiating Minefields: The Landmines Ban in American Politics（2006）

ソ・ジェジョン（J. J. SUH）
ジョンズ・ホプキンズ大学教授。SAIS研究員。
主要著書：Power, Interest and Identity in Military Alliances（2007）
Rethinking Security in East Asia: Identity, Power and Efficiency, co-editor（2004）
American New World Order After the Cold War, co-editor（1996, published in Korea）
and numerous articles and books chapters

朱 建栄（シュ・ケンエイ）
1957年8月，中国・上海市に生まれる。82年2月，華東師範大学外国語学部卒業。86年来日，総合研究開発機構（NIRA）客員研究員，学習院大学・東京大学非常勤講師などを経て92年4月，東洋女子短期大学助教授，1996年，東洋学園大学人文学部教授。92年，学習院大学で政治学博士号を取得。
著書には，「中国2020年への道」（日本放送出版協会，98年），「毛沢東のベトナム戦争」（東京大学出版会，01年），「中国　第三の革命」（中央公論新社，02年），「毛沢東の朝鮮戦争」（岩波書店現代文庫版，04年），「胡錦濤　対日戦略の本音」（角川出版，05年）など多数。

河 信基（ハ・シンギ）
1946年生まれの在日朝鮮人。中央大学法学部卒業，朝鮮新報記者，朝鮮大学校講座長，静岡文化芸術大学非常勤講師などを経て，現在は評論家・作家
主要著書：『金正日の後継者は在日の息子――日本のメディアが報じない北朝鮮高度成長論』（講談社2004年），『韓国を強国に変えた男　朴正煕』（光人社1996年，2004年文庫本），『朝鮮が統一する日――盧泰愚大統領の挑戦』（日本評論社1990年）など。

南 基正（ナム・ギジョン）
ソウル大学日本学研究所教授。ソウル大学外交学科卒業。高麗大学校平和研究所専任研究員，東北大学法学研究科副教授，国民大学校国際学部副教授を経て現職。主な著書『日韓の共通認識――日本は韓国にとって何なのか』（東海大学出版，2007），『世界史の中の1945年』（岩波書店，1995年）など多数。

岡本　厚（おかもと　あつし）
1954年東京生まれ。1977年早稲田大学文学部卒業。同年岩波書店入社，雑誌『世界』配属。以降，政治，安全保障，教育などの分野を中心に，同誌編集に携わる。96年同誌編集長。98年金大中韓国大統領に単独インタビュー。99年，02年平壌訪問。『北朝鮮にどう向き合うか』（かもがわブックレット）など。

Gavan McCormack（ガヴァン・マコーマック）
オーストラリア国立大学太平洋アジア研究学院歴史学科教授。歴史学（東アジア現代史，日本近現代史）。主な著書（日本語訳）として『北朝鮮をどう考えるのか――冷戦のトラウマを越えて』（平凡社，2004年），『空虚な楽園――戦後日本の再検討』（みすず書房，1998年）など多数あり，韓国の総合文芸誌『創作と批評』，日本の各種メディアなどでも積極的な発言を続けている。

綛田芳憲（かせだ　よしのり）
1968年生まれ。北九州市立大学準教授。
熊本大学卒業後，アメリカのノーザン・イリノイ大学政治学研究科にて修士，博士学位を取得。ノーザン・イリノイ大学政治学研究科，宮崎国際大学比較文化学部などで専任講師，明治大学政治経済学部客員研究員などを歴任。専門研究分野は，国際政治，（特に，北朝鮮の大量破壊兵器開発を巡る北東アジアの国際政治），日本の安全保障政策，日朝関係など。
主要論著：「South Korea's Security Relations with Japan.」(New York: Nova Science Publishers, 2001年),「Japan and the Second North Korean Nuclear Crisis」(UK: Ashgate Publishing, November　2007年),「東アジアの平和と日本」『東アジア研究』第９号（2008年３月),「Japan's Role in the Korean Peninsula Peace Regime Building Process」,（International Studies Association Annual Convention, New York, USA, February 18, 2009）等多数。

執筆者紹介

中戸祐夫（なかと さちお）立命館大学国際関係学部准教授
丁世炫（チョン セヒョン）慶南大学教授
徐忠彦（ソ チュン オン）在日本朝鮮人総連合会中央本部国際・統一局長
エバンズ・リビア（Evans J. R. Revere）コリア・ソサィティ副会長
岩國哲人（いわくに てつんど）民主党国際局長
朱建栄（シュ ケン エイ）東洋学園大学人文学部教授
文正仁（ムン ジョン イン）延世大学校政治外交学科教授
木宮正史（きみや ただし）東京大学大学院総合文化研究科准教授
岡本厚（おかもと あつし）岩波書店，『世界』編集長
レオン・シーガル（Leon Sigal）ＳＳＲＣ北東ア安全保障プロジェクト部長
ソ・ジェジョン（J. J. SUH）ジョンズ・ホプキンズ大学教授
河信基（ハ シン ギ）評論家・作家
南基正（ナム ギ ジョン）ソウル大学日本学研究所教授
ガバン・マコーマック（Gavan McCormack）
　　　　　　　オーストラリア国立大学太平洋アジア研究学院歴史学科教授
綛田芳憲（かせだ よしのり）北九州市立大学准教授

編集

徐勝（ソ スン）立命館大学法学部教授，同大学コリア研究センター長
中戸祐夫

朝鮮半島の和解・協力10年──金大中・盧武鉉政権の対北朝鮮政策の評価

2009年11月13日　第1版第1刷発行

編　集　徐勝・中戸祐夫

発行者　橋本盛作

発行所　株式会社　御茶の水書房
　　　　〒113-0033　東京都文京区本郷5-30-20
　　　　電話　03-5684-0751
　　　　http://www.ochanomizushobo.co.jp/

印刷・製本　株式会社タスプ

©Suh, Sung, 2009　　　　　　　　　　　Printed In Japan
　　　　　　　　　　　　　　　　　　ISBN978-4-275-00859-6 C0030

◎韓国文化とその意味
徐勝、黃盛彬、庵逧由香編
「韓流」のうち外
A5並製／300頁／2800円
――韓国文化力と東アジアの融合反応――
「韓流」を契機に東アジアに発信され拡散する韓国文化。

◎国際市民連帯の結実
徐勝編
東アジアの冷戦と国家テロリズム
A5並製／394頁／2600円
――米日中心の地域秩序の廃絶をめざして――
「2.28事件」「50年代白色テロ」「済州4.3事件」「光州事件」「軍慰安所」。冷戦期から現在にいたる、東アジアでの民衆弾圧の歴史に光をあてる。

◎「民主主義の成熟」が課題となった現代韓国
徐勝監修、金津日出美・庵逧由香編集
現代韓国民主主義の新展開
A5上製／354頁／3000円
第一線の韓国研究者による盧武鉉政府民主改革の全面的評価。

◎第32回日本翻訳出版文化賞受賞作
崔元植著、青柳優子訳
韓国の民族文学論
A5並／244頁／3360円
――東アジアの連帯を求めて――
アジア各国での近代史・文学史の再考から、日本は新しい東アジアのパートナーとなり得るのかと問いかける。

◎80年代の運動圏の軍事化・男性性文化から見た韓国社会論
権仁淑、山下英愛訳
韓国の軍事文化とジェンダー
四六上製／344頁／2840円
韓国社会にとって、「平和」「市民運動」「教育」「学生運動」とは何か？朴正煕政権下で小学生時代を送り、その後運動家となった「ある女性活動家」の物語を中心に、80年代の韓国学生運動の軍事化とジェンダー化を詳述。

◎19世紀末以降の済州島の人々と日韓近現代史
伊地知紀子著
生活世界の創造と実践
A5上製／276頁／5600円
――韓国・済州島の生活誌から――
日常の生活は、いかに紡がれていくのだろうか。マクロな社会変化に対応して個人が常に生成していく「生活世界」を、済州島杏源里の村人たちの生活実践から考察する。

◎金融資本の動態に注目し解放以後の韓国経済を通覧
金俊行著
グローバル資本主義と韓国経済発展
A5上製／470頁／5000円
「クニ」に束縛された人々。その上に経済の最強の単位として並立している国民経済とグローバル資本主義を、韓国経済分析から見つめる。

――(価格は本体表示)――